〔復刻版〕

高等科國史

文部省

ハート出版

〔復刻版〕高等科国史

神《しん》勅《ちょく》

豊葦原《とよあしはら》の千五百秋《ちいほあき》の瑞穂《みずほ》の国《くに》は、是《こ》れ吾《あ》が子孫《うみのこ》の王《きみ》たるべき地《くに》なり。宜《よろ》しく爾皇孫《いましすめみま》就《ゆ》きて治《しら》せ。さきくませ。宝祚《あまつひつぎ》の隆《さか》えまさんこと、当《まさ》に天壌《あめつち》と窮《きわま》りなかるべし。

【現代語訳】
日本は、我が子孫が王として治めるべき国です。我が孫よ、あなたが行って治めなさい。さあ、お行きなさい。皇室は、天地とともに永遠に栄えることでしょう。

御歴代表

御代数	天皇
一	神《じん》武《む》天皇
二	綏《すい》靖《ぜい》天皇
三	安《あん》寧《ねい》天皇
四	懿《い》徳《とく》天皇
五	孝《こう》昭《しょう》天皇
六	孝《こう》安《あん》天皇
七	孝《こう》霊《れい》天皇
八	孝《こう》元《げん》天皇
九	開《かい》化《か》天皇
十	崇《す》神《じん》天皇
一一	垂《すい》仁《にん》天皇
一二	景《けい》行《こう》天皇
一三	成《せい》務《む》天皇
一四	仲《ちゅう》哀《あい》天皇
一五	応《おう》神《じん》天皇
一六	仁《にん》徳《とく》天皇
一七	履《り》中《ちゅう》天皇
一八	反《はん》正《ぜい》天皇
十九	允《いん》恭《ぎょう》天皇
二〇	安《あん》康《こう》天皇
二一	雄《ゆう》略《りゃく》天皇
二二	清《せい》寧《ねい》天皇
二三	顕《けん》宗《ぞう》天皇
二四	仁《にん》賢《けん》天皇
二五	武《ぶ》烈《れつ》天皇
二六	継《けい》体《たい》天皇
二七	安《あん》閑《かん》天皇
二八	宣《せん》化《か》天皇
二九	欽《きん》明《めい》天皇
三〇	敏《び》達《だつ》天皇
三一	用《よう》明《めい》天皇
三二	崇《す》峻《しゅん》天皇
三三	推《すい》古《こ》天皇
三四	舒《じょ》明《めい》天皇
三五	皇《こう》極《ぎょく》天皇
三六	孝《こう》徳《とく》天皇
三七	斉《さい》明《めい》天皇
三八	天《てん》智《じ》天皇
三九	弘《こう》文《ぶん》天皇
四〇	天《てん》武《む》天皇
四一	持《じ》統《とう》天皇
四二	文《もん》武《む》天皇
四三	元《げん》明《めい》天皇
四四	元《げん》正《しょう》天皇
四五	聖《しょう》武《む》天皇
四六	孝《こう》謙《けん》天皇
四七	淳《じゅん》仁《にん》天皇
四八	称《しょう》徳《とく》天皇
四九	光《こう》仁《にん》天皇
五〇	桓《かん》武《む》天皇
五一	平《へい》城《ぜい》天皇
五二	嵯《さ》峨《が》天皇
五三	淳《じゅん》和《な》天皇
五四	仁《にん》明《みょう》天皇
五五	文《もん》徳《とく》天皇
五六	清《せい》和《わ》天皇

五七	陽《よう》成《ぜい》天皇
五八	光《こう》孝《こう》天皇
五九	宇《う》多《だ》天皇
六〇	醍《だい》醐《ご》天皇
六一	朱《す》雀《ざく》天皇
六二	村《むら》上《かみ》天皇
六三	冷《れい》泉《ぜい》天皇
六四	円《えん》融《ゆう》天皇
六五	花《か》山《ざん》天皇
六六	一《いち》条《じょう》天皇
六七	三《さん》条《じょう》天皇
六八	後《ご》一《いち》条《じょう》天皇
六九	後《ご》朱《す》雀《ざく》天皇
七〇	後《ご》冷《れい》泉《ぜい》天皇
七一	後《ご》三《さん》条《じょう》天皇
七二	白《しら》河《かわ》天皇
七三	堀《ほり》河《かわ》天皇
七四	鳥《と》羽《ば》天皇
七五	崇《す》徳《とく》天皇
七六	近《この》衛《え》天皇
七七	後《ご》白《しら》河《かわ》天皇
七八	二《に》条《じょう》天皇
七九	六《ろく》条《じょう》天皇
八〇	高《たか》倉《くら》天皇
八一	安《あん》徳《とく》天皇
八二	後《ご》鳥《と》羽《ば》天皇
八三	土《つち》御《み》門《かど》天皇
八四	順《じゅん》徳《とく》天皇
八五	仲《ちゅう》恭《きょう》天皇
八六	後《ご》堀《ほり》河《かわ》天皇
八七	四《し》条《じょう》天皇
八八	後《ご》嵯《さ》峨《が》天皇
八九	後《ご》深《ふか》草《くさ》天皇
九〇	亀《かめ》山《やま》天皇
九一	後《ご》宇《う》多《だ》天皇
九二	伏《ふし》見《み》天皇
九三	後《ご》伏《ふし》見《み》天皇
九四	後《ご》二《に》条《じょう》天皇
九五	花《はな》園《ぞの》天皇
九六	後《ご》醍《だい》醐《ご》天皇
九七	後《ご》村《むら》上《かみ》天皇
九八	長《ちょう》慶《けい》天皇
九九	後《ご》亀《かめ》山《やま》天皇
一〇〇	後《ご》小《こ》松《まつ》天皇
一〇一	称《しょう》光《こう》天皇
一〇二	後《ご》花《はな》園《ぞの》天皇
一〇三	後《ご》土《つち》御《み》門《かど》天皇
一〇四	後《ご》柏《かしわ》原《ばら》天皇
一〇五	後《ご》奈《な》良《ら》天皇
一〇六	正《おお》親《ぎ》町《まち》天皇
一〇七	後《ご》陽《よう》成《ぜい》天皇
一〇八	後《ご》水《みず》尾《のお》天皇
一〇九	明《めい》正《しょう》天皇
一一〇	後《ご》光《こう》明《みょう》天皇
一一一	後《ご》西《さい》天皇
一一二	霊《れい》元《げん》天皇
一一三	東《ひがし》山《やま》天皇
一一四	中《なか》御《み》門《かど》天皇
一一五	桜《さくら》町《まち》天皇
一一六	桃《もも》園《ぞの》天皇
一一七	後《ご》桜《さくら》町《まち》天皇
一一八	後《ご》桃《もも》園《ぞの》天皇
一一九	光《こう》格《かく》天皇
一二〇	仁《にん》孝《こう》天皇
一二一	孝《こう》明《めい》天皇
一二二	明《めい》治《じ》天皇
一二三	大《たい》正《しょう》天皇
一二四	今《きん》上《じょう》天皇

目録

凡例

一、本書は、文部省著『高等科国史』上・下（昭和十九年・二〇年〔見本〕発行）を底本としました。
一、原則として、旧字は新字に、旧仮名づかいを新仮名づかいに改めました。
一、原則として、漢字カタカナ交じり文は漢字ひらがな交じり文に改めました。
一、底本のふりがなを整理し、新たにふりがなを追加しました。
一、外来語は、今日一般的なものに変更しました。
一、明らかな誤字脱字は訂正しました。
一、図の一部を描き直しました。
一、巻末に、「用語説明」と、三浦小太郎氏による「解説」を追加しました。

〔編集部より〕
当社で復刻を希望される書籍がございましたら、本書新刊に挟み込まれているハガキ等で編集部まで情報をお寄せください。今後の出版企画として検討させていただきます。

第一　肇国《ちょうこく》

一　天壌無窮《てんじょうむきゅう》

明治天皇御製《めいじてんのうぎょせい》

天《あま》つ神《かみ》定めたまひし国なればわがくにながらたふとかりけり

㈠天照大神《あまてらすおおみかみ》

神路山《かみじやま》のふもと、御裳濯川《みもすそがわ》のほとりに、神鎮まります皇大神宮《こうたいじんぐう》の御前《おんまえ》にぬかづくとき、思いは遠く神代《かみよ》の古《いにしえ》に馳《は》せる。

伊弉諾尊《いざなぎのみこと》・伊弉冉尊《いざなみのみこと》二柱《ふたはしら》の神は、天つ神の仰《おお》せを承《う》けて、天《あめ》の浮橋《うきはし》に立たせられ、先《ま》ず大八《おおや》洲《しま》を生み給《たま》い、次いで山川草木《さんせんそうもく》・神々を生み給《たも》うた。

かくて、天《あめ》の下《した》しろしめす神として生まれ給うたのが、天照大神であらせられる。御光《みひかり》うるわしく天地を照らし給い、極《きわ》みなく尊《とうと》い神にましますが天照大神は、先ず高天原《たかまがはら》をしろしめして、八百万《やおよろず》の神々をいつくしみ給い、五穀の栽培、機織《はたおり》の法をお授《さず》けになり、又《また》、常

皇大神宮

に大御心《おおみこころ》を大八洲国《おおやしまぐに》の上に注がせられた。

大八洲国、又の名は豊葦原《とよあしはら》の瑞穂《みずほ》の国、その一角の出《いず》雲《も》地方には、早くも大神《おおみかみ》の御弟素戔嗚尊《おんおとうとすさのおのみこと》が降《くだ》らせられ、賊徒を鎮《しず》めて良民をいたわり給い、又、半島地方へも往来し給うた。やがて、その御子《おんこ》大国主神《おおくにぬしのかみ》は、土地を開き医薬の法などを教えて、民草《たみくさ》をいつくしまれ、その御勢《ごせい》望《ぼう》は、とみに盛んとなった。かくて瑞穂の国は、出雲地方から開け始めたのであるが、なお他の地方には、賊徒が横行《おうこう》し、天の下は、決して安らかではなかった。

大神は、このありさまをみそなわし、御子孫《ごしそん》をこの国に降《くだ》して、安らかに治めさせようと思《おぼ》し召《め》し、先ず経津《ふつ》主神《ぬしのかみ》・武甕槌神《たけみかづちのかみ》を出雲に遣《つか》わして、大国主神にその御旨《おんむね》を伝えしめ給うた。大国主神は、御子事代主命《ことしろぬしのみこと》と共に、大神の勅《みことのり》を畏《かしこ》み、土地を奉還して、杵築宮《きづきのみや》に退かれた。君臣《くんしん》の分《ぶ》をわきまえ、勅を奉《ほう》じては必ず謹《つつし》む臣道《しんどう》の実《じつ》は、かくて挙ったのであり、ここにわが国体の現れを見るのである。杵築宮は、大神が大国主神の赤誠《せきせい》と功労とを嘉《よ》みし給うて、特にお造らせになったもので、これが出雲大社の起原である。

㈡皇孫《こうそん》降臨

かくて大神は、皇孫瓊瓊杵尊《ににぎのみこと》をお召しになって、厳《おごそ》かに神勅《しんちょく》を賜《たま》い、三種の神器《じんぎ》を授けられ、瑞穂の国に降臨せしめ給うた。

豊葦原《とよあしはら》の千五百秋《ちいほあき》の瑞穂《みずほ》の国《くに》は、是《こ》れ吾《あ》が子孫《うみのこ》の王《きみ》たるべき地《くに》なり。宜《よろ》しく爾皇孫《いましすめみま》就《ゆ》きて治《しら》せ。さきくませ。宝祚《あまつひつぎ》の隆《さか》えまさんこと、当《まさ》に天壌《あめつち》と窮《きわま》りなかるべし。

即《すなわ》ち、皇位の尊厳、皇統の無窮、皇運の隆昌《りゅうしょう》をお宣《の》べになって、日継《ひつぎ》の御子《みこ》の御降臨《ごこうりん》を寿《ことほ》ぎ給い、ここに尊厳無比なわが国体の基《もとい》は、更《さら》に固められたのである。

三種の神器は、八咫鏡《やたのかがみ》・八坂瓊曲玉《やさかにのまがたま》及び天叢雲剣《あめのむらくものつるぎ》であって、御剣《みつるぎ》は、後に、日本武尊《やまとたけるのみこと》の御東《ごとう》征《せい》にちなんで、草薙剣《くさなぎのつるぎ》と称《しょう》せられる。いずれも、大神の御高徳《ごこうとく》をしのび奉《たてまつ》る尊いいわれのある御宝《みたから》であり、大神が皇孫にお授けになって以来は、連綿たる宝祚《ほうそ》の御《み》しるしとして、御代々《みよみよ》相承《あいう》け給うこととなった。

可愛山陵《えのみささぎ》

中でも八咫鏡は、大神が特に、

此《こ》れの鏡《かがみ》は、専《もは》ら我《あ》が御魂《みたま》として、吾《あ》が前《みまえ》を拝《いつ》くが如《ごと》、いつきまつれ。

と仰せられ、御霊代《みたましろ》としてお授けになったところである。

すなわち、御代々、皇祖《こうそ》と共にいます御心《みこころ》を以《も》って、この神鏡《しんきょう》を斎《いつ》きまつらせ給い、垂仁《すいにん》天皇の御代《みよ》には、五十鈴川のほとりに遷《うつ》しまいらせて、ここに皇大神宮を仰《あお》ぎ奉るに至ったのである。

又、大神は、斎庭《ゆにわ》の穂《いなほ》を授け給うて、

吾が高天原に御《きこしめ》す斎庭の穂を以て、
亦《また》吾が児《みこ》に御《まか》せまつる。

と仰せられ、瑞穂の国の豊穣《ほうじょう》と青人草《あおひとぐさ》の生業《なりわい》に大御心を垂《た》れさせられた。かくて御代々、皇祖の御心のままに、農事に関する祭を重んじ給い、特に大嘗祭《だいじょうさい》・新嘗祭《にいなめさい》には、新穀《しんこく》を以って極めて厳かに、皇祖を始め奉り天神地祇《てんしんちぎ》を親祭《しんさい》あらせられるのである。

かくて瓊瓊杵尊は、神勅を畏み神器を奉じ、天児屋命《あめのこやねのみこと》・太玉命《ふとだまのみこと》・天鈿女命《あめのうずめのみこと》・石凝姥命《いしこりどめのみこと》・玉屋《たまのやの》命《みこと》等、多くの神々を従《したが》えさせられ、天《あめ》の八重雲《やえぐも》をおし開き、稜威《いつ》の道別《ちわき》に道別きて、日向《ひゅうが》の高《たか》千穂《ちほ》の峯に天降《あまくだ》らせられた。

御降臨の地筑紫洲《つくしのしま》は、瑞穂の国の西隅《せいぐう》に位するが、海を隔《へだ》てて半島・大陸と相対し、国土の経営に頗《すこぶ》る重要な地位を占めていた。尊《みこと》は、日向の各地を巡《めぐ》って皇化《こうか》を布《し》かせられ、御子彦火《ひこほ》火出見尊《ほでみのみこと》・御孫《おんまご》鸕鷀《う》草葺不合尊《がやふきあえずのみこと》の御三代《ごさんだい》を重ねて、瑞穂の国は、御恵《みめぐ》みのもと、朝日たださす日向の地から開けて行った。

世にこれまでを神代と称し、又、皇孫降臨後を日向御三代《ひゅうがごさんだい》と申し上げ、遥《はる》かに肇国の宏遠《こうえん》をしのび奉るのである。

君が代はつきじとぞ思ふ神風やみもすそ川のすまむ限《かぎり》は

源経信《みなもとのつねのぶ》

二　八紘為宇《はっこういう》

明治天皇御製

橿原《かしはら》の宮のおきてにもとづきてわが日本《ひのもと》の国をたもたむ

㈠天業《てんぎょう》の恢弘《かいこう》

日向御三代を経て、神武《じんむ》天皇の御代を迎える。天皇は、初め高千穂宮《たかちほのみや》にいまして、大八洲国をしろしめし給うた。既《すで》に皇孫降臨以来、長い年月がたち、皇威は、日向を中心に、あまねく筑紫《つくし》に及んだ。しかし遠隔《えんかく》の地は、未《いま》だ皇化にうるおわず、賊徒が割拠《かっきょ》して相争い、あたりの民草を苦しめていた。

天皇これを聞《きこ》し召《め》し、皇兄五瀬命《こうけいいつせのみこと》と図《はか》り給うて、ここに御東征を決意あらせられた。すなわち勅《ちょく》して、

東《ひむがし》に美地《よきくに》有《あ》り、青山四《あおやまよも》に周《めぐ》れり。
余謂《あれおも》ふに、彼《そ》の地《くに》は、必ず当に以て天業《あまつひつぎのわざ》を恢《ひろ》め弘《の》べて、天下《あめのした》に光宅《みちお》るに足りぬべし。蓋《けだ》し六合《くに》の中心《もなか》か。

高島の遠望

と仰せられ、皇祖の大御業《おおみわざ》を弘《ひろ》め給う思し召しを宣べさせられた。

やがて舟師《ふないくさ》も整うと、天皇は、陸海の精兵《せいへい》を率《ひき》い給い、勇ましく日向を進発あらせられた。船路《ふなじ》は遠く、船あしはなかなか進まず、海上の御苦難《ごくなん》は一通りでなかったが、将士《しょうし》の意気は、天をつくばかりであって、行く行く御船《みふね》を迎えて水先案内《みずさきあんない》を承《うけたまわ》る者もあれば、供御《くご》を献《けん》ずる者、従軍を願い出る者も多かった。やがて、御軍船《みいくさぶね》が日向灘《なだ》から瀬戸内海に進むと、さすがに美しい島山の眺めが、船《ふな》ばた近くかしずくように送り迎えた。かくて天皇は、御船を安芸《あき》の埃宮《えのみや》、吉備《きび》の高島宮《たかしまのみや》等、要処々々にとどめて、付近の賊徒を平《たいら》げ、民草をなつけ給うた。特に高島宮では、三年の間おとどまりになって、種々経営あらせられるとともに、かたわら将兵の労苦をいたわり、船艇・兵糧《ひょうろう》を補《おぎな》って御進発《ごしんぱつ》、やがて難波《なにわ》の港に着き給うた。

目ざす大和《やまと》は、山一つ生駒《いこま》を越えたかなたである。皇軍は一路大和へ進撃したが、賊長髄彦《ながすねひこ》は、案内知った地の利によって、手強《てごわ》く抵抗《ていこう》し、激戦数次、皇軍は苦戦に陥《おちい》って、畏くも五瀬命は、重傷を負い給うたほどである。

天皇は、この形勢をみそなわして、

今我《あれ》は、是《こ》れ日神《ひのかみ》の子孫《うみのこ》にして、
日に向かひて虜《あた》を征《う》つは、
此れ天道《かみのみち》に逆《さか》れり。

と仰せられ、路を転じて、海路紀伊半島を迂回《うかい》し給うことになった。

もとより、海路の御困難《ごこんなん》は一通りでなく、五瀬命は、遂に薨去《こうきょ》あらせられ、更に波高き熊野灘では、海神をなだめるために、皇兄稲飯命《いないのみこと》が、御入水《ごじゅすい》さえあらせられた。まことに畏き極みである。しかし天皇は、い

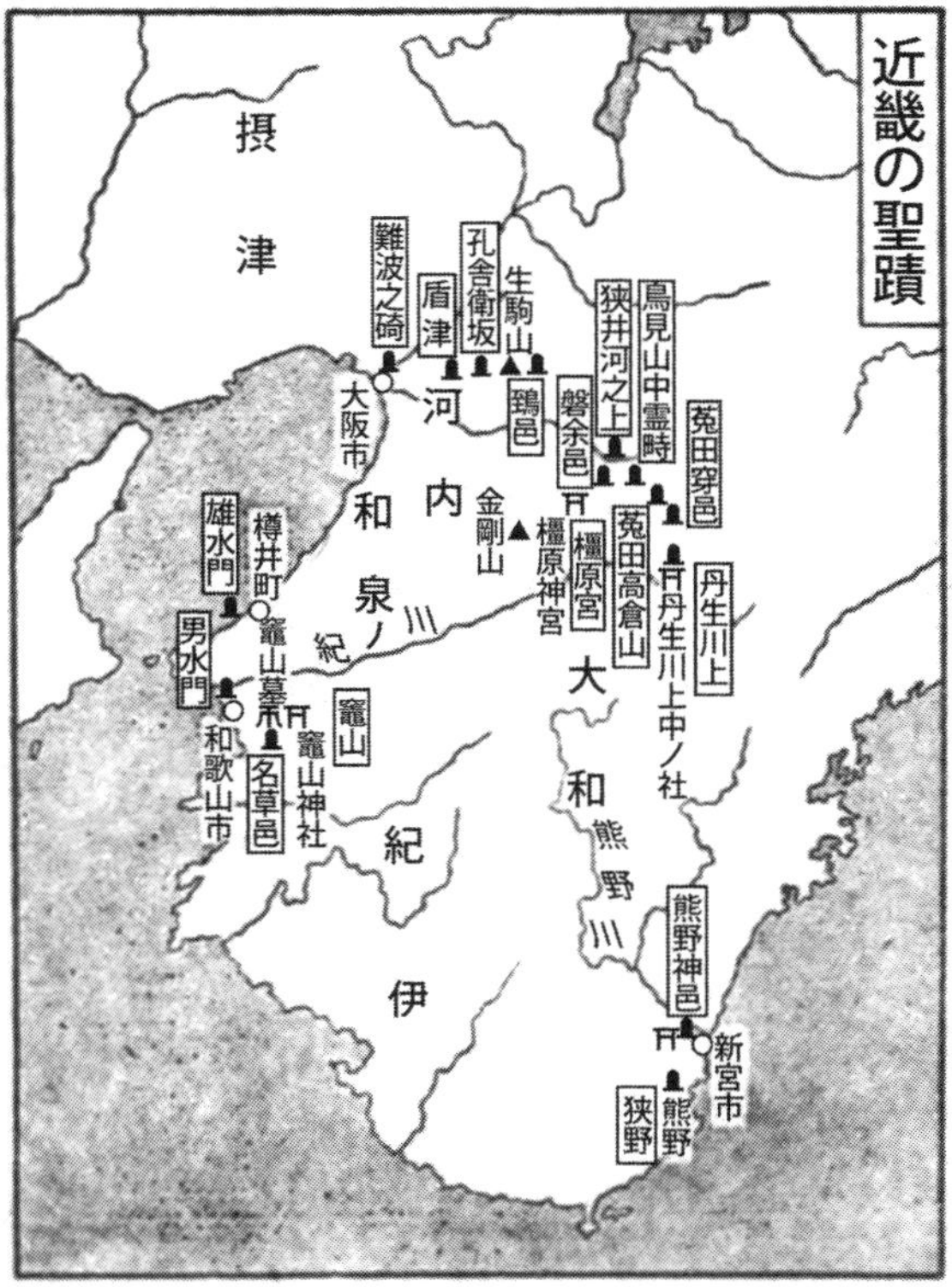

ささかも動じ給うことなく、皇祖の御加護《ごかご》によって、幾たびか難局をお切り抜けになり、神剣の霊威によって、熊野の賊はあとかたもなく敗退し、八咫烏《やたがらす》の案内によって、山又山におのずから道は開かれた。

この間、皇威を畏み来《き》たり降《くだ》る者は、直ちにこれを許し給い、大義にそむいて手向かう者は、あくまでこれを討ち平げて、神武《しんぶ》の道を発揚《はつよう》あらせられた。殊《こと》に長髄彦との御決戦《ごけっせん》には、皇兄の御憤《おんいきどお》りをしのび給うて、

みつみつし、くめのこらが、かきもとにうゑしはじかみ、くちひびく、われはわすれず、
うちてしやまむ

の御製に必勝の信念を宣べ、将兵の士気を鼓舞《こぶ》し給うた。折から金鵄《きんし》の瑞祥《ずいしょう》があり、長髄彦の軍は大いに敗れ、やがて饒速日命《にぎはやひのみこと》は帰順《きじゅん》し、長髄彦は誅《ちゅう》に伏《ふく》して、青山にこもる大和は、始めて安らかとなった。日向を発し給うて以来、年を経《ふ》ること、実に六年であった。

㈡橿原の宮居《みやい》

かくて天皇は、畝傍山《うねびやま》の東南、橿原の地に都《みやこ》をお奠《さだ》めになり、やがて厳かに即位の大礼《たいれい》を挙《あ》

げさせ給うた。奠都《てんと》に際しては、特に詔《みことのり》を下して、

夫《そ》れ、大人《ひじり》の制《のり》を立つる、義《ことわり》必ず時に随《したが》ふ。苟《いやしく》も民《たみ》に利あらば、何ぞ聖造《ひじりのわざ》に妨《たが》はむ、且当《また》に山林《やま》を披払《ひらきはら》ひ、宮室《おおみや》を経営《おさめつく》りて、恭《つつし》みて宝位《たかみくらい》に臨《のぞ》み、以て元元《おおみたから》を鎮《しず》むべし。上《かみ》は則《すなわ》ち乾霊《あまつかみ》の国を授けたまふ徳に答へ、下《しも》は則ち皇孫《すめみま》の正《ただしき》を養《やしな》ひたまひし心《みこころ》を弘めむ。然して後に、六合《くにのうち》を兼ねて以て都を開き、八紘《あめのした》を掩《おお》ひて宇《いえ》と為《せ》むこと、亦《また》可《よ》からずや。

と仰せられ、天業恢弘《てんぎょうかいこう》の御趣旨《ごしゅし》を明らかにし給うた。即《すなわ》ち、皇祖の大御心と皇孫の大御業とを承けて、あまねく天下に皇化を布かせ給う御旨を宣べさせられたのであって、まことに、天壌無窮の神勅と共に、古今《ここん》に通ずる肇国の大精神を示し給うところである。天皇即位の御年《おんとし》を以って、皇国の紀元元年とし、その日を紀元節《きげんせつ》として祝するのも、この大御業を通して、肇国の宏遠、宝祚の無窮を仰ぎ奉るに外《ほか》ならない。

天皇は、やがて東征の功臣に対し、それぞれ恩賞を賜い、八咫烏もまたその列に加《くわわ》り、更に帰順の者にさえ、御恵みを垂れさせ給うた。かくて大いに政治を整え、天種子命《あめのたねこのみこと》（中臣《なかとみ》氏の祖）、天富命《あめのとみのみこと》（斎部《いんべ》氏の祖）に祭祀《さいし》を、道臣命《みちのおみのみこと》（大伴《おおとも》氏の祖）、可美真手命《うましまでのみこと》（物部《もののべ》氏の祖）に軍事を掌《つかさど》らしめ給い、その他功臣を国造《くにのみやつこ》・県主《あがたぬし》に挙げ用いて、地方の政治に当《あた》らしめ、特に産業の

発達に努《つと》めしめ給うた。

御東征後の諸経営が一段落を告げると、天皇は、霊時《まつりのにわ》を鳥見《とみ》の山の中に立てて、天照大神を始め奉り神々を斎きまつらせ給い、親しく大業《たいぎょう》の御成就《ごじょうじゅ》を告げて、皇祖の御加護にこたえさせられ、祭政《さいせい》一致の根源を示し給うた。

皇祖天照大神の肇《はじ》め給うわが大日本帝国は、神武天皇の大御業によって、いよいよ確乎不動《かっこふどう》のものとなった。この御創業《ごそうぎょう》をたたえて、古くは始馭天下之天皇《はつくにしらすすめらみこと》とも申し上げ、やがて人皇《じんのう》第一代神武天皇と仰ぎ奉った。更に明治の御代に至って、紀元節・神武天皇祭の御制定《ごせいてい》があり、畝傍山のふもと、山陵《さんりょう》に近く橿原神宮を造営あらせられ、ここにわれら国民は、悠遠《ゆうえん》の往古《おうこ》を顧《かえり》み、とこしえに御遺業《ごいぎょう》をしのび奉るのである。

大君《おおきみ》の宮敷《みやし》きましし橿原のうねびの山の古《いにしえ》おもほゆ
鹿持雅澄《かもちまさずみ》

第二　皇威の伸張《しんちょう》

一　内外の経綸《けいりん》

㈠崇神《すじん》天皇

神武天皇の御後《おんのち》、御歴代《ごれきだい》の天皇は、皇祖皇宗《こうそこうそう》の御遺業を継がせられ、ひたすら皇化を四方に及《およぼ》し給うた。都は、御代々大和国原《やまとくにはら》のここかしこに定められ、香久《かぐ》・畝傍《うねび》・耳成《みみなし》の三山《さんざん》は、常に都のまもりとして、美しい姿を見せていた。かくて五百年の歳月が過ぎて、第十代崇神天皇の御代を迎える。

既にわが国は、人智《じんち》開《ひら》け戸口《ここう》も増《ふ》えて、政務も次第に複雑《ふくざつ》の度を加えて来た。わが国土は、地形に変化が多く、交通も当時なお不便であったから、おのずから地方割拠の風を生じやすく、遠隔の地には、とかく皇恩《こうおん》を忘れ、又、皇化に浴《よく》し奉らぬ者がないではなかった。加うるに、半島の情勢が、この頃かなりさし迫《せま》っていた。即ち、大陸には漢《かん》という大国があって勢《いきおい》が甚《はなは》だ盛んであり、これが半島の過半を抑《おさ》えたので、自然半島南部の三韓《さんかん》が動揺し、その波紋はわが国にも及ぼうとした。

崇神天皇は、かかる情勢をみそなわし、ひたすら神をあがめて、統治《とうち》の根本を明らかにし給うとともに、政治の振作《しんさく》、特に地方の教化と産業の振興《しんこう》とに努めさせられた。即ち、先ず皇祖の御霊代たる神鏡を、御剣と共に大和の笠縫邑《かさぬいむら》に遷《うつ》しまいらせ、皇女豊鍬入姫命《おうじょとよすきいりひめのみこと》に命じて、厚《あつ》く祭らしめ給うた（五六九）。けだし、皇祖の神霊が、これまでのように、天皇と同じ宮居にあらせられることは、まことに恐れ多いとの思し召しから、かくて一層その祭を厳かにし、敬《けい》神《しん》の大御心を尽くさせ給うたのである。

次に、地方教化の思し召しによって、四人の皇族を選んで、大彦命《おおひこのみこと》を北陸に、武渟川別命《たけぬなかわわけのみこと》を東海に、吉備津彦命《きびつひこのみこと》を山陽に、丹波道主命《たにはのみちぬしのみこと》を山陰に遣《つか》わし給い、四道《しどう》の経営に当らしめ給うた。これを四道将軍といい、その御子孫《ごしそん》は、それぞれ地方に永《なが》く住んで、民草をいつくしまれ、かくて皇化は、ますます行き渡ったのである。天皇は、更に国運の進展と中外《ちゅうがい》の情勢とにかんがみ給い、始めて戸口を調べて、弓弭調《ゆはずのみつぎ》・手末調《たなすえのみつぎ》の租税を定め給うとともに、諸国に船を造らせて、交通・運輸の便を開き、又、「農は天下の大本《おおもと》なり」と仰せられ、各地に池・溝を掘らせて、農業の発達を図らせ給うた。

かくて御一代《ごいちだい》の間に、国力は大いに充実し、国威はやがて海外に及ぶに至った。即ち、半島南端の小国大伽羅《おおから》が新興の新羅《しらぎ》に圧迫《あっぱく》されて、救いをわが国に求めた際、天皇は、塩乗津彦《しおのりつひこ》を将《しょう》として援軍をお遣わしになり、半島経綸の基地たる日本府《にっぽんふ》の礎《いしずえ》を築かせ給うた。当時必ずしも楽観《らっかん》を許さなかった東亜の情勢に対して、わが国が、かくもあざやかな発展を遂《と》げたのは、まことに御稜威《みいつ》によるものである。皇祖に承《う》け継ぎ給う大御業は、かくて弘められ、国民は御高徳を仰いで、御肇国天皇《はつくにしらすすめらみこと》とたたえ奉った。

㈡皇化の進展

垂仁天皇もまた、崇神天皇の御後を承けて、よくその大御業をのべさせられた。皇大神宮を御創建《ごそうけん》になったのも（六五六）、諸国に命じて八百余の池・溝を開かせ、農業の振興を図り給うたのも、すべて御父《おんちち》天皇の御遺業をお継ぎになったものである。

天皇は、神宮創建の御事《おんこと》を、皇女倭姫命《やまとひめのみこと》に命じ給うた。命《みこと》は、諸国を巡って清麗《せいれい》の地をお求めになり、遂《つい》に大神の御心のまにまに、伊勢の国をお選びになった。伊勢は、東南に碧海《へきかい》を望んで、重波《しきなみ》寄せるうまし国であり、しかもその神路山のふもと、五十鈴の流れ清らかな霊地こそ、皇祖の大御霊《おおみたま》の鎮まりますのに、ふさわしい処であったのである。

天皇は、又、始めて弓矢・太刀等を神社に納めて、神武の精神を明らかにし給うとともに、殉死《じゅんし》の風を禁じて埴輪《はにわ》に代え、以って民草をいつくしみ給うた。

御二代《おんにだい》の御高徳によって、国の礎はいよいよ固く、国民の生活もまた豊《ゆた》かになった。ところで、九州南部の熊襲《くまそ》や東北地方の蝦夷《えぞ》は、遠隔の地にあって、しばしば朝命を奉《ほう》ぜず、国運の

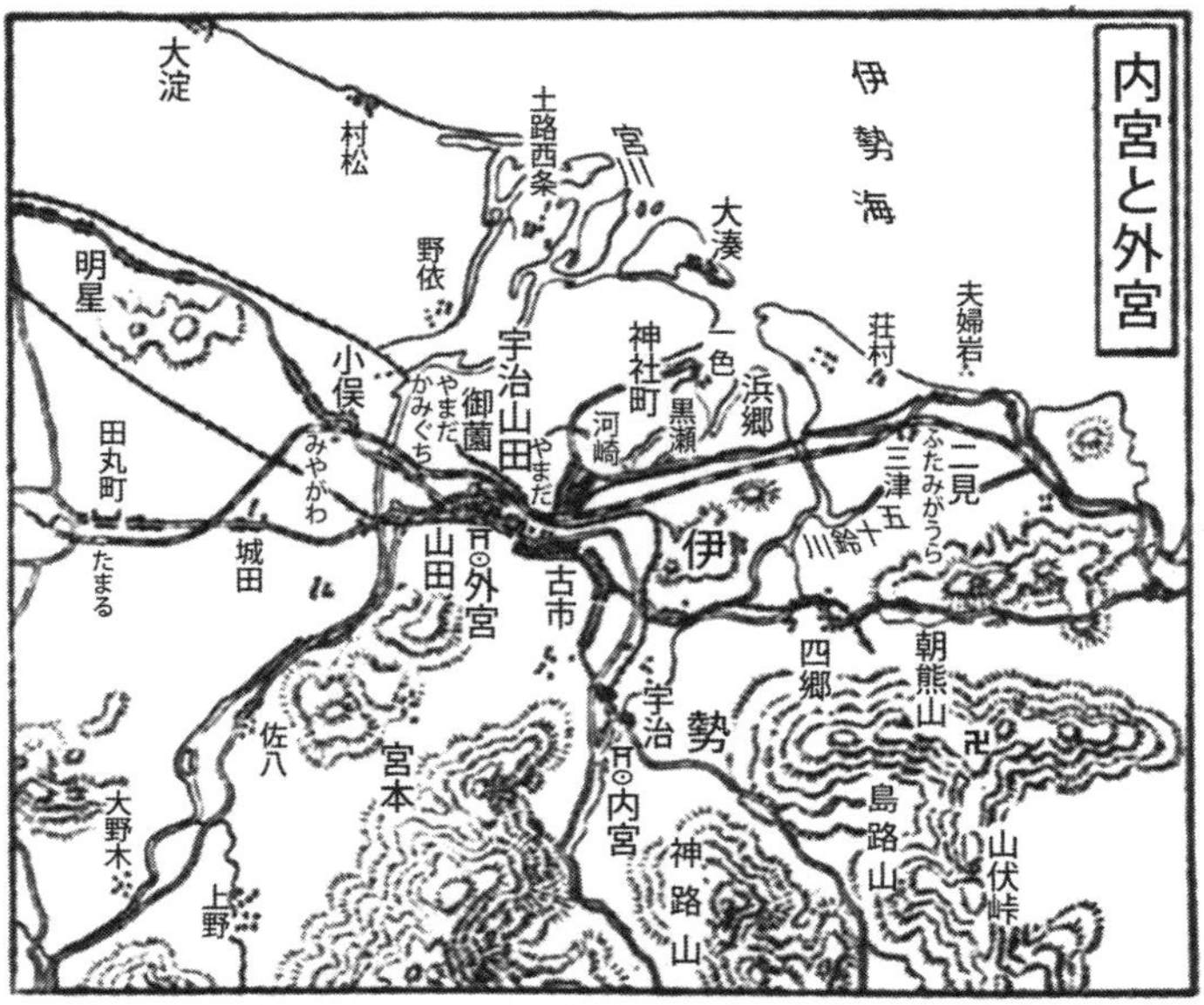

進展をさえはばむに至った。よって景行《けいこう》天皇は、御親《おんみずか》ら熊襲を征《せい》し給い、更に皇子《おうじ》日本武尊を遣わして、これを討伐《とうばつ》せしめられ、又、武内宿禰《たけのうちのすくね》に命じて、東北地方の情勢を調査せしめ、次いで日本武尊を遣わして、蝦夷を鎮めさせ給うた。尊が、西に東に戦塵《せんじん》にまみれ給いつつ、善謀《ぜんぼう》勇戦よく勅命をお果《はた》しになった御功績《ごこうせき》は、燦《さん》として国史に輝くところであり、畏《かしこ》くも、御凱旋《ごがいせん》の途中、御病《おんやまい》によって薨去あらせられた事は、永く国民のいたみ奉ったところである。熱田《あつた》神宮を拝《はい》して、尊の御東征に霊験あらたかであった草薙《くさなぎ》の御剣をしのびまつれば、千九百年の昔も、ありありと目に浮かぶようである。

かくて熊襲は鳴りをひそめ、蝦夷もまた鎮まって、その一部は、早くも忠良な国民と化し、更に諸皇子の御経営《ごけいえい》もあって、地方の教化は一段と進んだ。やがて成務《せいむ》天皇は、武内宿禰を大臣《おおおみ》に任じて朝政を整えさせられ、又、山河の形勢によって国や県の境を定め、国造・県主等の配置を整え給うた（七九五）。これ、地方教化の進展に応じて、政治の組織《そしき》が整備されたのであり、ここに、国運の伸張は一時期を画《かく》し、御稜威の海外に輝く基が固められたのである。

㊂国威の発揚

わが国と半島との関係は、古く神代に始り、その後、崇神天皇・垂仁天皇の御二代に一段と深められたが、やがて神功皇后《じんぐうこうごう》の新羅御遠征《ごえんせい》があって、彼我《ひが》の交渉《こうしょう》は、空前の活況を呈した。崇神天皇の御代、新羅に次いで百済《くだら》が南朝鮮に興《おこ》り、更に垂仁天皇の御代には漢の衰運に乗じて、北朝鮮に高句麗《こうくり》が独立した。大伽羅が、わが朝廷から名を任那《みまな》と賜《たま》わったのも、その頃の事である。しかも、新羅は、勢威を誇《ほこ》って半島の平和を乱《みだ》し、任那を圧するばかりか、わが九州の熊襲をそそのかすに至った。かくて紀元八百六十年、神功皇后は、神慮のままに新羅を御征討《ごせいとう》になり、神国の威武《いぶ》を半島に輝かし給うた。その後も、朝廷では、しばしば将兵をお遣わしになり、任那の日本府を根拠として、半島の経営に当らしめ給うたので、百済・高句麗もまた、わが国の保護を仰ぎ、応神《おうじん》天皇の御代に至って、かの国人《くにびと》の来朝が相次ぐようになった。武庫《むこ》の港には諸国の亭館《ていかん》が設けられ、貢船《こうせん》は毎年ここに入港し、国威の発揚を目《ま》のあたりに見る感があった。

半島から渡来した人々は、わが国の威風をしたって帰化する者が多く、朝廷では、これら帰化人に土地を賜《たも》うて、その生活を安《やす》んぜしめられ、かれらまた、御恵みに感じて、それぞれ得意《とくい》とする学問や技能を以ってお仕《つか》え申し上げた。応神天皇の御代に、百済から弓月君《ゆづきのきみ》や阿知使主《あちのおみ》が多くの部下を率いて帰化し、子孫代々養蚕《ようさん》・機織を職とした如《ごと》き、又、博士《はかせ》王仁《わに》がお召しによって渡来し、論語《ろんご》・千字文《せんじもん》等の書籍《しょせき》を奉って、わが国学問の発達に寄与《きよ》し（九四五）、その子孫が、代々朝廷に仕えて記録を掌《つかさど》った如き、その最も著《いちじる》しい例である。

朝廷では、これら外来の文物《ぶんぶつ》が、よくわが国古来の道にかない、技能をみがくに役立つことを認めさせられ、更に支那《しな》からも、優秀《ゆうしゅう》な縫工《ほうこう》や織工《しょっこう》をお求めになるとともに、帰化人の子孫で、功績の著しい者には、特に位を授けて、その努力を嘉《よ》みし給うた。即ち、弓月君の子孫に

半島古代史要地図

は秦君《はたのきみ》、阿知使主の子孫には漢直《あやのあたい》、王仁の子孫には書首《ふみのおびと》と、それぞれの「かばね」を賜うた如きが、それである。かくて、御恵みのもと、半島服属後の経綸は、内外共に着々と進み、国力は御代を重ねて充実して行った。

㈣国力の充実

応神天皇に次いで、仁徳《にんとく》天皇がお立ちになると、先ず都を難波に遷して（九七三）、半島との交通を便《べん》にし給い、大いに産業を興して、ひたすら国力の充実を図らせられた。太平《たいへい》の御代にも、時に不作はまぬかれなかった。天皇は、御初世《ごしょせい》に於《お》いて、かかる災厄《さいやく》に対し、前後六年間の租税を免じて、民力を回復せしめ給い、後、京及び畿内《きない》の各地に、治水《ちすい》や灌《かん》漑《がい》の施設《しせつ》をなさしめ、農業の振興を図らせられた。更に、弓月君の子孫である秦氏を諸国に配《はい》して、養蚕・紡織《ぼうしょく》の普及《ふきゅう》に当らしめられ、又、橋や道路を設けて、交通・運輸の便を開かせ給うた。

かくて、民のかまどの煙は立ちこめ、荒地《あれち》は変じて穂波打ち続く美田《びでん》となり、都《みやこ》も鄙《ひな》も、おさの音が響いて、衣料の供給も豊かになった。紀元一千年を迎えて、いよいよ栄えますこの大《おお》御代《みよ》に、わが国力は、躍進の一途をたどったのである。

皇沢《こうたく》内外にあまねく、朝廷の斎蔵《いみくら》には、くさぐさの貢物《みつぎもの》があふれた。かくて履中《りちゅう》天皇の御代には、新《あら》たに内蔵《うちくら》が立ち、更に雄略《ゆうりゃく》天皇の御代には、大蔵《おおくら》の増設を見たのであるが、これらは、いうまでもなく、産業の発達の結果であり、又、国運隆昌のしるしに外ならない。

雄略天皇は、御心を産業に留《とど》めさせられ、皇后もまた、みてずから養蚕をお試みになって、範《はん》を民草に示し給うた。農業の振興はもとより、工業の発達にも大御心を注がせられ、陶工・画工《がこう》を百済から、織工・縫工を支那からお召しになるとともに、諸国各地の秦氏や阿知使主の子孫である漢氏《あやうじ》を保護して、織縫《しょくほう》の業の盛んになることを図り給うた。

かくて、国庫がいよいよ豊かになり、大蔵が増設されて、政務もまた更に複雑となった。特に三蔵《さんぞう》の管理は、重要な役目であり、武内宿禰の子孫に当る蘇我満智《そがのまち》がこれに任ぜられたが、蘇我氏後年《こうねん》の勢威は、かくて次第に大をなすに至ったのである。

天皇は、産業振興の成果が着々と挙って行くのをみそなわし、ここに農業・養蚕業の神と仰がれる豊受大神《とようけのおおかみ》の御霊《みたま》を、丹波《たんば》から伊勢に迎えて、皇大神宮の御近《おちか》くに祭らせ給うた（一一三八）。これが豊受大神宮《とようけだいじんぐう》であって、後世《こうせい》、皇大神宮を内宮《ないくう》と称し奉るのに対し、この宮を外宮《げくう》と申し上げ、内宮の御鎮座《ごちんざ》から外宮の御創建に至る、その間年を経ること、凡《およ》そ五百年であった。

二　氏《うじ》とかばね

㈠敬神崇祖《けいしんすうそ》

崇神天皇は、神鏡・御剣を笠縫邑に祭らせせられると、新たにその御《み》うつしを造らせ給うて、八坂瓊曲玉と共に、宮中にお留《とど》めになり、永く皇位の御しるしとなし給うた。御歴代の天皇は、これを承けさせられ、中でも、御鏡《みかがみ》は宮中賢所《かしこどころ》に奉安《ほうあん》して、大神と共にいます御心を以って、親しく仕え給うとともに、又、厚く皇大神宮を敬《うやま》わせられ、永く皇女を斎宮《いつきのみや》として、いつきまつらせ給うた。御殿舎《ごでんしゃ》を二十年毎に造り替えて、御遷宮《ごせんぐう》の式を行なわせられる御定《おさだ》めも、古くから始り、今に至るまでかわるところがない。敬神崇祖《すうそ》の大御心は、まことに申すも畏き極みである。国民もまた、皇大神宮をあがめ奉り、家々には大麻《たいま》を奉ずるとともに、それぞれ氏神《うじがみ》を祭って、敬神崇祖の美風を今日に伝えている。

現御神《あきつみかみ》の御恵みのもと、国民は、古く「やっこ」又は「たみ」「たから」として仕え、浦安《うらやす》の国土に、平和な生活を営んでいた。畏くも雄略天皇が「義はすなわち君臣にして、情《じょう》は父子を兼《か》ぬ」と仰せられたように、御歴代の天皇は、民草を家の子としていつくしまれ、家族主義国家たることを明示し給うのである。「たみ」「たから」とは、共に田を作るものの意で、崇神天皇の勧農《かんのう》の詔のまにまに、農業が国民の主要なりわいであり、随《したが》って、御代々々、農民を国

上古のおもかげ

民の代表とも、又、宝とも思し召されたことを表《あらわ》している。この言葉によっても、われらは、聖恩《せいおん》のかたじけなさを、ひたすらに畏むばかりである。

かくて、上古《じょうこ》の国民は、天皇を現御神と仰ぎ、国の御《おん》親《おや》とも慕《した》い申し上げるとともに、同じ血統の人々から成る多くの組に分れ、それぞれ祖先の神をあがめて、一所に集《つど》って暮していた。これを氏或《あるい》は氏族《しぞく》といい、祖先の神を氏神と称する。氏は、氏上《うじのかみ》と氏人《うじびと》から成り、氏上は、氏の長として氏人を率い、氏神を祭り職分に励んで、朝廷に奉仕した。血のつながり、土地のゆかりを基として、氏一族の団結は極めて固く、氏族相互《そうご》の関係も、上に皇室を戴《いただ》き奉って大そう親密であった。氏には、それぞれ掌る職分があって、これを子々孫々に伝えた。祭祀や政治に与《あずか》る者があり、軍事や生産に従う者もあった。たとえば、中臣氏・斎部氏が祭政を、大伴氏・物部氏が軍事を、玉造《たまつくり》・矢作《やはぎ》・服部《はとり》等の諸氏がそれぞれ工産《こうさん》を掌った如きが、それである。

なお氏族の生活では、特に血統が重んぜられ、この点から、氏は、後に皇別《こうべつ》・神別《しんべつ》・蕃別《ばんべつ》の三種に分たれた。皇別は、皇室から分れた氏、神別は、皇孫の御降臨に従い奉った神々の子孫、蕃別は、帰化人の子孫である。かかる氏の血統に対し、朝廷では、かばね（姓）を賜うて、その家がらを明らかにされた。公《きみ》・臣《おみ》・連《むらじ》・造《みやつこ》・直《あたい》・首《おびと》などの称号が、これである。公・臣は主として皇別の諸氏に賜わり、連は神別の諸氏に賜わるのが常であった。

元来姓は、家がらを表すものであるが、家がらのよい者が、重い役目に任ぜられることになったので、自然姓は、政治上の地位を示すものと変って、官職同様に見なされるに至った。造のうち、国造が地方の政治を掌り、伴造《とものみやつこ》が生産に従事する人々を率いて朝廷に仕えた如き、又、臣・連の中から朝廷の重職に任ぜられる者、たとえば、蘇我氏・物部氏等が出て、大臣・大連の称の起った如きが、それである。

㈡簡素の美

上古の国民は、多くの氏に分れていたが、尊皇敬神の心に厚く、和《なご》やかに、清く明かるい生活を営《いとな》んでいた。氏は、それぞれの職分に励《はげ》んで、産業の発達に寄与し、事ある時は、皇国の護《まも》りに任じて、海ゆかば山ゆかばの精神に燃《も》えたのである。おしなべて、簡素を愛し、自然に親しんだ。ここに、わが国固有の精神があり、それを今に伝え来たって、現に目のあたりに見るものは、神社建築である。

白木造りの社殿は、その構造といい装飾《そうしょく》といい、すべて簡素の中に、すがすがしい美しさ神々しさを具現《ぐげん》し、清らかな玉垣《たまがき》をめぐらして、よく周囲の自然と調和している。われらは、皇大神宮の御殿舎を仰いで、神代さながらの森厳美《しんげんび》に打たれ、まさに神社建築の極致《きょくち》と拝するのであるが、明治天皇が、その御建築《ごけんちく》や御調度《ごちょうど》を永久不変ならしめるため、厳密にこれを御決定《ごけってい》になったことは、申すも畏き極みである。出雲大社また、古い様式と壮大な規模《きぼ》とによって、世に有名である。

陵墓《りょうぼ》もまた、上古に於いては、おおむね宏壮《こうそう》の規模を以って築造され、雄大にしてよく簡素の美を表している。それは、一面、わが国民が古来忠孝の心に厚く、君親《くんしん》の葬儀《そうぎ》をてあつく営んだしるしでもある。中でも前方後円《ぜんぽうこうえん》

簡素の極致

の古墳《こふん》は、わが国独得のもので、その美しい形状は、あたりの自然とよく調和して、上古の国民の和やかな心を宿《やど》し、豊かな創造力を示している。

しかも古墳内部の石室や、これに納めた石《せき》棺《かん》・曲玉《まがたま》・管玉《くだたま》・鏡・剣・甲冑《かっちゅう》等の副葬品、外部に立てたくさぐさの埴輪などは、今も時々発見されて、上古の生活や文化を知る重要な材料となっている。特に曲玉は、わが国固有の美術品として、他にはその比を見ないものである。又、埴輪には、人・馬・家・船等の種類があり、すべて上古の風俗をそのままに示すばかりでなく、簡素の中によく平明《へいめい》の美を結晶させている。埴輪人形のもの静かな顔には、われらの祖先の面影さえしのばれる。西日本に限って発見される銅鐸《どうたく》もまた、わが国特有の器であり、その文様《もんよう》

埴輪人形

には、上古の生活をうかがわしめるものがある。

これらの遺物・遺蹟や、更に古い時代に使用された石器《せっき》・土器《どき》などを調べると、その形状に文様に、われらの祖先の独得な工夫と技能がしのばれ、わが国芸術の発達が極めて古い起原を有することに、気づくのである。

銅鐸の絵画

㊂氏姓《しせい》の乱れ

崇神天皇の御代以来、わが国の隆運《りゅううん》は実にめざましく、もろもろの産業が興り、人口は年と共に増えて行った。しかし、人口が増えると、氏は次第に大きくなり、やがて分裂《ぶんれつ》が起り、新しい帰化人の氏なども加《くわわ》って、血統はだんだんまぎれやすくなって来た。又、産業の発達につれて、国民の生活が、とかくぜいたくになり、氏の団結にゆるみを生じて、各人のわがまま心も起りがちであった。かかる形勢に乗じ、朝廷のお許しも得ず、氏や姓を勝手に称し、尊大に見せようとする者が現れ、氏姓の混乱を引き起すに至った。允恭《いんぎょう》天皇が、盟神探湯《くがたち》によって氏姓の乱れを正《ただ》さしめ給うたのは（一〇七五）、かかる形勢を憂慮《ゆうりょ》あらせられたからに外ならない。

しかも、朝政・軍事を掌る大臣・大連等の重臣が、慢心《まんしん》を生じ綱紀《こうき》を乱すに至って、憂《うれ》うべき事態を生じた。かれらは、それぞれ家がらや手がらによって、重い役目に任ぜられながら、朝恩になれて、自己の地位におごるようになったのである。中でも、大臣の蘇我氏は、三蔵管理の要職に就《つ》いて以来、次第にその勢威を伸《のば》し、海外の知識や文物に溺《おぼ》れて、道を誤《あやま》るに至り、これを憂える大連の物部氏と対立して、ますます朝政を乱した。しかも、両氏の争いに拍車《はくしゃ》をかけたのは、仏教の伝来であった。

仏教は、今から二千四五百年前、インドの釈迦《しゃか》の始めた宗教《しゅうきょう》である。後漢《ごかん》の世に支那に伝わり、やがて、半島に流入し、更にわが国に伝わったのは、欽明《きんめい》天皇の御代（一二一二）で、儒《じゅ》教《きょう》の伝来から約二百五十年後の事であった。即ち、時の百済王が、使節を寄せて仏像・経文《きょうもん》等を朝廷に奉り、盛んにその功徳《くどく》を説《と》いたことに始るのである。

天皇は、わが国の敬神崇祖との関係を思し召し、仏を祭ることの可否を朝臣《ちょうしん》にはかり給うた。時に、蘇我稲目《そがのいなめ》は、外国にならって、これを祭るべきことを唱え、物部尾輿《もののべのおこし》は、祭祀を掌る中臣氏と共に、強くこれに反対した。かくて蘇我・物部両氏の争いは、いよいよ激しくなり、稲目の子馬子《うまこ》は、遂に物部氏を攻めて、これを滅《ほろぼ》した（一二四七）。勝ちに乗じた蘇我氏のわがままは、その後ますます募《つの》って行った。

翼賛《よくさん》の誠《まこと》を致すべき朝臣の間に争いが続き、しかも不遜《ふそん》の蘇我氏がはびこるようでは、外《そと》に国威の揚《あが》らないのも、当然のことである。既に継体《けいたい》天皇の御頃《おんころ》から、半島の経営はかばかしか

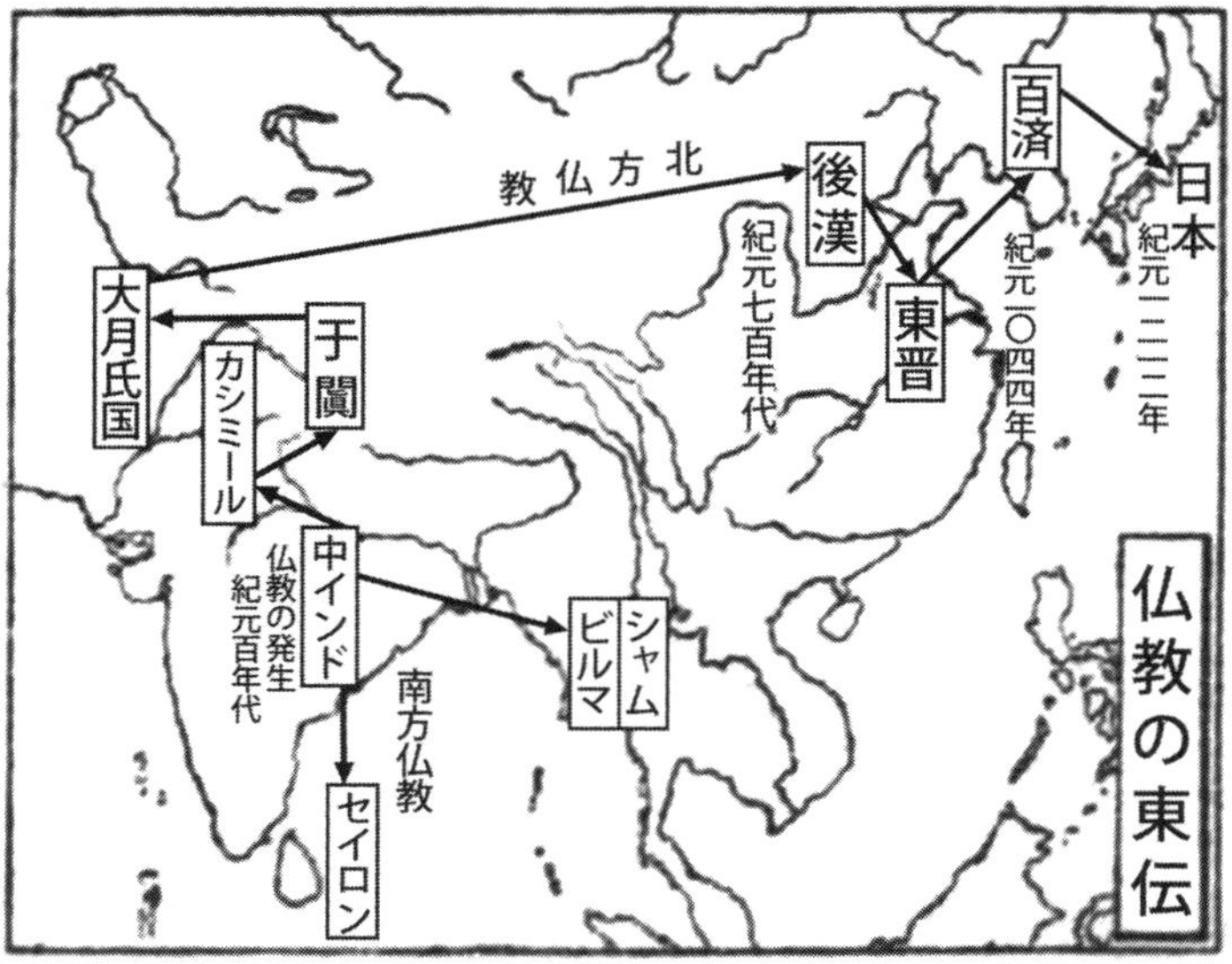

らず、欽明天皇の御代、仏教の伝来から十年の後《のち》には、任那の日本府も廃絶《はいぜつ》するに至った。

しかし、かかる非運の際にも、さすがに国民の中には忠勇な者があって、後世に語り継ぐべき美談をとどめ、人々をして感奮《かんぷん》せしめるところがあった。新羅との戦《いくさ》に、わが武将調伊企儺《つきのいきな》は、不幸敵に捕らえられたが、あくまで屈せず、日本の将《いくさのきみ》をののしれと強《し》いられて、逆《ぎゃく》に新羅王をののしり、遂にいさぎよく斬られた。又、同じく捕らわれの身となった、伊企儺の妻大葉子《おおばこ》も、決死の心を歌に託《たく》して、遙かに故国をしのび、日本女子の面目を示した。しかも、伊企儺が帰化人の子孫であったことを思うと、感慨《かんがい》の更に深いものがある。

仏教がわが国に伝わったのは、以上の如く、内外共に多事の際であった。随って、その投じた波紋は甚《はなは》だ大きく、不幸にも、先ずそれが朝臣の争いの種となったのである。その頃既に、氏族の生活が乱れて、以前の平静《へいせい》を失い、国民の間には、不安の空気がみなぎっていた。かくては、善悪の応報、未来の安心を説く仏教が、世人《せじん》の心をとらえるのも、自然の成り行きであった。もとより、仏教は外来の教えであるから、その利害は、これを受け入れる国民の態度によって定まることであり、蘇我氏の如きは、ただ徒《いたず》らに信じて、道を踏み誤ったのである。そこで、仏教の信仰に正しい方向を確立することが大切であり、それをお示しになったのが、実に聖徳太子《しょうとくたいし》であらせられる。

第三　大化の改新

一　承詔必謹《しょうしょうひっきん》

㈠改新の先駆

物部氏が亡びて、蘇我氏の勢《いきおい》がひとり盛んとなり、そのわがままがとみに著しくなった頃、推古《すいこ》天皇が即位あらせられた。天皇は、御甥《おんおい》聖徳太子を皇太子に定め、且《か》つ摂政《せっしょう》に任じ給うた（一二五三）。以来約三十年、太子《たいし》は、天皇の命《めい》を奉《ほう》じて、神を敬《うやま》い仏教を弘め、学問を興し外交を整えて、大化の改新の基をお築きになった。しかも、くさぐさの御事績《ごじせき》を拝して、特に感激を深《ふこ》うするのは、厚く神をお祭りになり、憲法を定めて「詔《みことのり》を承《う》けては必ず謹《つつし》め」とお諭《さと》しになったことである。

氏の生活が次第に乱れ、朝臣が務めを怠って争いをくりかえし、特に蘇我氏の如きわがままな者が出たのは、国民が国体の尊厳を忘れ、詔をゆるがせにし奉る傾《かたむ》きが生じたからに外ならない。太子は、かかる形勢を憂えさせられ、推古天皇の十二年に、憲法十七条を御制定になり、国民特に官吏《かんり》の心得るべき条々《じょうじょう》を示し給うた。先ず第一条には、和の大切なことを、第二条には、仏法の尊ぶべきことをお説きになり、仏教の信仰を通して、当時最も必要とされた和の実現を図らせ給うとともに、第三条には、「承詔必謹」のことをお諭しになって、天皇の大権《たいけん》、君臣の分を明らかにし給うた。以下、主として官吏の心得をこまごまとお述べになり、官吏を国民の師表《しひょう》たらしめ、以って朝政の振興を図らせ給うた。これ太子の憲法が、後世永く臣道の規範と仰がれるゆえんである。

太子が人材登用《じんざいとうよう》の道をお開きになったこと、及びその理由は、既に学んだところである。即ち、冠位十二階《かんいじゅうにかい》を御制定になったのは、これがためであるが、太子は儒教にも精通あらせられたので、冠位をお定めになる際にも、わが国情に照らして、儒教の長所をもお取りになった。

儒教や仏教を国の制度に取り入れると、蘇我氏のように、外国の教えにまどわされて、道を誤る者の出るおそれがあった。且つその頃、半島では、新羅がはびこり、

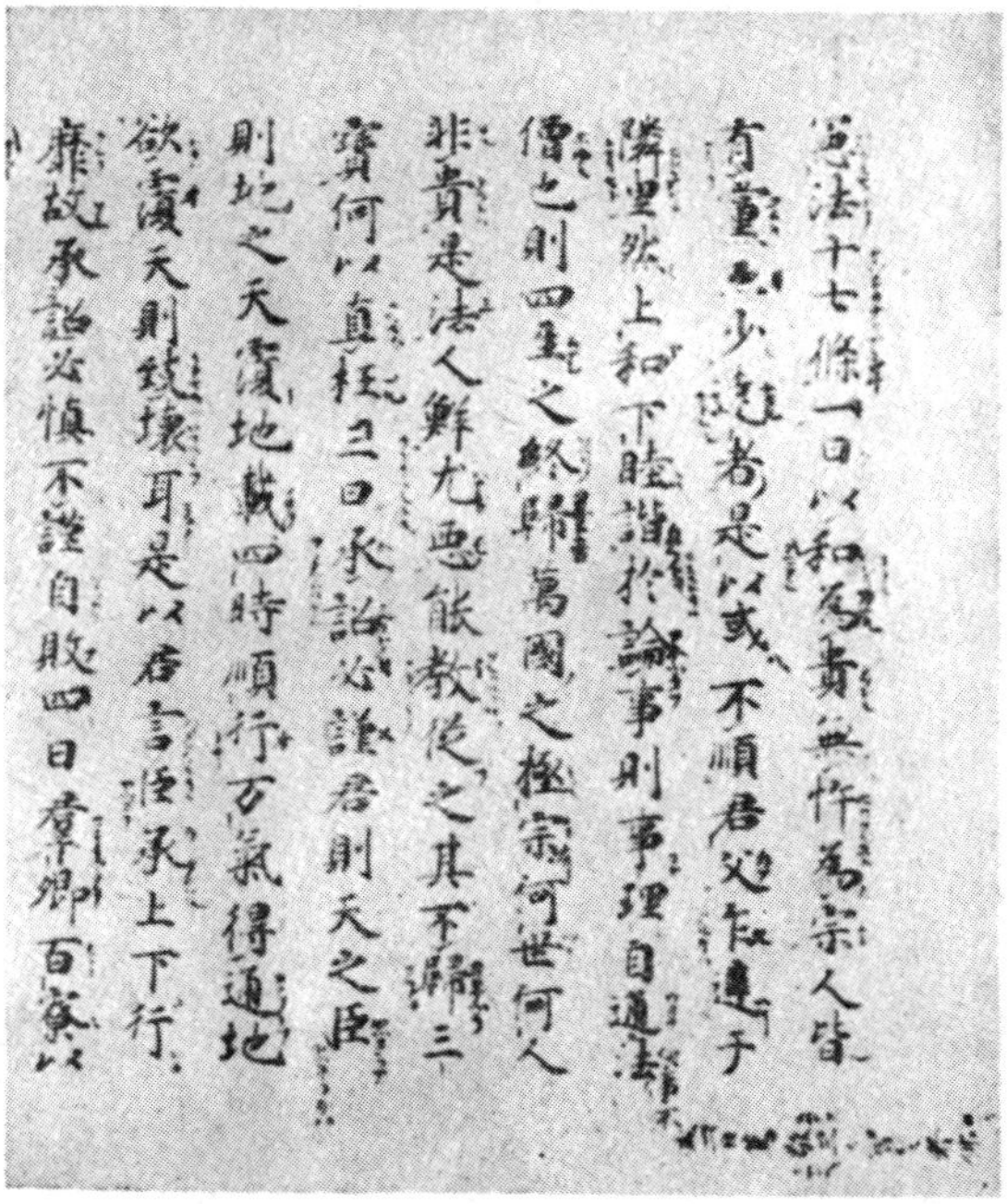
憲法十七條一曰以和爲貴無忤爲宗人皆
有黨亦少達者是以或不順君父乍違于
隣里然上和下睦諧於論事則事理自通
僧之則四生之終歸萬國之極宗何世何人
非貴是法人鮮尤惡能教從之其不歸三
寶何以直枉三曰承詔必謹君則天之臣
則地之天覆地載四時順行万氣得通地
欲覆天則致壞耳是以君言臣承上行下
靡故承詔必愼不謹自敗四曰群卿百寮以

十七条憲法

大陸では、新たに興った隋《ずい》が、その強大を誇っていた。日本古来の精神をいよいよ明らかにすることの大切な時であり、かくて冠位や憲法が出来て三、四年の後、敬神の大詔《たいしょう》を拝するに至ったのである。

㈡対外関係

敬神の大詔が下《くだ》ったのは、推古天皇の十五年（一二六七）、太子摂政の御半《おんなか》ばに当り、遣隋《けんずい》使《し》の派遣も、法隆寺《ほうりゅうじ》の建立《こんりゅう》も、これと同年の事である。

隋が、長らく南北に分裂していた支那を統一して、新しい国を建てたのは、天皇御即位《ごそくい》の二、三年前の事であった。太子は、堂々これと国交をお開きになり、皇国の威光を輝かし給うた。しかも、これに先だち、向背《こうはい》常なき新羅を鎮めるため、いろいろ御心を砕《くだ》かせられた。即ち、半島の経営、特に任那日本府再興のことは、畏《かしこ》くも欽明天皇の御遺詔《ごゆいしょう》であって、太子は、つとにこれが実現に努めさせられたのである。随《したが》って、遣隋使の御派遣《ごはけん》と半島の御経営との間には、密接な関係のあることが拝せられる。果して、隋との国交が開かれると、さすがの新羅も、その態度を改めるようになり、わが対外関係はおのずから好転した。

更に太子は、遣隋使を再びお遣わしになる際、使節と共に、高向玄理《たかむこのくろまろ》・僧旻《そうみん》等八人の留学生をお送りになり、隋の制度・文物を調査せしめ給うた。この時の国書にも、「東の天皇が敬《つつし》みて西の皇帝に白《しら》す」の文字がつらねられ、わが威風は、堂々と大陸の国に示されたのである。隋は、推古天皇の御代の半ば過ぎに急に亡び、唐《とう》がこれに代った。やがて舒明《じょめい》天皇の御代には、遣隋使にならって遣唐使《けんとうし》が派遣され、紀元一千三百年には、玄理を始め、留学生の多くが帰《き》朝《ちょう》した。これらの人々は、大化の改新に際して、ひとしく奉公の熱意に燃え、大いに国事《こくじ》に尽くした。かくて、遣隋使の御派遣には、太子の政治改革に対する遠大な御意図《ごいと》が拝されるのである。

聖徳太子と御子

㊂飛鳥《あすか》文化

太子は、摂政前半の十五年を、主として内政の御改革《ごかいかく》と半島の御経営とに用い給うた。後半の御事績の一つは、遣隋使の御派遣《ごはけん》であり、今一つは、日本文化の御振興《ごしんこう》であった。太子は、摂政御就任《ごしゅうにん》の年、早くも難波の地に四天王寺《してんのうじ》をお建てになって、わが国の威容を示すよすがともせられ、やがて斑鳩宮《いかるがのみや》を営み給い、百済から天文《てんもん》・地理・暦法《れきほう》等の学問が伝わると、これを御研究《ごけんきゅう》になって、農業や交通事業などをお進めになった。その後、斑鳩宮のほとりに、天皇の思し召しによって、法隆寺をお建てになったのであるが、これが建立の御事情《ごじじょう》は、既に学んだところである。

法隆寺は、法隆学問寺《がくもんじ》と称せられたように、皇室直属の学問所《がくもんじょ》でもあった。太子は、これをお建てになる際、特に堂塔《どうとう》の配置に工夫をめぐらし給い、わが国独自の新様式をお示しになった。その堂塔は、今なお当時の姿さながらに保存され、太子の薨去後には、鳥仏師《とりぶっし》の作った釈《しゃ》迦三尊《かさんぞん》の像など、すぐれた仏像が安置され、今に供養《くよう》を絶たぬのであって、外国人の奇蹟とさえ思うところである。太子の仏教に対する御研究は、法隆寺建立の頃から一段と進み、経典《きょうてん》の御解釈《ごかいしゃく》では、特に独自の御意見《ごいけん》をお示しになって、支那僧を敬服せしめ給うたほどである。この崇高な御精神《ごせいしん》は、晩年の御事績である国史の編修に於いても、拝されるのである。

時の都が、大和飛鳥《やまとあすか》の地にあったのにちなんで、当時の文化を、世に飛鳥文化と称する。しかも、これらの国宝や史蹟を通して見るべきは、単に形の美しさではなく、これをお作らせになった方々のけだかい御精神と、製作に精進《しょうじん》した人々のすぐれた技能とであり、更に、その偉容を千三百年後の今に保《たも》つ皇国文化の伝統である。

太子の薨去と共に、蘇我氏の勢威が再びはびこった。蝦夷《えみし》が馬子の後を継ぐと、早くも「承詔必謹」の御教《みおし》えにそむき、君臣の大義にもとるふるまいは、やがて皇極《こうぎょく》天皇の御代に於ける、孫入鹿《いるか》の無道となった。入鹿が太子の御子、山背大兄《やましろのおおえの》王《おう》の御声望《ごせいぼう》をねたみ、兵を送って斑鳩宮を焼き、更に、恐れ多くも王を法隆寺に害《がい》し奉ったのも、この時の事である。王は、十重二十重《とえはたえ》に囲む敵をみそなわしながら、自若《じじゃく》として「われ一身のために、民草をそこなうのは、わが本意でない。よってこの身を入鹿に賜《たも》うぞ」と仰せられ、御一族《ごいちぞく》もろともに御自害《ごじがい》になった。御仁慈《ごじんじ》のほど申すも畏く、御身《おんみ》を捨てて、民をあわれみ国を護り給う御心は、やがて大化の改新を導《みちび》き給うたのである。

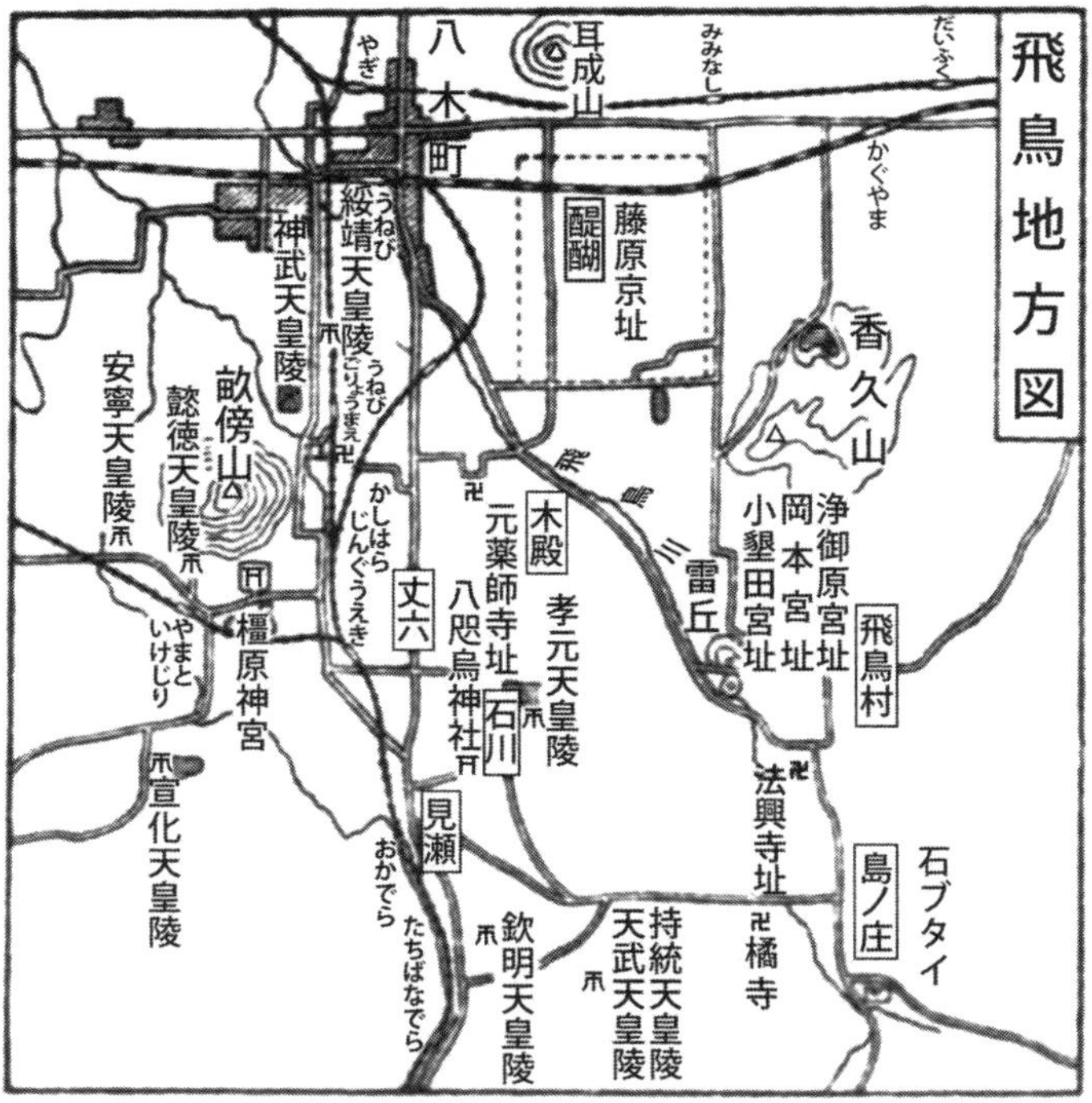

二　公地公民

㈠改新の詔

詔を軽んじ公《おおやけ》にそむき奉るものには、必ず破滅の時が来る。国をおおう黒雲を払うために、舒明天皇の御子、中大兄皇子《なかのおおえのおうじ》が、いかに御心をお砕きになり、中臣鎌足《なかとみのかまたり》始め忠良の士と相図って、遂に無道の蘇我氏を滅し給うたかは、われらの既に学んで、ひとしく仰ぎ奉るところである。

紀元一千三百五年、孝徳《こうとく》天皇の御即位と共に、ここに大化の新政が始る。天皇は、先ず中大兄皇子を皇太子にお立てになり、左大臣《さだいじん》・右大臣《うだいじん》を定め、鎌足《かまたり》を内臣《うちつおみ》に、玄理・僧旻を国博士《くにつはかせ》に任じて、新政の陣容を整え給うた。やがて群臣《ぐんしん》を率いて天神地祇《てんしんちぎ》をお祭りになり、まつりごとの本義を示し給うとともに、君臣の大義を諭して忠誠を誓わしめられ、且つ年号を大化《たいか》と定め給うた。大化とは、天皇親政のもと、皇化のあまねく及ぶ意である。

次いで、半島諸国に和親の御旨を宣べさせられ、重ねて、祭祀を政治の根本とする旨を明らかならしめ給い、又、国司を任じて、その心得をお諭しになった。更に、仏教奨励の方針を定めて、僧侶《そうりょ》の使命を明らかにされ、民草の訴《うった》えを聴《き》く制度を設け給うなど、着々と新政を整えさせられた。かくて大化元年十二月、都を内外の交通に便利な難波に遷《うつ》し給うた。

翌二年正月、拝賀の式が終ると、いよいよ改新の詔が下り、新政の大綱が、四箇条に亘《わた》って明らかにされた。先ずその一では、土地人民の私有を禁じて、全国を公地公民となし給うた。即ち、これによって、強大な氏族が多くの土地人民を兼併《けんぺい》して、統治をさまたげ民草を苦しめた弊害《へいがい》をお除きになったのであって、かの明治維新《いしん》に於ける版籍奉還《はんせきほうかん》に匹敵する重大なことである。その二では、都の規模や畿内の範囲・組織を定め、更に諸国に対して、官吏の任用法を示し給うとともに、道を開き駅を設け馬を備《そな》えるなど、往来・通信の制をお立てになり、又、要処に関《せき》・防人《さきもり》などを置いて、国内の警備、辺境の防衛を固めることとせられ、かくて、新政の全国に行き渡る組織が整ったのである。その三及び四では、戸籍《こせき》を造り田地を調べて、班田《はんでん》収授《しゅうじゅ》の法を立て給い、国民に、すべて六歳になれば一定の口分田《くぶんでん》を授けられ、死亡と共に官に収める旨を明らかにせられ、又、租《そ》を始め庸《よう》・調《ちょう》・雑徭《ざつよう》などの新しい税法を定め給うた。即ち国民は、すべて公民として、公地の使用を許されることとなり、その生活は、おのずから安定したのである。

大化の改新は、国初以来の画期的な大改革であり、まさに復古の精神に基づく維新の大御業であった。聖徳太子の薨去後二十余年、十七条憲法に示されたその御精神も、ここに至って、力強い実現を見たのである。もちろん、時代の進運に伴《とも》なう幾多《いくた》の新制度が立てられたのであるが、新政の根本は、肇国《ちょうこく》以来のまつりごとの精神に存《そん》することを、見落してはならない。明治維新との間に多くの共通点が見られるのも、これがためである。改新と維新とを比較して、両者を一貫する肇国の精神をわきまえることが大切である。

㈡新政の進展

改新の詔が下ってほどなく、中大兄皇子は、御《おん》みずから、その土地人民を奉還して、国民に範をお示しになった。かくて、諸氏族の奉還も相次ぎ、これがために、班田のことも、やがて国々に行き渡った。その間、冠位の制度が改正されて、人材登用の道もますます開け、都には、八省《はっしょう》・百官《ひゃっかん》が設けられて、役所や役目も整った。玄理・僧旻ら改新の功臣は、かかる新政の進展を見ながら、相次いで没した。やがて孝徳天皇は、御在位《ございい》十年で崩御《ほうぎょ》ましまし、前の皇極天皇が、飛鳥の都で、再び即位あらせられた。斉明《さいめい》天皇と申し上げ、中大兄皇子は、引き続き皇太子として、まつりごとを輔《たす》け給うた。

斉明天皇は、地方特に陸奥《むつ》、及び半島の御経営に、御心を注がせ給うた。蝦夷の御鎮定《ごちんてい》は、既に学んだところで、阿倍比羅夫《あべのひらふ》の活躍は、その時の事である。まさに新政の充実によって、皇沢が辺境に及んだのであり、天皇は、遣唐使に蝦夷を伴なわせ、国威の隆盛《りゅうせい》を唐に示し給うた。当時の唐は、支那統一後約四十年を経た高宗《こうそう》の時代で、その勢が頗《すこぶ》る盛んであり、しきりに兵を半島に出して、高句麗を抑え、更に新羅を助けて、百済を苦しめていた。

任那の復興、半島の経営は、欽明天皇の御後、歴代御心にかけさせ給うたところである。斉明天皇もまた、百済を助けて新羅を抑え、唐の勢を防いで半島の平和を図ることを思し召し、御軍《みいくさ》を率いて、親しく筑紫に行幸《ぎょうこう》せられた。御稜威を仰いで、耽羅《たんら》（済州島《さいしゅうとう》）が始めて朝貢《ちょうこう》し、御軍の意気は大いに揚ったのであるが、ほどなく、天皇は恐れ多くも、朝倉宮《あさくらのみや》に崩御あらせられたのである。

皇太子、中大兄皇子が御位《みくらい》をお継ぎになり、天智《てんじ》天皇と申し上げる。天皇は、御治世《ごじせい》の前半を、ひたすら百済の救援《きゅうえん》と国防の強化とに用いさせられ、そのため、即位の礼をさえお延《のば》しになるほどであった。しかし、百済は、阿曇比羅夫《あずみのひらふ》・阿倍比羅夫ら援軍の奮闘もかいなく、あたら内訌《ないこう》と唐・新羅の猛攻とによって亡びた。天皇は、深く内外の形勢をみそなわして、百済再興の望みをお絶ちになり、専《もっぱ》ら内政の充実と国防の強化とに努め給うた。この際、多数の百済人が来朝・帰化して、てあつい保護を加えられ、御恵みに感激して、国防・生産に努め励んだことは、注目に値《あたい》する。しかも、半島で示したわが軍の威武が、唐の将兵をおののかせ、その将帥《しょうすい》が使節を以って朝貢し、よしみを求めた事実のあることを忘れてはならない。

都を近江《おうみ》の大津宮《おおつのみや》に遷し給うたのは、ほぼ御代の半ばの事である。その翌年、ようやく即位の礼をお挙げになり、以後、内治《ないち》の整備に努め給うた。既に学んだ法令と戸籍は、それぞれ近江令《おうみりょう》・庚午年籍《こうごのねんじゃく》と称せられるもので、法令の編纂《へんさん》を掌《つかさど》ったのは鎌足である。天皇は又、始めて学校を興し給い、みてずから水時計を作って、時の経過を正確に知らしめ給うなど、民草の知識を進めることにも、御心を用いさせられた。

改新以来の最大の功臣たる鎌足は、近江令を完成してほどなく、重い病にかかったが、天皇は親しくその邸《やしき》に成《な》らせられ、藤原《ふじわら》の姓と大織冠《たいしょくかん》という高い位とを授けて、功績をねぎらい給うた。

天皇もまた、鎌足が薨じて二年の後、崩御あらせられた（一三三一）。改新以来二十数年に亘る数々の御経綸《ごけいりん》、殊《こと》に御代しろしめす十年の御労苦《ごろうく》をしのび奉れば、感激おくところを知らないのである。

㈢制度の整備

天智天皇の御後、弘文《こうぶん》天皇を経て、天武《てんむ》天皇が飛鳥の浄御原宮《きよみがはらのみや》で即位あらせられた。天皇は、敬神の御心深くましまし、皇大神宮御遷座《ごせんざ》の制度をお立てになり、国史の編纂を御計画《ごけいかく》になるなど、わが国古来の精神を明らかならしめ給うた。又、八色《やくさ》の姓《かばね》を定めて、氏の制度の長所を残させられ、仏教を弘めて国民の教化を図り給うとともに、近江令を修正し、皇都《こうと》の造営をお考えになるなど、新政の充実に努め給うた。

一方半島では、高句麗もまた、天智天皇の御代に亡びて、やがて新羅の統一が成り、その威勢には、唐もたじろぐほどであった。かくて半島の風雲もおさまり、わが国は、唐との通交を復《ふく》し、新羅も再び朝貢を始めた。

天皇のお始めになったもろもろの御計画は、その後、御代々々受け継がせられ、先ず持統《じとう》天皇は、藤原京《ふじわらきょう》を営ませられ、次いで文武《もんむ》天皇は、大宝律令《たいほうりつりょう》を定め給うた。殊に大宝律令は、その後明治の初期まで、約千二百年の間、朝政の根本となった重要な法典である。

この律令は、鎌足の子不比等《ふひと》らが勅を奉じて編纂に当り、紀元一千三百六十一年、大宝《たいほう》元年に出来あがったものである。律《りつ》は、罪や罰のことを定めたものであり、令《りょう》は、行政に必要な種々の規定である。律・令共に、わが国古来の美風に基づき、唐の制度を参考にして定められ、殊に令では、大化改新の条々を法令化した部分が、全体の中心になっている。

先ず官制では、中央政府に神祇《じんぎ》・太政《だじょう》の二官が設けられた。特に神祇官が置かれて祭祀の事を掌ったのは、まつりごとの本義にかない、敬神の美風を表したものである。太政官は、行政を掌る所で、ここには太政大臣《だじょうだいじん》・左大臣・右大臣・大納言《だいなごん》などの諸官が置かれ、中務《なかつかさ》・式部《しきぶ》・治部《ちぶ》・民部《みんぶ》・兵部《ひょうぶ》・刑部《ぎょうぶ》・大蔵《おおくら》・宮内《くない》の八省を統《す》べた。地方の制度では、全国を畿内・七道《しちどう》に分《わか》ち、更にこれを国・郡に細分して、国司《こくし》・郡司《ぐんじ》にそれぞれ部内を治めさせ、西海道《さいかいどう》の如き、半島・大陸に近く、国防・外交上重要な所には、特別の役所を置いて全道を支配せしめた。太《だ》宰府《ざいふ》がこれである。

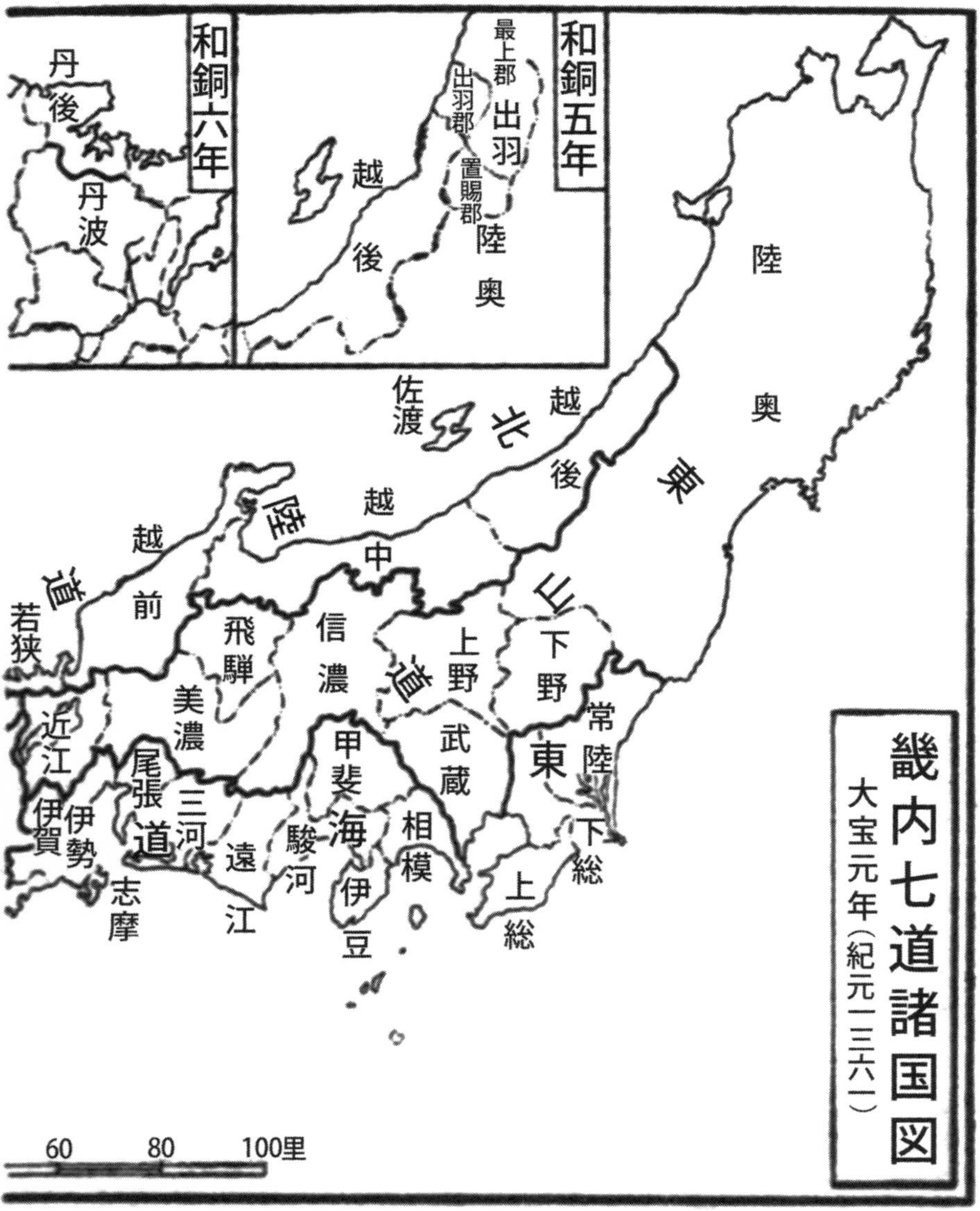
畿内七道諸国図
大宝元年(紀元一三六一)
和銅六年
丹後
丹波
和銅五年
最上郡
出羽郡
出羽
置賜郡
越後
陸奥
陸奥
佐渡
北陸道
越後
越中
越前
若狭
東山道
飛騨
信濃
上野
下野
美濃
近江
伊賀
伊勢
尾張
三河
遠江
駿河
甲斐
東海道
武蔵
相模
伊豆
常陸
下総
上総
志摩
60
80
100里

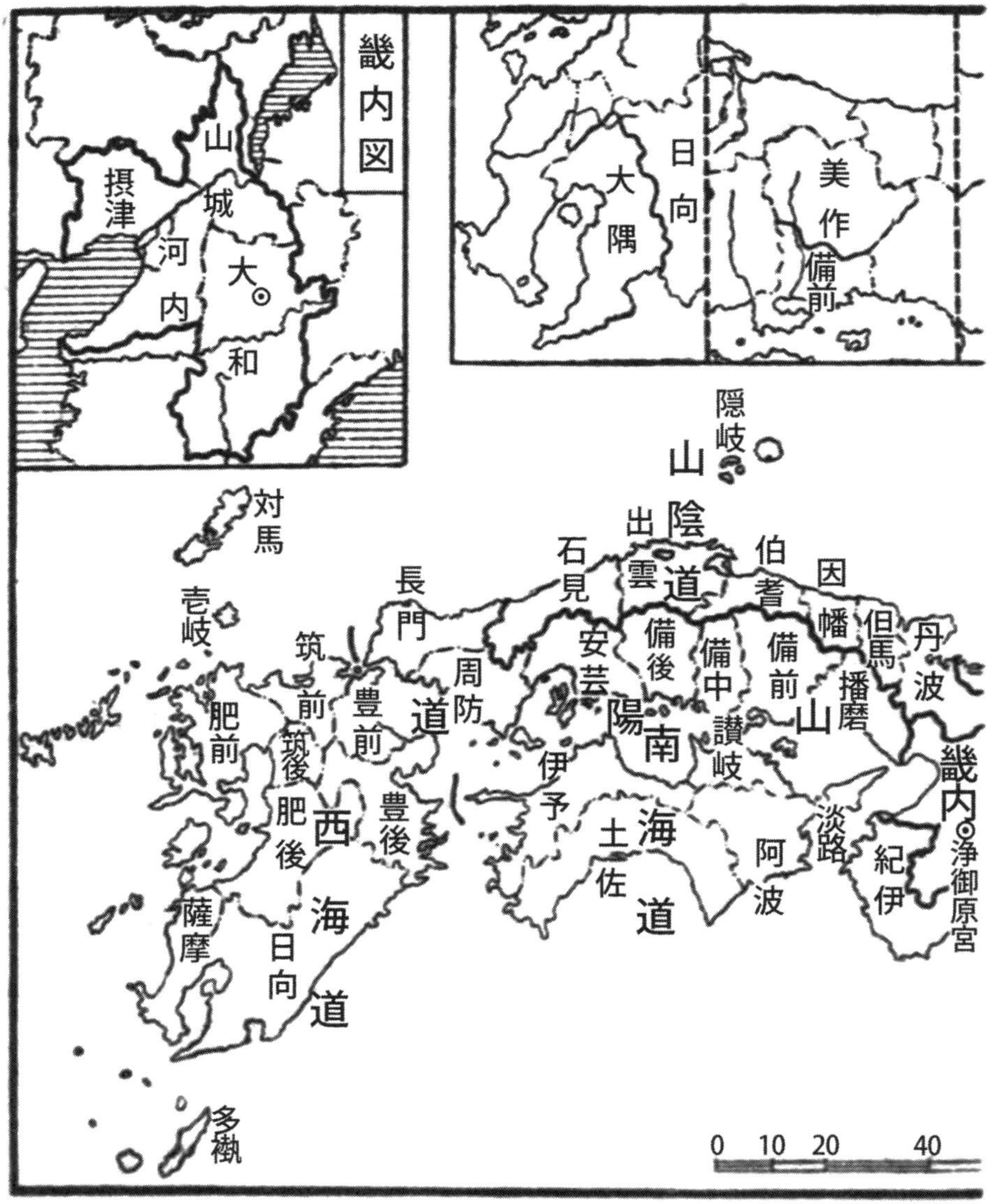

畿内図
山城
摂津
河内
大和
大隅
日向
美作
備前
隠岐
山陰道
対馬
壱岐
出雲
石見
伯耆
因幡
長門
周防
安芸
備後
備中
備前
但馬
丹波
播磨
山陽道
筑前
豊前
肥前
筑後
肥後
豊後
西海道
伊予
讃岐
南海道
土佐
阿波
淡路
紀伊
畿内
浄御原宮
薩摩
日向
多褹
0 10 20 40

田制《でんせい》及び税法は、大体大化以来の制度を固めたものである。兵制《へいせい》は、徴兵《ちょうへい》の制を布いて国民《こくみん》皆兵《かいへい》となり、全国壮丁《そうてい》の三分の一を兵士とし、これを都の衛府《えふ》や諸国の軍団《ぐんだん》に配って、警備に当らしめた。又、太宰府の指揮のもとに、三年間、西海《さいかい》の警備に当る防人のあったことは、既に学んだところである。

次に教育制度では、都に大学《だいがく》、諸国に国学《こくがく》を設けて、経学・文学・算数等の学問を授け、その業をおえた者から官吏を採《と》ることとした。その他、度量衡《どりょうこう》の制では、既に大化以前から用いられていた尺《さし》・升《ます》・秤《はかり》が整えられ、大尺《だいしゃく》・小尺《しょうしゃく》（分《ぶ》・寸《すん》・尺《しゃく》・丈《じょう》の十進法）、大升《だいしょう》・小升《しょうしょう》（合《ごう》・升《しょう》・斗《と》・斛《こく》の十進法）、及び斤《きん》・両《りょう》などの規定が設けられて、尺貫法《しゃっかんほう》の淵源《えんげん》となった。なお、律の規定も整ったが、その大部分は散り失せて、今に伝わらない。

制度は、政治の骨組みである。かくて律令の整備により、政治はいよいよ充実し、やがて奈良の盛世《せいせい》を迎えるに至ったのである。

第四　奈良の盛世

一　初期の隆運

㈠平城京《へいじょうきょう》

都は大君《おおきみ》のましますところ、国運進展の中心であり、律令の制定と共に、その意義は、ますます重きを加えた。かくて文武天皇は、群臣に命じて遷都のことを議《ぎ》せしめられ、次いで元明《げんめい》天皇は、その御志《みこころざし》を承《う》けて、和銅《わどう》元年、奈良に新都を営ましめられ、越えて三年、ここに遷《うつ》り給うた。時に紀元一千三百七十年、これを平城京という。

新都は、その規模に於いてすぐれ、聖武《しょうむ》天皇の御代を中心とする御七代《ごしちだい》七十余年の間、栄えに栄えた。世にこの間を奈良時代と呼び、特に栄えたその中頃を、時の年号にちなんで、天平《てんぴょう》時代と称する。しかも、都の繁栄《はんえい》は、国運の隆昌を意味し、内治・外交の共に振るったことを物語っている。われらは、「都大路《みやこおおじ》と国分寺」を通して、内治の整備をうかがい、次いで「遣唐使と防人」によって、皇威の伸張、国土防衛の苦心及び和気清麻呂《わけのきよまろ》の忠誠を知り、千二百年の古《いにしえ》にかえりみて、「御民《みたみ》われ」の感激を深くするとともに、大義の存するところをわきまえ

奈良時代の貨幣

たのである。

今再び「奈良の盛世」を学ぶに当って、先ず注目すべきは、初期の隆運である。初期とは、凡そ元明天皇・元正《げんしょう》天皇の御二代、和銅から養老《ようろう》へかけての十数年間を指す。しかも和銅といえば、この年号の起りには、めでたいいわれがある。元明天皇が御即位になると、その翌年、武蔵《むさし》の国から和銅を献じた。天皇は、これを嘉《よ》みし給うて、年号を和銅と改められ、更に和同開珎《わどうかいほう》を造って、貨幣《かへい》の流通を図り給うたのである。

都がさだまり、皇化は畿内・七道の津々浦々《つつうらうら》に及んだ。その頃支那では、玄宗《げんそう》が帝位に即《つ》いて、唐の勢威を回復し、満洲《まんしゅう》には、新たに渤海国《ぼっかいこく》が興った。共に和銅五、六年の事であるが、この二年間に起った出来事には、重要なものが多い。即ち五年には、太安万侶《おおのやすまろ》が古事記を奉った外、始めて出羽《でわ》の国が置かれ、六年には、更に丹《たん》後《ご》・美作《みまさか》・大隅《おおすみ》の三国が設けられ、又、諸国に風土記《ふどき》編纂の命が下った。すべてこれ、奈良初期の隆運を物語るものに外ならず、史上特筆すべき事がらである。

古瓦

㈡地方の開発

国の増置《ぞうち》は、地方制度の整って行くことを意味し、皇化の普及を物語っている。殊《こと》に注目すべきは、北に出羽、南に大隅の新設されたことである。

先ず東北の経営では、古来幾たびか征夷《せいい》の御企《おんくわだ》てがあり、中でも阿倍比羅夫の遠征は、日本海方面の蝦夷の教化を著しく進めた。更に、この期に入って、元明天皇は、和銅二年、重ねて蝦夷の征討を行なわしめられ、東北の護りを固め給うた。これまで陸奥一国であった東北地方に、やがて出羽の国が置かれたのは、かかる経営の結果に外ならない。

西南地方の経営が、東北に比《ひ》して頗《すこぶ》る順調であったこと、及びその理由は、既にわれらの知るところであるが、和銅二年、征夷の軍が凱旋してほどなく、多くの薩摩隼人《さつまはやと》が郡司に率いられて都に上《のぼ》った事実によっても、この間の事情がうかがわれる。日向の国に新たに大隅の国が設けられたのも、琉球《りゅうきゅう》諸島の人々が陸続《りくぞく》貢《みつぎ》を献じたのも、すべて、御恵みのまにまに、西南の地方が更に開けて行った姿である。

地方の制度が整うとともに、荒地が開拓《かいたく》され、資源が開発されて、産業もまた著しく進んだ。先ず農業が重んぜられたことは、いうまでもなく、政府は、歴代天皇の大御心を奉体して、灌漑の施設や耕作の技術を改良し、米穀《べいこく》の増産に努めたが、更に人口が増加すると、しきりに開《かい》墾《こん》をすすめて、耕地の増加を図った。これらの新田《しんでん》は、これを開いた人々の勤労にむくいるため、先ず或る期間の私有が許され、やがて永代《えいだい》の私有が認められるようになった。元正天皇の養老年間から、聖武天皇の天平年間にかけての事である。

又、養蚕が普及して絹の産額が増し、染織《せんしょく》の技術も大いに進んで、精巧な綾錦《あやにしき》が作られ、唐や新羅に輸出されて、大陸の人々を驚かしたほどである。鉱産もまた、越後《えちご》の石油を始め、銀・銅・硫黄《いおう》等、くさぐさの鉱物が諸地方から発掘《はっくつ》され、武具・貨幣・仏像・工芸品等の材料となって、国民文化の発達を助けた。

㊂史書と地誌

都がさだまり、政治が整い、国力が充実するにつれて、国体に対する自覚のいよいよ高まるのは当然であるが、元明天皇は、かかる時代の進運に際し、天武天皇の御志を継がせられ、国史の編修及び風土記の作成を命じ給うた。これ、尊厳な皇国の生い立ちと、盛んな国土・国勢《こくせい》とを明らかならしめ給う思し召しと拝し奉る。

先ず成ったものは、古事記三巻である。上の巻には神代、中の巻には神武天皇から応神天皇まで、下の巻には仁徳天皇から推古天皇までの御事歴《ごじれき》が、すべて国語で記《しる》され、神生み給い神しろしめす上古の姿と、わが国固有の精神とが明らかにされた。編修に当った安万侶が特に心を砕いたのは、その文章と文字の使い方とであるが、それも、上古の精神や姿をさながらに伝えるための努力であった。

風土記は、国別《くにべつ》の地誌《ちし》であり、仰せを受けて国々が、それぞれ地形・伝承《でんしょう》・物産等を記して奉ったものである。その大部分は散り失せて、今完全に伝わっているのは、僅《わず》かに常陸《ひたち》・播磨《はりま》・出雲・肥前《ひぜん》・豊後《ぶんご》の五風土記に過ぎない。随《したが》って、その完成の年代は不明であるが、これを通して、上古の地方生活がうかがわれ、特に神社や地名など、今にそのゆか

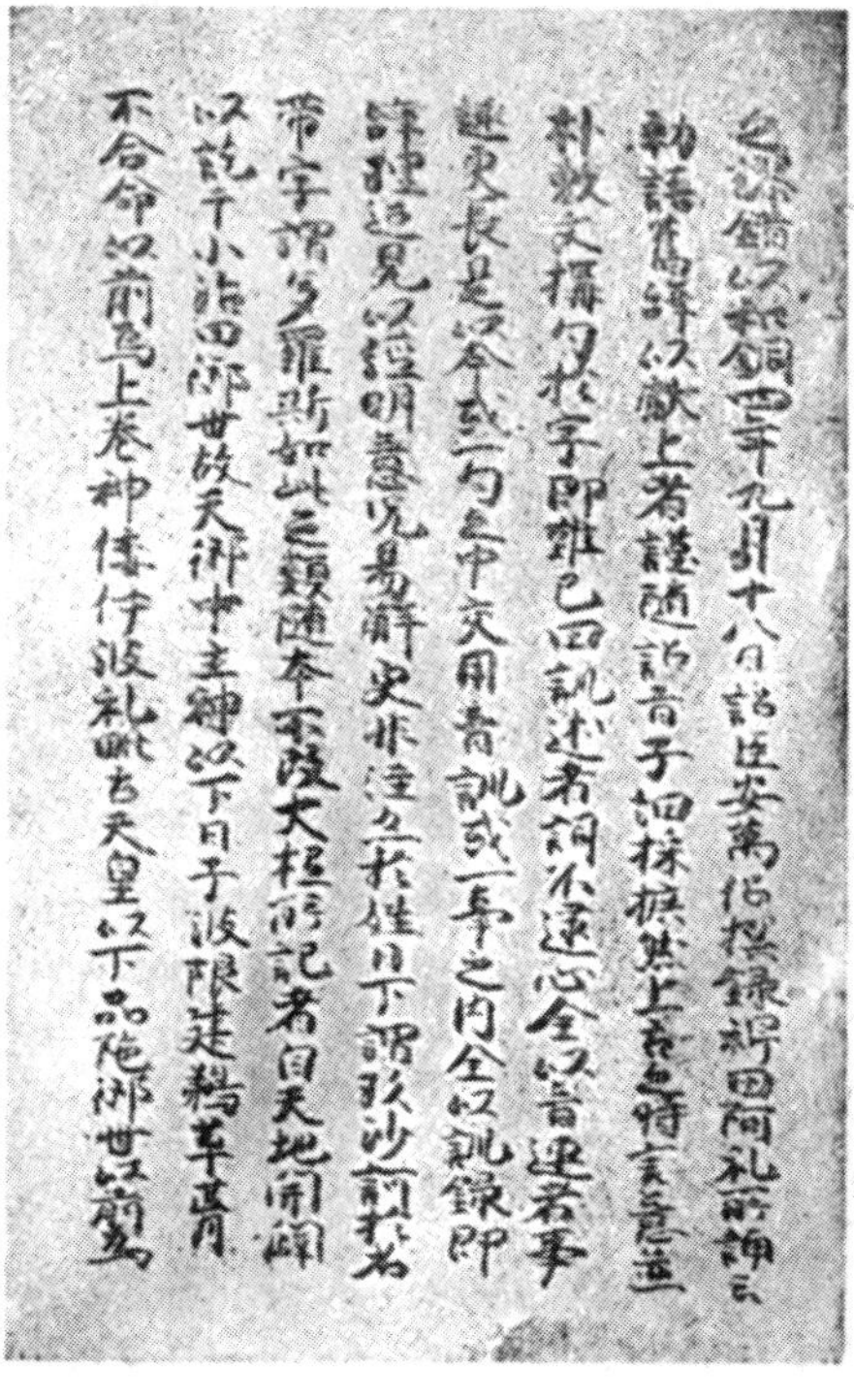

古事記

りを伝えている。

元正天皇もまた、歴代の御遺業をお承けになって、国史の編修を続け給い、養老四年（一三八〇）に至って、日本書紀三十巻を完成せしめ給うた。古事記に比して、遙かに大規模な御事業《ごじぎょう》で、舎人《とねり》親王が編修を統べ給い、安万侶もまた、これに与った。この書は、神代から持統天皇に至る皇国発展の跡を、漢文で詳《くわ》しく記したもので、正確な記録を多く集めて、御代々々の御事歴を明らかにし、後世永く修史《しゅうし》の模範《もはん》と仰がれた。即ち、これが先例となって、朝廷では、その後もたびたび国史を御編修《ごへんしゅう》になり、醍醐《だいご》天皇の御代までに、更に五部の国史が次々に作られて行った。合わせてこれを六国史《りっこくし》と称する。

御民《みたみ》吾《われ》生ける験《しるし》あり天地《あめつち》の栄ゆる時に遇《あ》へらく念《おも》へば
海犬養岡麻呂《あまのいぬかいのおかまろ》

二　天平の文化

㈠正倉院《しょうそういん》

奈良初期を過ぎると、聖武天皇の御代である。この御代は、神亀《じんき》・天平に亘って二十五年、奈良時代の三分の一を占め、その間に紀元一千四百年を迎えた。五位以上及び豊かな人々に、青瓦・赤柱・白壁の住居をお許しになったのは、天皇即位の御年の事である。かくて都は、青《あお》丹《に》よし奈良の都とたたえた歌さながらに、今をさかりと栄えたのである。

唐との交通がますます盛んとなり、新羅もまたしきりに朝貢した外、渤海国との通交が開始されたのも（一三八八）、この御代の事である。やがて天平の後半には、諸国に僧尼《そうに》の両国分寺が創立され、次いで、大和に総国分寺たる東大寺が建立された。

東大寺には、大仏殿の外に、正倉院とその御物《ぎょぶつ》、及び法華堂《ほっけどう》と堂内の仏像などがあって、天平の昔が目のあたりにしのばれる。正倉院の御倉《みくら》は、校倉造《あぜくらづくり》と称せられ、見るからに堅牢《けんろう》・簡素である。又、中に収められた御物は、聖武天皇崩御の御後、光明《こうみょう》皇后の納め給うたもので、凡そ三千点の多きに及んでいるが、既に千二百年を経た今日、献物帳《けんもつちょう》もなお昔のままに具《そなわ》り、鮮《あざ》やかな色をとどめ光を放って、天平の輝く御代をありありとしのばしめ、勅封《ちょくふう》の尊厳とわが国体のありがたさが、しみじみと感ぜられる。

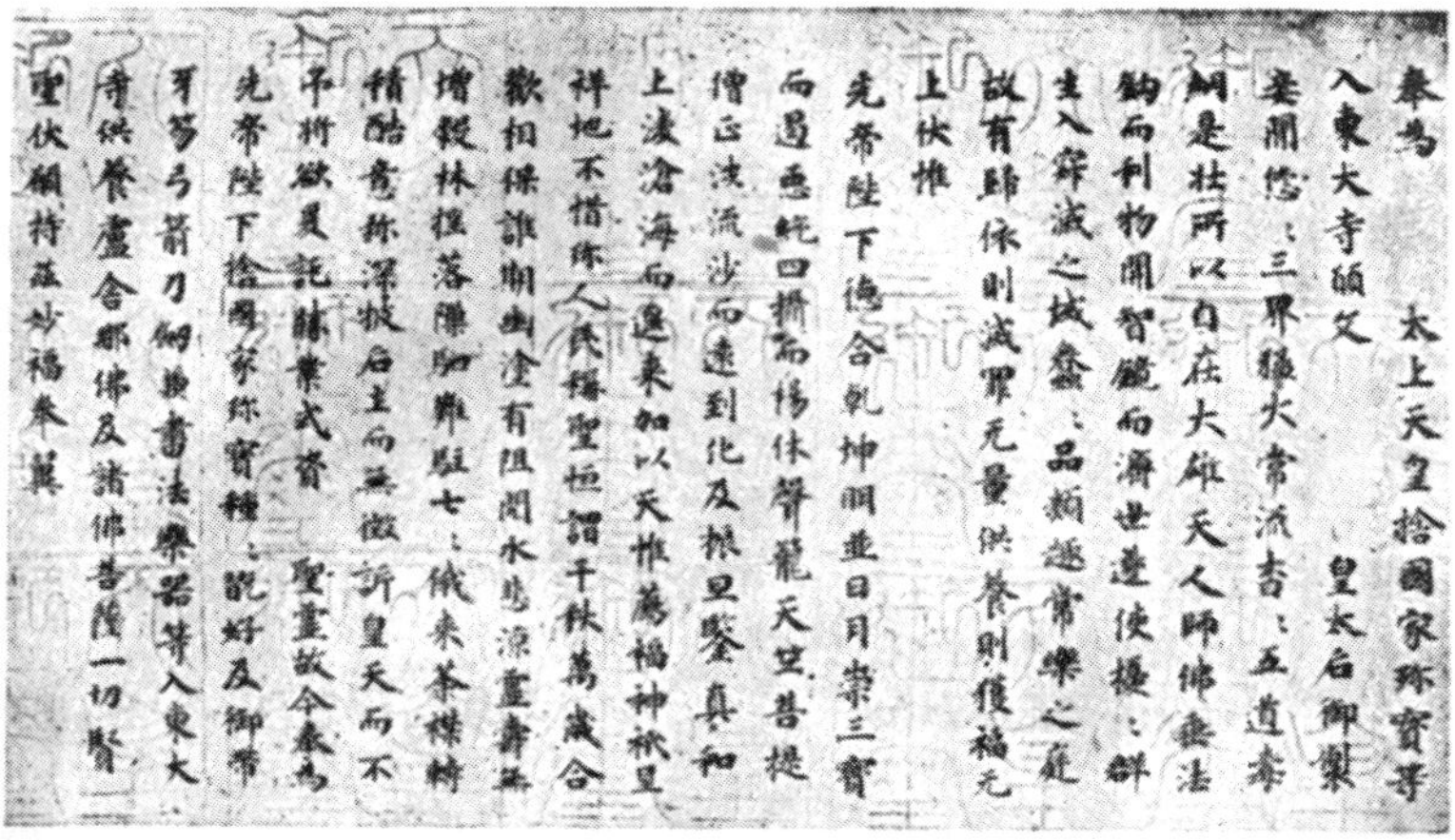

奉為　太上天皇捨國家珎寶等
入東大寺願文　皇太后御製
妾聞悠ゝ三界猛火常流杳ゝ五道毒
網是壮所以自在大雄天人師佛垂法
鈎而利物開智鏡而濟世遂使擾ゝ群
生入寂滅之域蠢ゝ品類趣常樂之庭
故有歸依則滅罪無量供養則獲福无
上伏惟
先帝陛下德合乾坤明並日月崇三寶
而遏惡統四攝而休聲籠天竺菩提
僧正渉流沙而遠到化及振旦鑒真和
上凌滄海而遥來加以天惟薦福神祇呈
祥地不惜珎人民稱聖恒謂千秋萬歳合
歡相保誰期幽塗有阻閲水悲涼靈壽無
增穀林搖落隟駟難駐七ゝ俄來茶襟轉
積酷意彌深披后土而無徴訴皇天而不
弔所欲冥託勝業式資　聖靈故今奉為
先帝陛下捨國家珎寶種ゝ翫好及御帶
牙笏弓箭刀劔兼書法樂器等入東大
寺供養盧舎那佛及諸佛菩薩一切賢
聖伏願持茲妙福奉翼

正倉院御物（上　献物帳）

奈良の都の跡をとどめて、昔をしのぶ堂塔伽藍《がらん》は、ひとり東大寺ばかりでなく、藤原氏の氏寺である興福寺《こうふくじ》や、塔で名高い薬師寺《やくしじ》や、鑑真《がんじん》の開いた唐招提寺《とうしょうだいじ》などがある。法隆寺の夢殿《ゆめどの》や金堂《こんどう》の壁画《へきが》なども、大体この時代の作といわれている。

㈡万葉集

天平の文化には、仏教以外になお漢学《かんがく》があり、更に注目すべきものとして、和歌がある。和歌は、後世、敷島《しきしま》の道《みち》といわれるように、その源《みなもと》を神代の昔に発し、伝えに伝えて今日に及ぶ、わが国固有の文化である。

漢学は、応神天皇の御代以来、朝廷の御奨《ごしょう》励《れい》のもとに次第に発達し、特に大化改新の前後から、官吏の必ず修めなければならない学

天平の彫刻

問となった。大学・国学で授ける学科は、すべて漢学であり、当時学問といえば漢学で、文章といえば漢文を指すほどであった。殊に奈良時代は、唐との交通の最も盛んな時で、しかも唐の文化の絶頂を極めた玄宗時代であったから、自然その影響《えいきょう》を受けて、わが国でも、大いに漢学が行なわれたのである。天平の御代には、長くかの地にあってその学芸を研究した、留学生吉備真備《きびのまきび》らが帰朝して、大学の教育に当り、漢学はいよいよ重んぜられるようになった。

これらの人々が漢学にいそしんだのは、専《もっぱ》らわが国をりっぱにしようとする熱意からであり、この国民的自覚が失われない限り、文化は健全な発達を遂《と》げる。果して、仏教や漢学が世の表面に流行している間にも、その底を流れ貫ぬく、わが国固有の文化、国語による文化の進展が見られたのである。

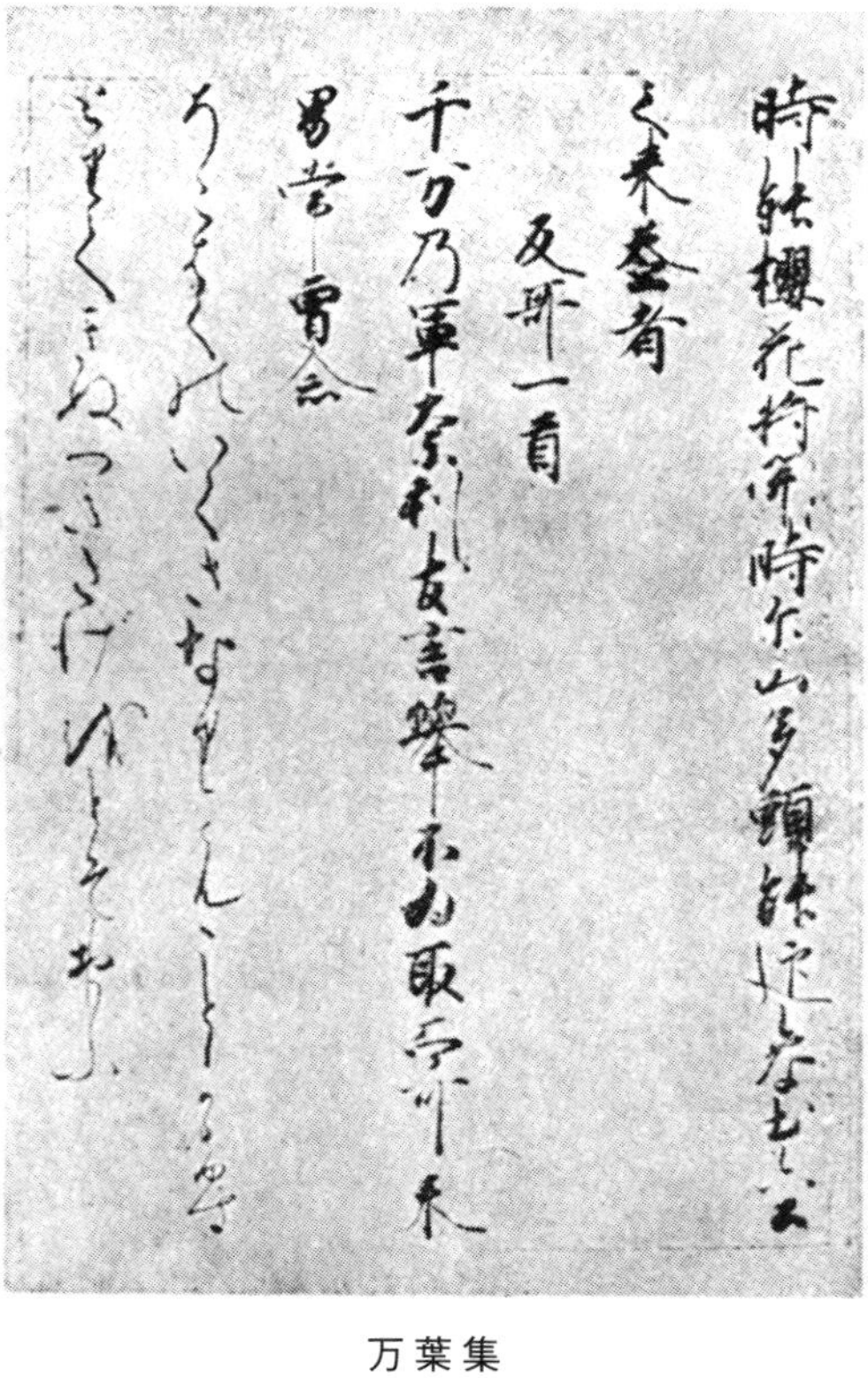

万葉集

既に令の規定に於いても、宣命《せんみょう》や祝詞《のりと》などは、上代《じょうだい》の国語で表されていた。古事記の編纂に於いて、太安万侶が苦心したのは、上代の国語をそのままいかに文字に表すかに就いてであった。風土記の編纂もまた、同じような苦心をしている。かくて、わが国文学の発達する道が開け、この時代を代表する万葉集の出現を見るに至ったのである。

万葉集に就いては、その成り立ちや、歌の数・種類、主な歌及び作者等、既にわれらの知るところである。その歌は、製作年代に於いて四百五十年の長期に亘るが、中でも天平の頃の作品が目だって多い。天皇《すめろぎ》の御代栄えむとことほぐ歌も、青丹よし奈良の都をたたえる歌も、御民われ生けるしるしの感激の歌も、すべて天平の作であり、大御代を反映するすぐれた歌である。その他、生還を期せぬ遣唐使の門出《かどで》を、友が励ますはなむけの歌、或《あるい》は、筑紫に旅立つ防人が、父母の無事を祈る歌など、国体の精華《せいか》をさながらに表現して、万世の後に伝えるものが多い。万葉集二十巻は、まことに天平文化の粋《すい》ということができる。

㊂奈良の末葉《まつよう》

奈良の御代、筑紫をさして下った者に、遣唐使・防人の外《ほか》、更に和気清麻呂がある。千万《ちよろず》の寇《あた》にも比すべき道鏡《どうきょう》の無道を、言挙《ことあげ》もせずとりひしいだ清麻呂は、まさに国体擁護《ようご》の防人であった。

天平の盛世を過ぎて、奈良も末葉近くなると、国民の精神が次第にゆるんで来た。称徳《しょうとく》天皇の御代に、新田開墾の禁止を命じ給うたのも（一四二五）、勢《いきおい》ある者が、みだりに民草を使役《しえき》して土地を開き、私有の田地を増そうとしたからである。僧侶も多く日本仏教の使命を忘れて増長し、徒らに私利私欲を求めるに至った。道鏡の如きは、位人臣《くらいじんしん》を極めながら、遂に大義名分にもとり、無道のたくらみを敢《あ》えてした。かくて、大君《おおきみ》の御楯《みたて》となり、道鏡の非望をくじいた清麻呂の、奏上の息づまる場面を、ここに再び思い起すのである。

千万《ちよろず》の軍《いくさ》なりとも言挙《ことあげ》せず取りて来ぬべき男《おのこ》とぞ念《おも》ふ

高橋虫麻呂《たかはしのむしまろ》

第五　平安の御代

一　政治の変遷

㈠平安遷都

既に奈良時代の末葉、光仁《こうにん》天皇は、清麻呂・道鏡の忠逆《ちゅうぎゃく》を明らかにし給い（一四三〇）、乱れた政治の立て直しに、御心を注がせられた。先ず神祇の祭を厳かにし、僧侶のわがままを戒《いまし》めて、わが国本来の政治の道を示し給い、更に蝦夷の鎮撫《ちんぶ》や渤海国との通交にも、皇威の発揚を図り給うた。

次いで、桓武《かんむ》天皇が御位に即かせられた。天皇は、御父光仁天皇の御志をお継ぎになって、更に大規模な政治の刷新《さっしん》を企て給い、大化改新の精神を拡充することに努め給うた。

御治世は二十六年に亘るが、新都平安京《へいあんきょう》に遷《うつ》り給うたのは、ほぼその半ば、延暦《えんりゃく》十三年（一四五四）の事である。更に、地方政治の振粛《しんしゅく》や兵備の強化にも、御心をお注ぎになり、特に坂《さかの》上《うえの》田村《たむら》麻呂《まろ》を征夷大将軍《せいいたいしょうぐん》に任じて、蝦夷の鎮撫を果させ給い、又、最澄《さいちょう》・空海《くうかい》に命じて、仏教の刷新を図り給うたことは、既に学んだところである。まことに、遷都に始まる平安の御代の初めは、奈良末葉の諸弊《しょへい》を一掃して、しかも往古の淳風《じゅんぷう》に帰る聖代《せいだい》であり、爾《じ》来《らい》凡そ一千年、明治維新に至るまで、平安京即ち京都を、皇国進展の中心として仰ぎ奉るのである。なお、清麻呂が引き続き桓武天皇の御鴻業《ごこうぎょう》を輔《たす》け奉ったことも、忘れてはならない。

　御子平城《へいぜい》天皇・嵯峨《さが》天皇が、相次いで即位し給うに及んで、新都の経営は全く成り、中央官制の整備と共に、地方の政治も大いに緊張した。嵯峨天皇の御代に、律令制度の運用を全《まった》からしめるため、新たに設けられた蔵人所《くろうどどころ》や検非違使《けびいし》などは、特に時宜《じぎ》に適して実績を挙げた官職であり、世にこれらを令外《りょうげ》の官《かん》と称する。

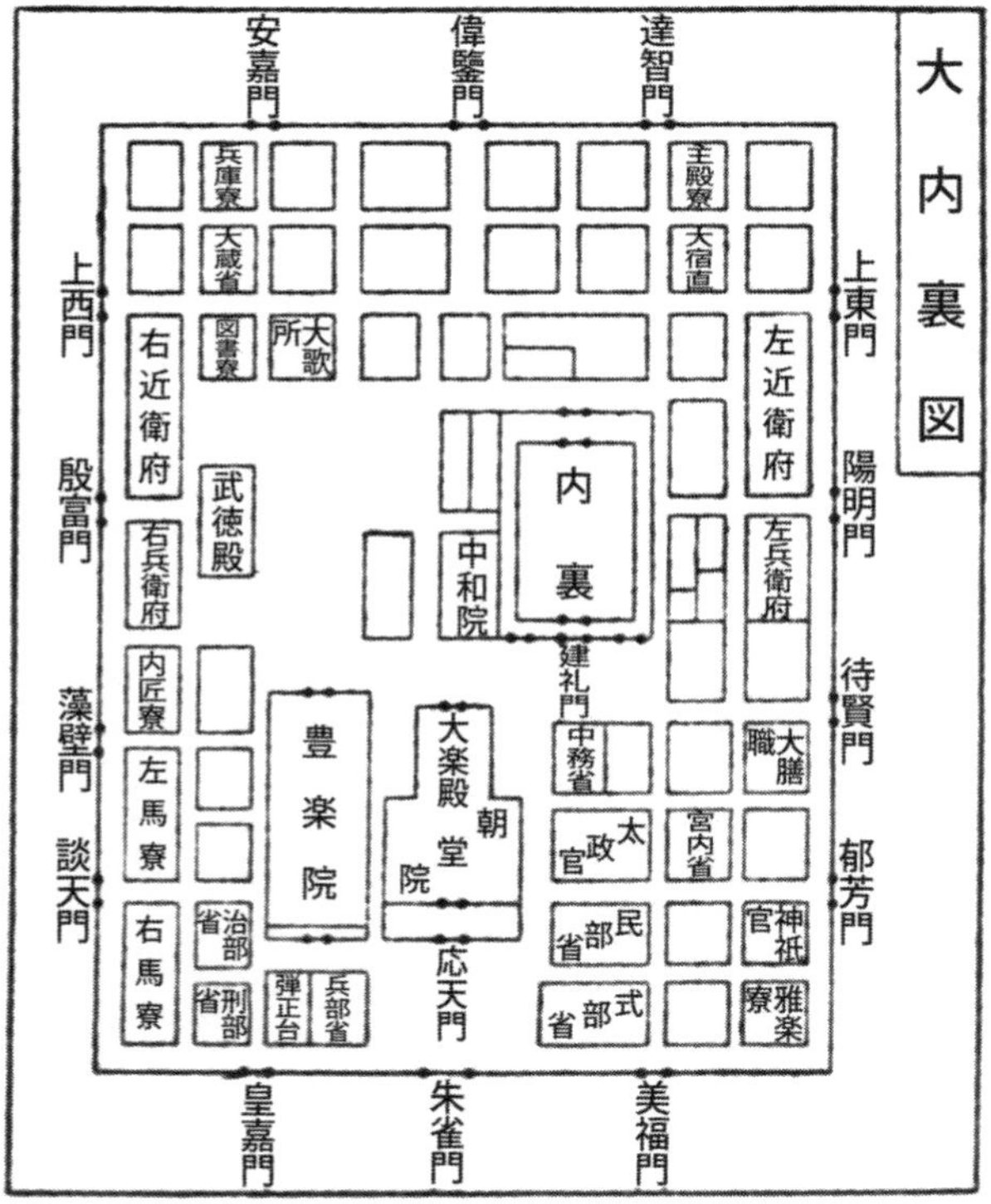

大内裏図

このように、律令制度がわが国の実情に応じて修補《しゅうほ》されたのは、平安時代を通じての政治の特色である。嵯峨天皇は、更に、律令制定以後に於ける詔勅《しょうちょく》・官符《かんぷ》・細則《さいそく》等を撰集《せんしゅう》せしめられ（一四八〇）、永く後代《こうだい》に伝え給うた。これを弘仁《こうにん》の格式《きゃくしき》という。かくて平安の御代の初めは、政治に清新《せいしん》な気がみなぎり、人材が多く輩出《はいしゅつ》して学問も興り、官民共々、皇化を仰ぎ奉ったのである。

㈡延喜《えんぎ》・天暦《てんりゃく》の御代

平安初期約百年は、歴代天皇の御親政《ごしんせい》を仰いで次々と栄え、やがて延喜・天暦の聖代を迎えた。この間諸氏は、競《きそ》って人材を出すことに努め、出《い》でては、国司として地方の政治に励み入《い》っては、廷臣《ていしん》として朝政にたずさわった。藤原氏・橘《たちばな》氏・源《みなもと》氏・清原《きよはら》氏等の名門は、それぞれ大臣や納言等の高官を出して、御代々のまつりごとを輔け奉った。

中でも、鎌足の子孫である藤原氏は、不比等以来皇室との御縁《ごえん》も深く、御歴代の御殊遇《ごしゅぐう》を蒙《こうむ》って朝廷の機務《きむ》に与り、左・右大臣、太政大臣の顕官《けんかん》にも、しばしば列した。かくて、平安遷都を去ること七十余年、清和《せいわ》天皇の御代に、藤原良房《ふじわらのよしふさ》は、人臣《じんしん》にして最初の摂政に任ぜられ（一五一八）、更に約三十年の後、宇多《うだ》天皇の御代に、その子基経《もとつね》は、関白《かんぱく》に補《ほ》せられ、最高輔《ほ》翼《よく》の大任を帯《お》びることになった。

清涼殿昼《ひ》の御座《ござ》

延喜は、宇多天皇の御子醍醐天皇の御代の年号であり、天暦は、村上《むらかみ》天皇の御代の年号であるが、後世永く「延喜・天暦の御代」とたたえ、皇室の御繁栄《ごはんえい》と治《おさま》る御代の隆昌をしび奉るのであって、建武《けんむ》の中興《ちゅうこう》に際しても、延喜・天暦の昔にかえすことが、朝廷の御意図であらせられた。寒夜《かんや》に御衣《ぎょい》を脱がせ給うて、民草の上をしのばせられた醍醐天皇の御高徳は申すも畏《かしこ》し、古今和歌集《こきんわかしゅう》の撰集されたのも、又、有名な延喜式《えんぎしき》の制定されたのも(一五八七)、この御代の事である。又、菅原道真《すがわらのみちざね》が皇恩のかたじけなさに感泣《かんきゅう》しつつ、筑紫の配所《はいしょ》に慎《つつ》しみの年月を送ったことなど、思い起すもなお感激の新たなるものがある。

㊂院政

摂政といい関白といい、いずれも、朝廷が忠節《ちゅうせつ》・勲功《くんこう》を嘉《よ》みせられて賜《たま》わった大任である。平安中期以後の藤原氏のように、天皇御幼少《ごようしょう》の際は摂政として、御成人《ごせいじん》の後は関白として、枢機《すうき》に与えることを家例《かれい》のように思い、これを一族で独占するに至っては、律令制度の真義にもとり、全く国政を私《わたくし》するものである。されば、宇多天皇・醍醐天皇は、菅原道真を登用して、藤原氏の専横《せんおう》を抑え給うたのである。しかし、道真《みちざね》左遷《させん》の後、藤原氏は、少しも反省することなく、かえって、いよいよ権勢におごり、遂に顕職《けんしょく》をわが物がおにふるまうに至った。道《みち》長《なが》・頼通《よりみち》二代の栄華《えいが》は、その最も甚《はなは》だしいものである。

かくて他の氏の人々は、その才能を伸すことができず、空《むな》しく嘆《なげ》きを詩歌《しいか》に託するか、或《あるい》は都を去って地方に下るかの外はなかった。しかも、藤氏《とうし》一門は、地方に広大な土地を有し、その権勢は、経済《けいざい》的に富裕《ふゆう》であることによって助長された。権門勢家《けんもんせいか》が広大な土地を私有することは、地方政治の乱れるもとであり、これが大化改新の精神を根本的にそこなうものであることは、いうまでもない。

朝廷では、かかる事態を深く憂慮あらせられたが、やがて後三条《ごさんじょう》天皇が御位にお即きになった（一七二八）。二十余年の長きに亘り、東宮《とうぐう》として学徳を磨《みが》き給うた天皇は、藤原氏の僭上《せんじょう》が都人《みやこびと》の奢侈《しゃし》を誘《いざな》い、地方の治安《ちあん》を乱し、ひいては国力の衰退《すいたい》を招くことを、憂えさせ給うた。よって親しく万機《ばんき》をみそなわし、朝政の刷新、綱紀の振粛に努め給うとともに、地方政治の振興には、特に御心を注がせ給うた。即ち、先ず藤原氏を始め神社・仏寺等の領《りょう》する土地を調査・整理するため、新たに記録所《きろくじょ》を設け給うたのである。

御改革は、着々と進められたのであるが、中央政治の因習《いんしゅう》、殊《こと》に藤原氏の権勢を除き給うのは、容易の御事でなかった。しかも、御在位五年にして御病にかからせられ、御譲位《ごじょうい》後まもなく、四十歳の御齢《おんよわい》で崩御あらせられた。やがて、この御志を院中《いんちゅう》の御政治《ごせいじ》によって実現し給うたのが、御子白河《しらかわ》上皇であらせられる。ここに院政が創始され（一七四六）、明治維新まで凡そ八百年間、世々《よよ》の慣例となった。即ち、太政官符《だじょうかんぷ》に代って、上皇の院宣《いんぜん》が天下の政令となり、政治の中心が院中に移った結果、摂政・関白は、ただ名のみとなって、さしも権勢を誇った藤原氏が、殆《ほとん》ど実力を失うに至ったのである。

二　荘園《しょうえん》と武士

㈠荘園

藤原氏その他京都の公卿《くぎょう》は、地方に広大な土地を領した。かかる土地は、大化改新の時、班田制度の例外として特に許された私田《しでん》に、その源を発している。しかし、大化当時の朝臣や社《しゃ》寺《じ》に授けられた土地は、もとより制度として許されたものであった。その後、奈良時代に土地の開墾が奨励され、その制度が、やがて私地の拡張に利用されるに及んで、著しく国政の妨《さまた》げとなって行ったのである。

朝廷では、既にその弊を察し給い、土地の開墾は、これを一般農民に限って許し給う思し召しで、幾たびかその旨を令《れい》し給うた。ところが、貴族や社寺は、依然《いぜん》として大規模な開墾を行ない、私地はかくて増加の一途をたどった。それらは、国税を納めず、且つ地方官の支配から離れて、国政不振の禍根《かこん》をなした。かかる土地を、一般に荘園と呼ぶ。

延喜以後は、班田収授の法が行なわれなくなり、荘園は増す一方で、ために地方の治安は乱れ、公《おおやけ》の精神が失われて行った。後三条天皇が御心を注がせ給うたのは、かかる荘園に対する調査・整理であったが、その後も、この問題は、絶えず朝廷を悩《なや》まし奉るところであった。

㈡武士

都の朝臣が、太平を楽しみ奢侈に耽《ふけ》って、国政を怠るようになると、自然その影響は、地方にも及んだ。地方官の中には、その任務を忘れ、私利を貪《むさぼ》って、農民を苦しめる者も少くなかった。平安時代も末になると、盗賊などが多く現れたが、それは、都も地方も、取締《とりしま》りが行き届かなくなった何よりの証拠《しょうこ》である。

かくて治安が乱れると、地方民は、それぞれ一族の結合を固くし、武力を蓄《たくわ》えて、自《みずか》らを守った。即ち、律令制度の公の精神がうすれて、私の支配が世に行なわれるようになり、ひそかに蓄えた兵力で、自ら治安を保つことになったのである。かかる場合、都から下った名門の子弟を棟梁《とうりょう》と仰いで、団結する者が多かった。即ち、地方官として任に赴《おもむ》いた者が、やがてその地に定住して、農民との間に、私の主従《しゅじゅう》関係を生じ、両者は、年を経る間に、深い恩義に結ばれて行った。これらを、一般に武士と呼んでいる。かくて、国民皆兵の制度はすたれ、兵農《へいのう》がおのずから分れることになった。かかる武士の棟梁の中で、最も勢《いきおい》の強かったものが、源平《げんぺい》の二氏である。

延喜とたたえ天暦と仰ぐ御代の間にも、第六十一代朱雀《すざく》天皇の天慶《てんぎょう》年間には、東国《とうごく》に平将門《たいらのまさかど》、西国《さいごく》に藤原純友《ふじわらのすみとも》が現れて、世の中を乱し（一五九九）、朝臣を驚かした。これが、地方の乱れの表面に現れた初めであり、しかも、それらの乱を鎮めたのが、源氏や平氏らであったことも、当時の地方情勢をよく示すものである。寺々《てらでら》の荘園に於いても、仏法《ぶっぽう》の保護を名として、多くの僧兵《そうへい》が養われ、寺々は、その武力によって相互の争いを決し、又、後には、朝廷に強訴《ごうそ》し奉る者さえあった。院政の頃に、しばしば院を悩まし奉ったのは、南都《なんと》・北嶺《ほくれい》の大寺院、即ち興福寺や延暦寺《えんりゃくじ》の僧兵である。

朝廷では、かかる情勢を憂慮せられ、源平の如き武士の棟梁に命じて、治安を整えさせる外はないことを察し給うて、かれらを諸国の国司や東国の鎮守府将軍《ちんじゅふしょうぐん》などの要職に任じ給うた。かくて源氏は、後一条《ごいちじょう》天皇の御代に、東国に於ける平忠常《たいらのただつね》の乱を平げ（一六九一）、後冷泉《ごれいぜい》天

僧兵の横暴

皇の御代に、陸奥の安倍《あべ》氏、堀河《ほりかわ》天皇の御代には、出羽の清原氏の乱を鎮めて（一七四七）、武名《ぶめい》を揚げた。後に、源氏が幕府を鎌倉に開くに至ったのは、かかる東国との父祖代々の縁故《えんこ》に基づくのである。平氏は、主として山陽・南海両道の海賊を討《う》って功《こう》を立て、しばしば西国の国司に任ぜられた。殊に平忠盛《たいらのただもり》は、白河上皇・鳥羽《とば》上皇に仕えて院の警護に勤《つと》め、僧兵の横暴を抑えて御嘉賞《ごかしょう》を賜わった。かかる事情によって、平氏は、滅亡に至るまで、畿内及び西国に、その根拠を置いたのである。

しかも、この源平両氏が、ただに地方の治安のみでなく、京都の警備に当るようになったのも、自然の成り行きであり、やがては、その兵力が、中央の政争を解決するような事態をも生じた。かれらに、かかる機会を与えたのが、先ず保元《ほうげん》の乱（一八一六）である。

㊂大陸の形勢

平安初期しばらくは、前代に引き続いて、大陸・半島の諸国も、わが国に交《まじわ》りを求め、わが外交の方針も、さして変化がなかった。しかし、初期も半ばを過ぎた頃には、大陸の形勢が一変した。

唐は、内憂外患《ないゆうがいかん》に苦しんで、威令《いれい》が国内に行なわれなくなり、自然文運も衰えるに至った。かくて、仁明《にんみょう》天皇の御代の遣唐使派遣（一四九八）を最後として、しばらく遣使《けんし》のことは中絶していたが、宇多天皇の寛平《かんぴょう》年間、菅原道真が遣使の停止を上奏《じょうそう》するに及んで、彼我《ひが》の国交は、全く絶えることになった（一五五四）。果して、十余年の後、唐は反臣朱全忠《はんしんしゅぜんちゅう》のために国を奪われ、わが醍醐天皇の御代、延喜年間に亡びた。その後支那は、しばらく混乱の状態が続き、やがて、わが村上天皇の御代に、宋《そう》の太祖《たいそ》が出て、これを統一した（一六二〇）。

満洲の渤海国は、上京《じょうけい》（今の東京城《とんきんじょう》）を都とし、平安初期を通じて、しきりに朝貢し、遣唐使の停止後も、われと国交を修める唯一の国として親睦《しんぼく》を重ねたが、唐の滅亡後、まもなく契《きっ》丹《たん》のために滅された（一五八六）。契丹は、後に国を遼《りょう》と号《ごう》し、強盛《きょうせい》を誇ったが、これも前後二百年で、崇徳《すとく》天皇の御代に金《きん》と代った（一七八四）。

大陸情勢の変動は、おのずから朝鮮半島にも波及した。従来唐と交通して、半島文化の隆盛を誇った新羅も、次第に国内の混乱に苦しむようになった。かくて渤海の滅亡に後れること約十年、わが朱雀天皇の御代に、新羅が亡び（一五九五）、高麗《こうらい》がこれに代って、半島を統一することになった。

かかる変遷推移《すいい》にもかかわらず、東亜の海上交通や貿易《ぼうえき》は、非常な進展を示し、宋・金・高麗等、相互の通商によって、経済・文化の交流が盛んに行なわれた。随《したが》って、これら各国は、しばしば通商を求めて来たが、平安中期以後、わが国は、自然鎖国の状態となり、修交を許さなかった。この間、後一条天皇の御代に、大宰権帥藤原隆家《だざいのごんのそちふじわらのたかいえ》が、刀伊《とい》の来寇《らいこう》を奮戦よく撃退したのは（一六七九）、特筆すべき事である。都の藤原氏はもとより、地方の国司も、かかる東亜の形勢に鑑《かんが》みて、奮起すべきであった。かくて先ず、国内治安の確立に武士を起用し給うた朝廷の御深慮《ごしんりょ》は、申すも畏き極みである。

平安時代も末葉になり、わが政情が大いに変ってからは、大陸方面からの商船も入国を許され、わが国と宋や高麗との交易は、年と共に盛んになって行った。かくて、半島・大陸の物資や貨幣が、わが国にもたらされ、又、僧侶も多く往来するに至ったのである。

三　漢学と国文

㈠経国《けいこく》の学芸

約四百年の長きに亘る平安時代は、学芸に於いても、種々の変遷を示している。しかも、それを貫ぬく特色は、文化に自主・独創の精神が満ちていたことである。殊に、世事万般《せじばんぱん》に更新の気がみなぎっていた平安初期は、既に採り入れた大陸文化を駆使するとともに、わが伝統に照らして独自の文化を作り上げようとする熱意に燃えていた。かくて、わが自主の精神を鼓舞《こぶ》し、新文化の生成に範を垂れさせ給うたのは、実に皇室であらせられる。

桓武《かんむ》天皇が御親《おんみずか》ら教学《きょうがく》の刷新に努め給うたのを始め、歴代天皇は、常に学問の興隆《こうりゅう》、教育の振興に大御心を注がせられ、国史勅撰《ちょくせん》の御事も、次々に行なわしめ給うた。嵯峨天皇は、詩文《しぶん》に長《ちょう》じ給い、又、書道にもすぐれさせられ、今に遺《のこ》る宸筆《しんぴつ》を拝して、御代の文運をしのび奉ることができる。勅によって撰集された漢詩集

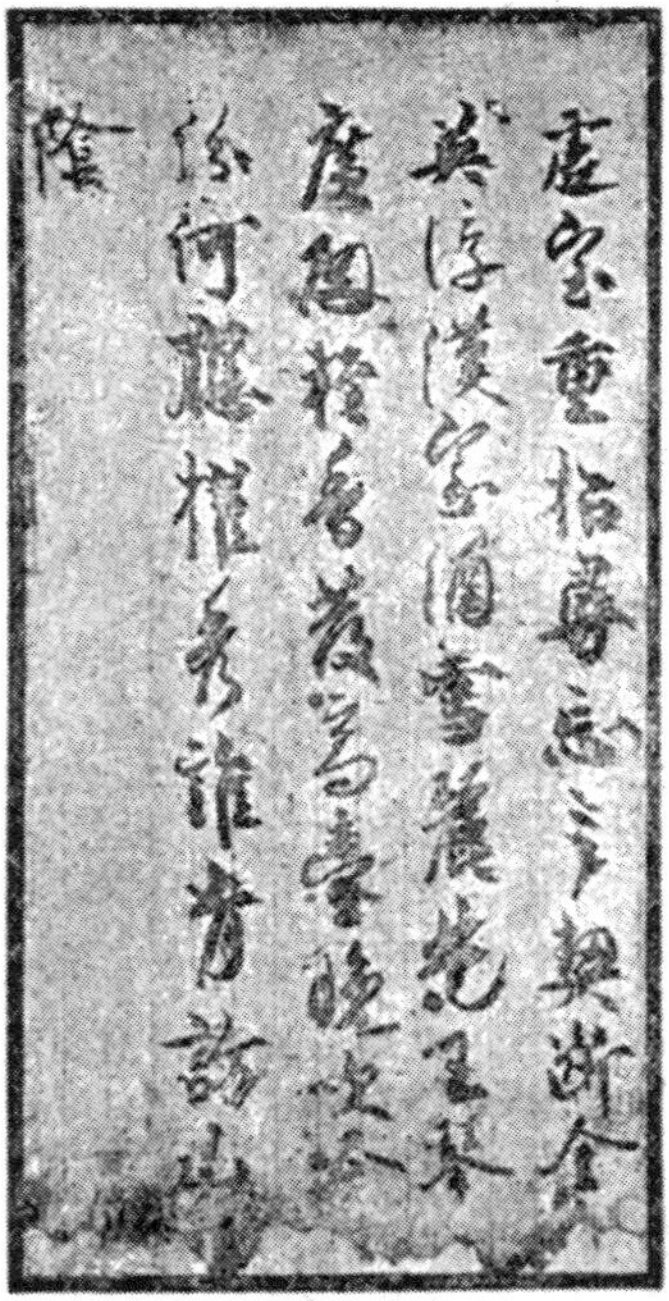

嵯峨天皇の宸筆

も多く、中でも最も大部な経国集《けいこくしゅう》の名が示すように、文章を経国の道となし給う叡慮《えいりょ》のほどが、畏くも拝せられる。

平安初期を過ぎると、この気運を受けて、学芸がいよいよ盛んになり、しかも外来文化を乗り越えて、とみに国風の文化が勃興《ぼっこう》するに至った。先ず伝統古き和歌が復興するや、醍醐天皇は、紀貫之《きのつらゆき》らに命じて歌集を撰集せしめられ（一五六五）、永く敷島の道の指標たらしめ給うた。古今和歌集《こきんわかしゅう》がこれである。

㈡女子と文学

古今集《こきんしゅう》の勅撰された頃から、和歌はますます盛んになった。万葉集の歌調が、直情・雄健《ゆうけん》であったのに比べるとこの時代の歌は、内省的《ないせいてき》で技巧に進み、流麗《りゅうれい》な感じを与えるものが多くなった。

かくの如き和歌の発達と普及には、平仮名《ひらがな》や片仮名《かたかな》が次第に世に行なわれて、国語を文字に表すことが容易になったことも、大いに役立っている。又、仮名の普及は、書道にも影響を与え、小野道風《おののみちかぜ》や藤原行成《ふじわらのゆきなり》などのような、優美な書風を生んで、後世にその流れを伝えた。更に注目すべきことは、かかる仮名の流行が、新しい国文学を盛んならしめる機縁《きえん》となったことである。仮名の名筆家《めいひつか》であった紀貫之の如き、かつて土佐守《とさのかみ》となり、任期満ちて帰京する時、仮名文で日記を綴っている。これを土佐日記《とさにっき》といい、今に伝わる最も古い仮名文の紀行《きこう》として、世に有名である。

仮名は平易・典雅《てんが》であるから、女子の間に盛んに行なわれた。随って仮名文は、やがて、女子によって代表されるようになり、女子の好学《こうがく》の風もまた、俄《にわ》かに興った。特に、宮廷や貴族に仕える女子は、競って文筆の道に励んだ。

中でも紫式部《むらさきしきぶ》は、生来《せいらい》極めて聡明《そうめい》で、国史にも漢文学にも深く通じていたが、若くして夫《おっと》に先立たれ、貞節《ていせつ》よく子女の教養に励み、後に宮中に召されて上東門院《じょうとうもんいん》に仕えた。その著《ちょ》源氏物語は、上流生活に取材して、巧みに当時の人情・風俗を描くとともに、生活の真実と理想とを追求しようとしたもので、古今の名作として、世に重んぜられている。同じく宮中に仕えた清少納言《せいしょうなごん》も、一代の

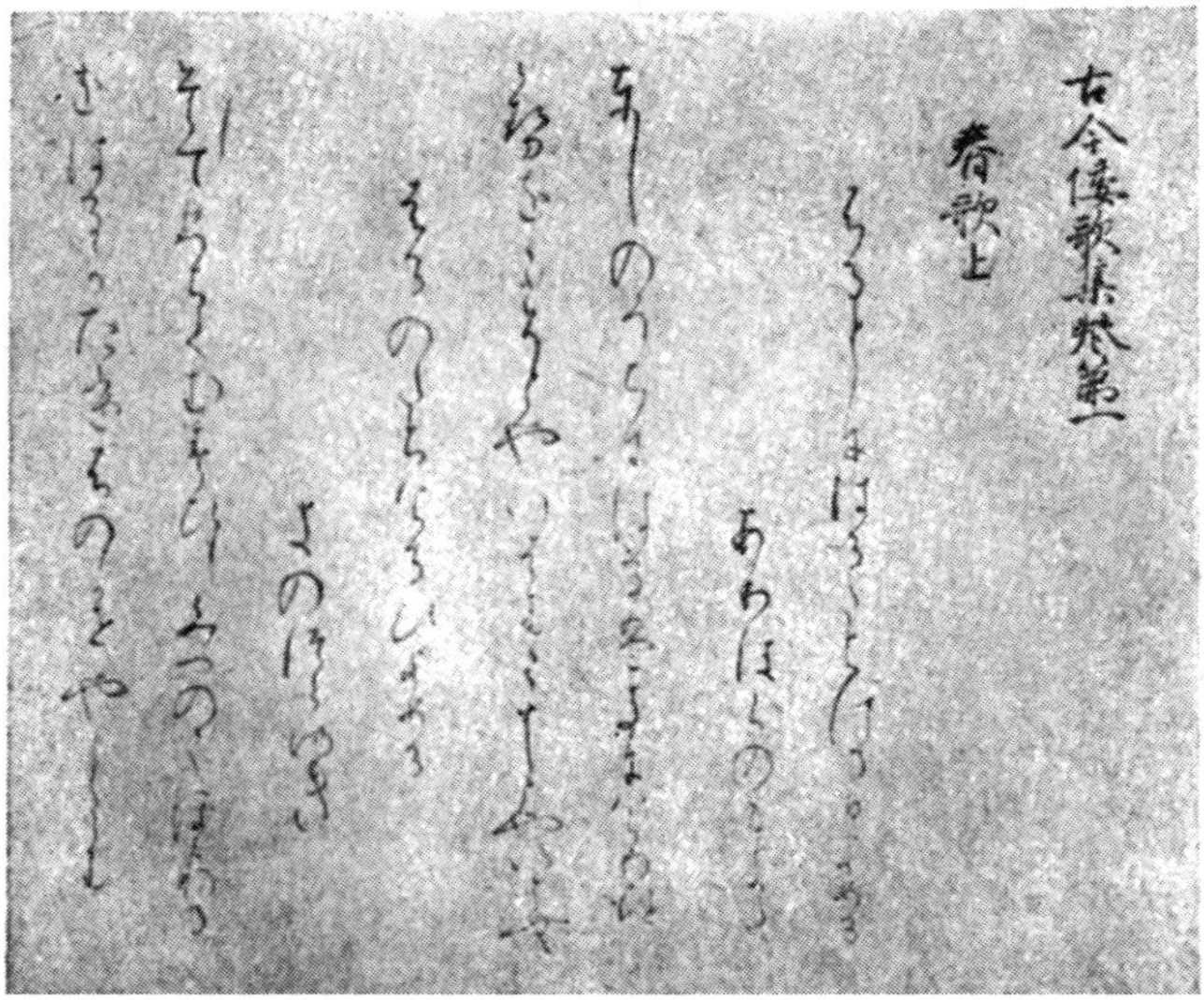

古今和歌集

才女として名高く、その著枕草子《まくらのそうし》は、鋭利・軽妙な随筆《ずいひつ》として、源氏物語と並び称せられる。このように、才媛《さいえん》が一時《いちどき》に現れたことは、前後に比を見ないところで、女子の手に成った文学作品は、その他和歌を始め、日記・小説等甚だ多い。更に、歴史もまた仮名で記され、栄華物語《えいがものがたり》、大鏡《おおかがみ》等の歴史文学が現れるようになった。

㊂都鄙《とひ》の美

みやびを尊ぶ風尚《ふうしょう》は、平安時代を通じて、あらゆる方面に具現されている。中でも、目のあたりに、これをしのぶことのできるのは、形に表された美術品である。その頃、一般に仏教が尊信《そんしん》され、平安後期には、特に阿弥陀仏《あみだぶつ》の信仰が盛んであった。かくて、次々に堂宇《どうう》の建立を見たのであるが、宇治《うじ》・平泉《ひらいずみ》などに遺る寺院や仏像は、よく当時の風尚を伝えている。仏像の姿も柔和《にゅうわ》になり、その全身は、均整《きんせい》の取れた美しさの中に、慈悲《じひ》円満の相《そう》を現している。

貴族の生活もまた、極めてみやびやかであった。その邸宅《ていたく》は寝殿造《しんでんづくり》といい、殿舎の構えから庭園の造りも優麗《ゆうれい》であり、中には、はるばる海水を運んで、藻塩《もしお》たく塩釜《しおがま》の風景をうつしたものさえあった。衣服にも、四季おりおりの意匠《いしょう》をこらし、男子の衣冠《いかん》・束帯《そくたい》や女子の十二単《じゅうにひとえ》などは、優美なうちにも威厳を保ち、又、宮廷や都大路には、典雅な年中行事《ねんちゅうぎょうじ》が、次々と展開されたのである。

太平の御代になれて、公卿の生活は、文弱《ぶんじゃく》に傾いたが、そのはぐくんだ文化の長所は、やがて武士の承《う》け継ぐところとなった。天《あま》さかる鄙《ひな》に生まれて弓馬《きゅうば》の道に励んだ武士は、昔ながらの質朴《しっぽく》な生活から、武士独得の文化を生み、更に都のみやびを学んで、これを磨くに至ったのである。精鋭にして、しかも優美な武具の数々が、即ちそれである。

しかも、細戈《くわしほこ》・玉鉾《たまぼこ》といい、生太刀《いくだち》・生弓矢《いくゆみや》と呼ばれて来た古来の伝統を、最もよく具現しているのは、その刀剣であろう。神に念じ精進潔斎《けっさい》して、鍛《きた》えに鍛えた当時の刀剣は、今になお、わが国の至宝とたたえられる。甲冑もまた、堅牢《けんろう》且つ優美であり、その工作には、現代の技術の遠く及ばざるものがある。それらの技術は、その精神と共に、師弟《してい》代々工匠《こうしょう》の家に承け継がれたのである。

伝統を重んずる武士は、刀剣・甲冑を家宝として子孫に伝え、一朝《いっちょう》事あるときは、これを身に帯びて武運の長久を祈り、一死《いっし》以って、家名《かめい》を揚げることを誓った。緋縅《ひおどし》・萌黄匂《もえぎにおい》・紫末濃《むらさきすそご》・小桜縅《こざくらおどし》・卯花縅《うのはな》など、数々の縅《おどし》に見る

甲冑の美

配色の美は、家の誉《ほま》れを世に示そうとする武人の誇りであり、しかも、そこには、みやびを尊ぶ当時の風尚が、さながらに見られる。凡そ精鋭な武器・武具が、一面かくも優美であったことは、まさに世界の驚異《きょうい》であって、尚武と文雅《ぶんが》を兼ね具えるわが武士道の具現ということができよう。

第六　京かまくら

一　武家政治

㈠保元と平治《へいじ》

吉野朝廷の柱石北畠親房《ちゅうせききたばたけちかふさ》は、その著神皇正統記《じんのうしょうとうき》に「保元・平治よりこのかた、天下みだれて、武用《ぶよう》さかりに、王位かろくなりぬ」と嘆き、水戸藩《みとはん》の史家栗山潜鋒《しかくりやませんぽう》も、保建大記《ほうけんたいき》を著《あらわ》し、保元から建久《けんきゅう》に至る事歴に即して、武家政治成立の因由《いんゆう》を論じ、大義名分を明らかにしている。保元・平治の両乱こそ、まさに閥族《ばつぞく》・武門入り乱れての抗争《こうそう》に外ならず、朝威《ちょうい》を傾け人心を悪化せしめる端緒《たんちょ》は、ここに開かれたのである。保元の乱が起ったのは、後白河《ごしらかわ》天皇の御代であり、延喜の御代から既に二百年以上、院政の開始からは約七十年を経ている。

保元の乱は、藤氏一門の勢力争いに、その端を発する。関白藤原忠通《ふじわらのただみち》の弟、左大臣頼長《よりなが》は、かねて兄を斥《しりぞ》けて自ら摂政になろうとたくらみ、保元元年、源為義《みなもとのためよし》その子為朝《ためとも》らを招いて兵を挙げた。忠通は、平忠盛の子清盛《きよもり》、為義の子義朝《よしとも》を以ってこれに抗《こう》し、ここに権門勢家の暗闘は、恐れ多くも、皇都を戦火の巷《ちまた》と化したのである。為朝の善謀勇戦も空しく、頼長の軍は忽《たちま》ち敗れ、頼長自身流矢《りゅうし》に当って没した外、為義は斬られ、為朝は伊豆の大島《おおしま》に流された。かくて、骨肉相食《こつにくあいは》む戦のうちにも、武士の実力が示され、戦後、清盛も義朝も、共に重く用いられて、源平二氏の勢力は、京都に於いて著しく伸びた。

次いで二条《にじょう》天皇の御代に、藤原氏の内訌が、源平両氏の角逐《かくちく》と結びついて、再び都に戦乱が起った。即ち藤原氏では、信頼《のぶより》が信西《しんぜい》に官位の昇進《しょうしん》を妨げられて、これに怨《うら》みを抱《いだ》き、一方義朝は、清盛が信西と結んで、とみにその勢望を高めたのに、不安を感じた。かくて信頼・義朝は、平治元年（一八一九）に至って、信西・清盛に戦を挑《いど》んだが、遂に敗れて共に自滅し、藤原氏はもとより、源氏もまた、没落の非運を招くに至った。

㊁平氏の興亡

乱後、平氏の栄達《えいたつ》はめざましく、六条《ろくじょう》天皇の御代に、清盛は遂に従一位《じゅいちい》・太政大臣に昇《のぼ》った（一八二七）。朝廷の高位・高官は、殆ど平氏一門の独占するところとなり、領地は三十余箇国に亘り、兵馬《へいば》の権《けん》また、その手に帰した。かくて平氏の威勢は、遙かに藤原氏を凌《しの》ぐに至り、しかも清盛の行ないが専横に亘るに及んで、これを憎《にく》む者が次第に増して来た。中にも、後白河法皇の近臣藤原成親《きんしんふじわらのなりちか》や僧俊寛《しゅんかん》らは、洛東鹿谷《らくとうししがだに》に会《かい》して、平氏の討滅《とうめつ》を企てた。事あらわれるや、清盛は、恐れ多くも法皇を幽《ゆう》し奉ろうとし、その子重盛《しげもり》が、父の無道《むどう》をいさめて、これを中止せしめたことなど、既に学んだところである。然《しか》るに、重盛の薨後《こうご》、清盛の専横はますます募《つの》って、遂に法皇を幽し奉り、関白以下三十余人の官職を奪った。高倉《たかくら》天皇の御代の事である。

清盛の不臣《ふしん》に対し、心ある者の憤激は、とみに高まった。かくて安徳《あんとく》天皇即位後まもなく、源頼政《みなもとのよりまさ》が以仁王《もちひとおう》を奉《ほう》じて、平氏追討《ついとう》の兵を挙げ、その壮図《そうと》は惜しくも挫折《ざせつ》したが、王の令旨《りょうじ》は諸国に伝わって、頼朝《よりとも》始め源氏の一族が、各地に競い起った。

頼朝は、北条時政《ほうじょうときまさ》の助力を得て伊豆に兵を挙げ、鎌倉を固めるとともに、富士川の戦に、重盛の子維盛《これもり》の率いる大軍を敗走させ、義仲《よしなか》もまた、信濃に兵を起して北国《ほっこく》を従え、進んで京都に迫った。平氏は、清盛が既に没し、次子宗盛《じしむねもり》の代《だい》となっていたが、義仲の軍を防ぐことができず、住みなれた都を後に、西国へ落ちて行った。然るに義仲が、入京後《にゅうきょうご》、功に誇って乱暴をはたらくに及び、頼朝は、義仲追討の院宣を奉じて、範頼《のりより》・義経《よしつね》を西上《せいじょう》せしめ、これを近江の粟津《あわづ》に滅した。範頼・義経は更に西下《さいか》して、摂津一谷《せっついちのたに》に平氏を襲い、次いで義経は、讃岐《さぬき》の屋島《やしま》にこれを破った。かくて平氏は、長門《ながと》に落ちのびたが、義経の追撃が頗《すこぶ》る急で、且つ範頼に退路を絶たれたため、必死の防戦もそのかいなく、遂に一門を挙げて壇《だん》の浦《うら》の藻屑《もくず》と消えた。時に寿永《じゅえい》四年（一一八四五）春三月、清盛が太政大臣に任ぜられてから、僅か二十年後の事である。

㈢守護《しゅご》と地頭《じとう》

頼朝は、さきに富士川の戦で平氏を破ると、直ちに鎌倉に引返して、政治的基礎《きそ》の確立に努めた。根拠地として鎌倉を選んだのは、ここが三方山に囲まれ、一方海に臨んだ要害《ようがい》の地であるばかりでなく、かつて頼義《よりよし》が八幡宮《はちまんぐう》を建てたことなどがあって、源氏に縁故の深い土地であったからである。かくて頼朝は、先ず侍所《さむらいどころ》を置き、和田義盛《わだよしもり》を別当《べっとう》として家人《けにん》を取締らせ、次いで、制度に詳しい大江広元《おおえひろもと》・三善康信《みよしやすのぶ》を京都から招き、広元を政所《まんどころ》の別当として政務を統べしめ、康信を問注所《もんじゅうしょ》の執事《しつじ》として訴訟《そしょう》を掌《つかさど》らしめた。しかしその頃、頼朝の威令の及ぶ範囲は、家人とその支配する荘園に限られていた。

やがて平氏が亡びて後、頼朝は、殊勲を立てた義経の行動に疑《うたが》いを抱き、これを除こうと図った。義経は、難を避けて行方《ゆくえ》をくらまし、以来、兄弟の不和は、戦塵の鎮まり切らぬ世の中に、種々の噂《うわさ》を生んだ。頼朝は、巧みにかかる情勢を利用し、文治《ぶんじ》元年（一八四五）義経の追捕《ついぶ》、反乱の防止を名として、全国に守護・地頭を設置すべきことを朝廷に奏請《そうせい》した。守護は、国毎《くにごと》に在《あ》って、軍事と警察のことを掌り、地頭は、公領《こうりょう》・荘園に置かれて、主に年貢《ねんぐ》の取立てを掌る役目である。朝廷では、やむなくこれが設置をお許しになったが、かかる権限をもつ役目に、鎌倉の家人が補せられたことは、頼朝の政治的勢力を著しく伸張せしめることとなった。しかも頼朝は、義経擁護の罪を鳴らして、奥羽《おうう》の豪族《ごうぞく》藤原氏を攻め滅し、ここに全国支配の宿望《しゅくぼう》を達した。

頼朝は、さきに右近衛大将《うこんえのたいしょう》の栄職《えいしょく》を拝命したが、まもなくこれを辞《じ》して、ひたすら征夷大将軍の宣下《せんげ》を望んでいた。朝廷では、事《こと》重大と見て、容易に聴許《ちょうきょ》あらせられなかったが、全国が全く平定されるに及び、後鳥羽《ごとば》天皇の建久三年（一八五二）ようやくこれに補し給うた。ここに於いて、遂に武家政治は、その形式を整えるに至った。

征夷大将軍の政庁を、世に幕府という。武家の政治は、その後明治維新に至るまで、前後約七百年間も続いた。この間武士は、とかく家門《かもん》の利害にとらわれ、国民たる分を忘れて、その政治は、ようやく不遜・僭越《せんえつ》の度を加えて行った。しかも、後世の武士や庶民が、幕府の存在に何ら疑いを抱かなくなったことは、遺憾《いかん》の極みである。

㈣武士道

武門の盛衰《せいすい》・興亡は、その間に武威《ぶい》を増長せしめて、武家政治の成立を導いたが、草深き鄙《ひな》に生まれた武士の生活は、おのずから尚武・質朴にして、上古の淳風を保ち、それがやがて武士道として成長した。殊《こと》に頼朝は、平氏の滅亡に「奢《おご》る者久しからず」の教えを酌《く》んで、政治の本拠を東国に置き、専《もっぱ》ら士風《しふう》の作興《さっこう》に努めた。

武士道の根本は、義理のためには身命《しんめい》をも惜しまぬことにある。かれらは、主に対して深き

武技の錬磨

恩義を感じ、ひたすら忠勤を励んだ。親に対する孝道もまた重んぜられ、親にそむく者は、勘当《かんどう》されるのが常であった。随《したが》って、家門の伝統は大いに尊ばれ、氏神を崇《あが》めてその祭祀を厚くすることも、戦場に於いて、祖先以来の武勲を述べ、いわゆる名乗りを挙げることも、すべて家門の名誉を重んずるためであった。

主や親に対する道は、武士道の根底《こんてい》であり、武士生活の秩序《ちつじょ》は、これによって保たれた。頼朝が、曾我《そが》兄弟の孝心に感じて、その亡《な》きあとを弔《とむら》わせ、又、奥州征伐の際、藤原泰衡《ふじわらのやすひら》を殺して降《くだ》った家臣を、長い間の主恩《しゅおん》を忘れた不義者《ふぎしゃ》として斬らせたのも、共に武士道の根本を正すための処置であった。自然、武士は互《たがい》に信義を旨とし、節操を重んじ、礼節を尚《たっと》ぶとともに、敵味方に分れた場合も、よく義理を弁《わきま》えた。

又、かれらは、治《ち》にいて乱を忘れぬ精神を養い、武技を錬磨《れんま》することによって、必勝の信念を固めた。しかも、騎馬戦を主とする当時の戦闘では、騎兵として必要な武技を磨くことが、最も大切であった。頼朝が、しばしば那須《なす》の篠原《しのはら》や富士の裾野に巻狩《まきがり》を催《もよお》し、又、常に笠懸《かさがけ》・流鏑馬《やぶさめ》・犬追物《いぬおうもの》等の武技を修錬せしめたのも、そのためである。かかる武士の生活に於いて、棟梁たり旗頭《はたがしら》たる者の率先垂範《そっせんすいはん》は、特に必要であった。かれらは、兵法はもとより、風雅《ふうが》の道にも意を用いて武人の風格を添《そ》え、やがて禅《ぜん》の修行《しゅぎょう》を積んで、心身の鍛錬《たんれん》、一期《いちご》の覚悟に資《し》するに至った。

しかし、当時の武士道は、やがて重大な欠陥《けっかん》を現した。それは、武士の道徳が、私の主従の恩義を重んじ、大義の自覚に欠《か》けがちであったからである。しかも、かかる傾向は、武士が勢威を加え、政治を私《わたくし》するに及んで、ますます甚だしくなった。承久《じょうきゅう》の変《へん》に、鎌倉武士が去就《きょしゅう》を誤ったのは、まさにかかる欠陥が生んだ不祥事《ふしょうじ》である。

二　承久前後

㈠後鳥羽上皇

頼朝薨じて、長子頼家《ちょうしよりいえ》が後を継いだが、まだ年少であったため、母政子《まさこ》と外祖父《がいそふ》時政が政治を輔《たす》けた。この間、朝廷は、鎌倉の形勢を憂えさせられ、幕府が頼家に対する将軍宣下を奏請した際にも、容易にこれを聴許あらせられなかった。

やがて頼家は廃《はい》せられて、弟実朝《さねとも》がこれに代り、次いで、頼家が時政に弑《しい》せられた頃から、幕府の実権は、全く北条氏に移った。時政は、執権《しっけん》として幕府の機務を統べ、その没後、子の義時《よしとき》が執権職を継いだ。義時は、更に和田義盛を滅して、侍所の別当を兼ね、兵馬の権をも掌《しょう》中《ちゅう》に収めた。やがて、頼家の子公暁《くぎょう》が、実朝を父の仇《かたき》と思い誤り、承久元年（一八七九）、これを鶴岡八幡宮《つるがおかはちまんぐう》の境内《けいだい》に弑するに及び、源氏は、鎌倉の主たること僅かに三代二十八年で亡びた。

源氏の正統が絶えたにもかかわらず、北条氏は、なお武家政治の継続を策《さく》し、僭上の沙汰《さた》に及んだ。義時は、幕府存続の根拠を得るため、使節を上洛《じょうらく》せしめ、後鳥羽上皇の皇子を将軍に奉戴《ほうたい》しようとしたが、朝廷では、もとより聴許あらせられなかった。かくて義時は、窮余の策として、頼朝の遠縁《とうえん》に当る年僅か二歳の九条頼経《くじょうよりつね》を迎え、上を軽んじ奉り世をあざむいて、武家政治の全権を握るに至った。

かかる情勢の推移を痛憤《つうふん》し給うたのは、後鳥羽上皇であらせられる。上皇が、かねて国体の闡明《せんめい》に御心を注がせ給うたことは、

おく山のおどろが下《した》もふみ分けて道ある世ぞと人にしらせむ

との御製に拝し奉るところである。しかも、その御意図を実現あらせられるため、畏《かしこ》くも文武両道を御奨励、率先範を垂れさせ給うた。即ち、典礼振興の思し召しから、しばしば朝臣を召して、論義・習礼《しゅうれい》を行なわしめ給い、又、新しく有職《ゆうそく》に関する書物を著して、禁中の儀式、公卿の作法《さほう》を正し給うた。敷島の道にも御心を用いさせられ、藤原定家《ふじわらのさだいえ》に命じて、新古今和歌集《しんこきんわかしゅう》を撰《えら》ばしめ給うた。更に、従来院に伺候《しこう》していた北面《ほくめん》の武士の外に、新たに西面《さいめん》の武士を置いて、武備の充実を図らせ給うとともに、武芸奨励の御心を以って、御親《おんみずか》ら菊御作《きくごさく》を鍛えさせられ、又、諸国の刀工を召して、刀剣の製作に従事せしめ給うた。

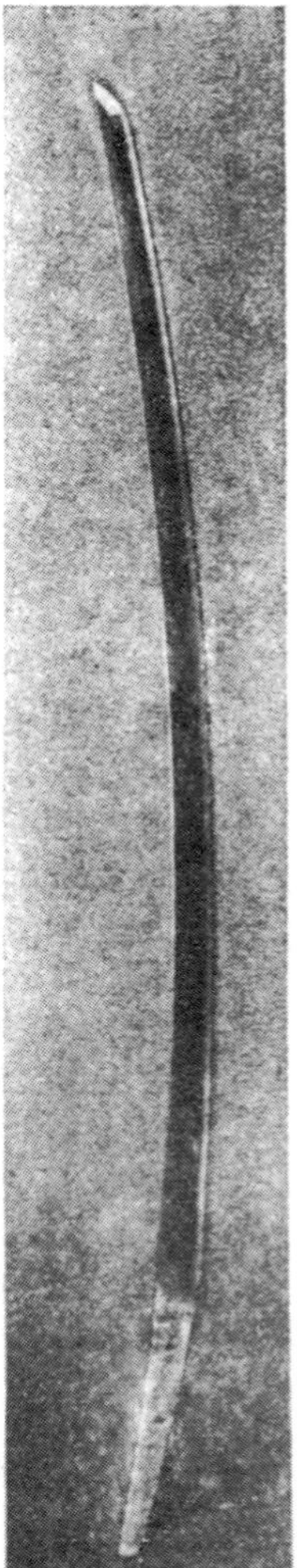

菊御作

㈡承久の変

上皇は、鎌倉の不信をみそなわし、頼経《よりつね》に対する将軍宣下を差し控え給うたが、なおも義時の専横が募るに及んで、順徳天皇《じゅんとく》と御共《おんとも》に、いよいよ朝権回復の御素志《ごそし》の実現を図らせられ、断乎《だんこ》討幕の御計画に出でさせ給うた。順徳天皇が、俄《にわ》かに仲恭天皇《ちゅうきょう》に御位を譲《ゆず》り給うたのも、討幕に専念あらせられるためであった。かくて承久三年（一八八一）五月、流鏑馬揃《ぞろ》えに託して諸国の兵を徴《ちょう》され、先ず京都の守護を攻めてこれを誅し、次いで、義時追討の院宣を下し給うた。

この御計画が鎌倉に伝わると、義時は政子と共に、直ちに家人を集めて去就を促《うなが》し、泰時《やすとき》らをして、大軍を率い西上せしめた。かくて賊軍京都に入るや、泰時は、勤皇《きんのう》の公卿を捕らえ、鎌倉へ護送すると称して、途上にこれを殺した。又、幕府恩顧《おんこ》の家人で、官軍に馳《は》せ参じた武士を、弓馬の道にもとる者とし、これを京都の市中で斬った。

しかも北条氏は、恐れ多くも後鳥羽上皇・順徳上皇の遷幸《せんこう》を奏請し、後鳥羽上皇は隠岐《おき》へ、順徳上皇は佐渡へ御幸《ごこう》あらせられた。土御門《つちみかど》上皇は、討幕の御事に御関係《ごかんけい》なく、幕府も何ら奏請しなかったが、御孝心《ごこうしん》厚くましますト皇は、独り都に留るに忍《しの》びずとて、御心のまにまに土佐に御幸あらせられ、やがて阿波《あわ》に遷《うつ》らせ給うた。三上皇遷御《せんぎょ》の御事は、実に史上空前の異変で、北条氏の僭上無道は、憎みてなお余りがある。

三上皇その後の御生活《おんせいかつ》は、申すも恐れ多いことながら、土御門上皇は十一年、後鳥羽上皇は十九年、順徳上皇は二十二年、天《あま》さかる鄙、煙波《えんば》遙かな孤島《ことう》に憂《う》き歳月を過《すご》し給い、還御《かんぎょ》の御《お》

水無瀬《みなせ》神宮

望《のぞ》みも空しく、遂にその地に崩御あらせられたのである。

後鳥羽上皇
我こそは新島守《にいしまもり》よ隠岐の海《み》の荒きなみ風《かぜ》心して吹け

土御門上皇
吹く風のめに見ぬ方《かた》を都とてしのぶも悲し夕ぐれの空

順徳上皇
いざさらば磯《いそ》うつ波に言問《こと と》はむおきのかたにはなに事かある

変後、北条氏は、更に勤皇の朝臣・武士の所領《しょりょう》三千余箇所を没収して、これを論功行賞の具に供し、賊軍に参加した家人を、新たに地頭として配置した。かくて、地頭の力は著しく拡大され、武家政治の基礎は、一段と強化された。又、京都に六波羅探題《ろくはらたんだい》を設け、京都の警備を命ずるとともに、三河《みかわ》以西の諸国の政務を掌らしめた。幕府の開設に参画《さんかく》した三善康信・北条義時・大江広元・政子らは、変後数年の間に、相次いで没した。しかし、既に家人の懐柔《かいじゅう》に成功した幕府は、いささかの動揺をも示さなかった。泰時が、やがて執権になると、貞永式目《じょうえいしきもく》を制定して（一八九二）、武家の統制をいよいよ強固ならしめ、次いで執権時頼《ときより》は、幕府の威厳を増すため、摂家将軍《せっけしょうぐん》を廃して、親王《しんのう》将軍を迎える先例を開いた（一九一二）。しかも、その後、歴代執権の親王に対し奉る態度は、とかく不遜に亘ったのである。

㊂武家と文化

北条氏もまた、代々頼朝の遺訓《いくん》を掟《おきて》として、武士道の振興に努めた。かの貞永式目にも、かかる意図が十分に示されている。かくて一般の文化も、その風尚を反映して、尚武の傾向が濃《のう》厚《こう》であった。

文学では、先ず和歌に、新古今集の外、西行《さいぎょう》の山家集《さんかしゅう》や実朝の金槐集《きんかいしゅう》があり、物語には、平《へい》家物語《けものがたり》・源平盛衰記《げんぺいせいすいき》等の軍記物《ぐんきもの》が現れて、広く人々に愛読された。中でも平家物語は、最も名高く、琵琶《びわ》に合わせて語られ、後世永くもてはやされた。

宗教もまた、面目を一新した。殊に禅宗《ぜんしゅう》は、武士の気風にかない、武士の中には、座禅《ざぜん》を行《ぎょう》じ、没我《ぼつが》の精神を練《ね》る者が少くなかった。禅宗には、臨済《りんざい》・曹洞《そうとう》の二派があり、それぞれ栄西《えいさい》と道《どう》元《げん》が、宋に渡ってもたらしたもので、その後、幾多の名僧が宋から来朝するに及び、ますます世に弘まって行った。民間では、一般に浄土《じょうど》の教えが歓迎《かんげい》され、これには、法然《ほうねん》の創《はじ》めた浄土宗と、親《しん》鸞《らん》の開いた真宗《しんしゅう》とがある。共に教理《きょうり》が平易な上に、報恩感謝その他、国民生活の伝統を重んじたので、忽ち多くの信者を得た。日蓮《にちれん》が日蓮宗を開いて、立正安国《りっしょうあんこく》の教えを説いたのも、この時代、元寇の少し前の事である。

美術工芸もまた、前代の優美を去って、勇壮なものへと移った。彫刻《ちょうこく》では、運慶《うんけい》・堪慶《たんけい》が有名で、運慶の代表作たる東大寺南大門《なんだいもん》の仁王像《におうぞう》などは、当時の剛健な風尚をよく現している。絵画には、戦争の情景や社寺の縁起《えんぎ》などを描いた絵巻物《えまきもの》類が、

禅院の建築

絵巻物

文学と結んで、盛んに世に行なわれた。工芸では、武具が時代の要求に応じて大いに発達し、院の番鍛冶《ばんかじ》以外にも、岡崎正宗《おかざきまさむね》の如き名工が出て、精巧を極めた刀剣が製作され、日本刀の名は、遙か宋まで響きわたった。

学問は一般に振るわなかったが、ただ北条義時の孫実時《さねとき》が、武蔵の金沢《かなざわ》に文庫《ぶんこ》を設け、和漢の書籍を集めて子弟の教育に資したことは、特例として注目に値する。

第七　建武の中興

一　敵国降伏

亀山《かめやま》天皇御製
四方《よも》の海浪《なみ》をさまりてのどかなる我が日の本に春は来にけり

㈠文永《ぶんえい》と弘安《こうあん》

京・鎌倉の戦塵は鎮まり、やがて頼経も将軍に任ぜられて、世の中は、一先ず武家支配のもとにおさまった。然るに、承久の変後約五十年、亀山天皇の御代に、蒙古との交渉が起り、遂に未曾有《みぞう》の国難となった。

蒙古は、土御門《つちみかど》天皇の御代に、蒙古民族の成吉思汗《じんぎすかん》（太祖《たいそ》）が内《うち》・外蒙古《がいもうこ》を統一して（一八六六）建てた国である。その後、次第に勢力を増してアジアの西北部を従え、転じて、西方遙かにヨーロッパを席巻《せっけん》した。やがて忽必烈《くびらい》（世祖《せいそ》）は、南宋《なんそう》を圧して、都を今の北京《ぺきん》に遷《うつ》し（一九二四）、東は朝鮮半島に迫って、高麗を属国とした。かくて蒙古は、建国以来凡そ五十年の間に、亜欧《あおう》にまたがる一大国を形成し、アジア民族の勢威を誇ったのであるが、忽必烈は、無道にもわが国をうかがい、文永・弘安再度の来寇に大敗して、自ら国勢退歩の一因を作ったのである。

彼我の交渉は、文永五年、蒙古使節の来朝を以って始る。忽必烈は、勢《いきおい》に乗じて、わが国をも従えようと図り、先ず高麗を介《かい》して、国書をわれにもたらした。その文辞《ぶんじ》は、表面平和の修好を求めながら、実は己《おの》が勢威を誇示《こじ》し、武力に訴えて、わが朝貢を強いるものであった。朝廷では、その真意をお見抜きになり、神国の威厳にかけて、回答を与え給わなかった。翌年再び使者の来朝を見たが、時の執権、年少気鋭の北条時宗《ほうじょうときむね》は、断乎これを斥けるとともに、西国の将士に命じて、兵備を整えさせた。

蒙古は、やがて国号を元《げん》と改め、更に再三使節を以って入貢《にゅうこう》を促し、わが国是《こくぜ》の不動を知るや、いよいよ出兵の決意を固めた。かくて後宇多《ごうだ》天皇の文永十一年（一九三四）、元は、軍兵《ぐんぴょう》二万五千・艦船九百隻の兵力で、先ず対馬を襲い、わが地頭宗助国《そうすけくに》らが衆寡《しゅうか》敵せず玉砕《ぎょくさい》すると、勢に乗じて博多湾に迫り、太宰府の攻略を目ざして、その一部を今津《いまづ》に上陸せしめた。わが軍は、これを博多に邀撃《ようげき》し、敵の集団戦法と火器とに悩まされて、一時は苦戦に陥ったが、わが将士の敢闘、必死の反撃は、神明《しんめい》の加護を得て、遂に大敵を潰滅《かいめつ》せしめた。

しかし、これは緒戦の一撃である。幕府は、元の再挙を予想し、西国の将兵に命じて、北九州及び長門の防衛を固め、更に北条実政《ほうじょうさねまさ》を九州探題《きゅうしゅうたんだい》として、その指揮に当らしめた。文永の苦戦に徴して、特に防塁《ぼうるい》の完璧《かんぺき》を期し、博多湾の沿岸その他に、石塁・土塁等を築いた。進んで大陸への出撃をも計画し、山陰・山陽・南海・西海の守護に、兵船《へいせん》・水兵の用意を命じ、更に、遠征参加の勇士を募るなど、着々準備を進めた。国民の士気また大いに揚り、中でも井芹秀重《いせりひでしげ》・真阿尼《しんあに》の美挙は、わが「家《いえ》」の精神を遺憾なく発揮して、後世永く人々の心を打つものがある。

　果して、元は再挙を企て、文永の役の翌年、早くも国情偵察のため、使節杜世忠《とせいちゅう》を来朝せしめた。幕府は、その意図を見抜いて、これを鎌倉の龍口《たつのくち》に斬り、次いで来たった周福《しゅうふく》らを博多に斬って、牢固《ろうこ》たる決意を示した。元は、この間着々再征の計画を進め、南宋を滅して水軍の補強を果すとともに、征東行中書省《せいとうこうちゅうしょしょう》と称する機関をさえ設けて、軍の編成、作戦その他、万般の準備を整えた。

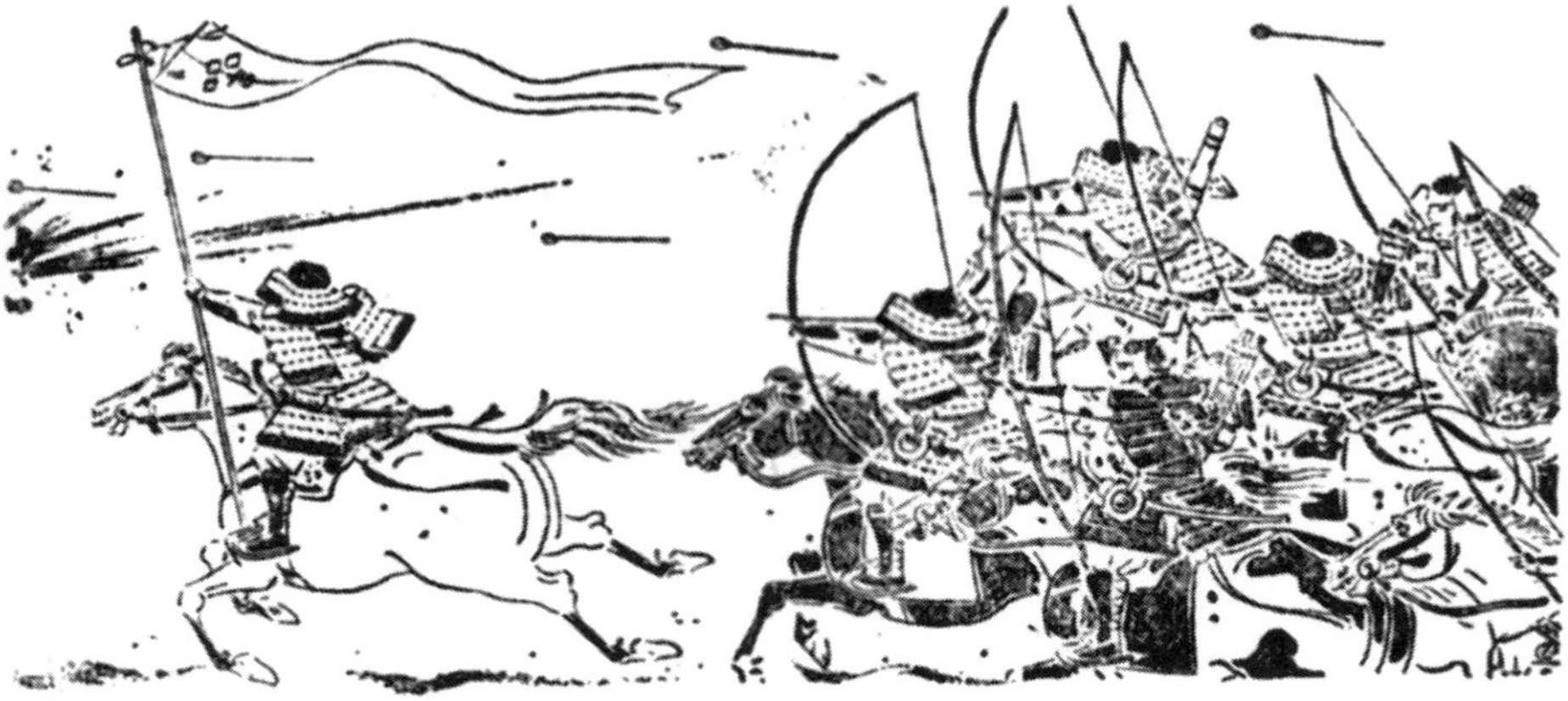

かくて元は、弘安四年（一九四一）、軍兵十四万・艦船四千四百隻の大軍を東路《とうろ》・江南《こうなん》の二軍に分ち、相前後して出動せしめた。先ず東路軍が、対馬・壱岐を経て博多湾に迫るや、わが将兵は、防塁によって堅く敵の上陸をはばみ、且つ志賀島《しがしま》に出撃して敵を破った。殊《こと》に河野通有《こうのみちあり》・菊池武《きくちたけ》房《ふさ》・竹崎季長《たけざきすえなが》らの奮戦めざましく、軽舟《けいしゅう》を操って敵船に乗り込み、敵将を捕らえ、船を焼き、大いに敵の心胆《しんたん》を寒からしめた。

やがて、江南軍が平戸島《ひらどじま》に到着し、東路軍と共に、鷹島《たかしま》に集結するに及んで戦はまさに最高潮に達した。しかも、わが武士・庶民《しょみん》一体の忠誠勇武は、再び神明に通じて、暴風がまき起り、博多の海は怒濤《どとう》山の如く、敵艦殆ど覆没《ふくぼつ》し、敵兵また多く溺死《できし》した。生き残った敵兵は、なお鷹島に拠《よ》ったが、わが急迫に遭《あ》って、忽《たちま》ち潰滅した。かくて、弘安の役もまた、わが国の完勝に終り、元の野望は、再び挫《くじ》かれたのである。

㈡堅忍《けんにん》持久

空前の国難をよく打開することのできたのは、御稜威のもと、士民がひとしく神国の自覚に立って、上下《しょうか》一体、これに当ったからである。

畏《かしこ》くも亀山上皇は、風雲急を告げるや、諸陵に宸筆を納めて、国土の安穏《あんのん》を祈らせ給い、又、筥崎宮《はこざきのみや》再建の際にも、敵国降伏の宸書《しんしょ》を神殿の礎石《そせき》に籠《こ》めさせられた。更に、弘安の役に当っては、宸筆の願《がん》文《もん》を神宮に奉り給い、御身を以って国難に代らんことを祈らせ給うた。

聖旨《せいし》を奉《ほう》じて衝《しょう》に当った執権時宗また、深く神州《しんしゅう》の安危《あんき》を憂え、血書《けっしょ》して外夷《がいい》の撃攘《げきじょう》と国土の安泰《あんたい》とを祈ったのであり、しかも一死報国の決意は、国民共通の感情であった。京都、正伝寺《しょうでんじ》の僧東巌慧安《とうがんえあん》の如きは、神仏に異敵退散の熱祷《ねっとう》を捧げ、その願文の末に、

亀山上皇の宸筆

　すゑの世の末《すえ》の末までわが国はよろづのくにに
　すぐれたる国

と記したほどである。

　更に、従来とかく対立の観のあった権門勢家も、この国家存亡《そんぼう》の危局に際し、すべての行きがかりを棄《す》てて幕府を助け、兵站《へいたん》の準備に、配属武士の動員に、全幅の協力を惜しまなかった。かかる挙国一致の態勢、烈々たる敵愾心《てきがいしん》があったればこそ、天佑神《てんゆうしん》助《じょ》を得て、不敗を誇る元の大軍を撃滅することができたのである。

　弘安の役後約二十年間、元は、執拗《しつよう》にも日本侵略の野望を棄てず、捲土重来《けんどちょうらい》の計画を練り、来寇の機をうかがっていた。よってわが国も、戦時態勢を堅持し、将士を配してますます西国の警備を厳《げん》にし、

石塁址《あと》

その総指揮者として、さきに設けた九州探題を、常置の機関に改めた。かくて、元使最初の来朝以来、実に三十年の長期に亘って、非常時が続いたのである。

敵は、世界第一の強国を以って任ずる元である。随《したが》って、この間に於けるわが負担《ふたん》は、精神的にも物質的にも、容易ならざるものがあった。しかも国民は、国防の重要性を認識して、終始一貫、よく職域奉公の誠を致したのであり、かかる堅忍持久の精神があって、始めて神州不敗の伝統を護持することができたのである。

㈢神国の自覚

未曾有の国難を契機《けいき》として、著しく高まったのは、神がわが国を護り給うという信念と、神国なるが故に、わが国体が万邦無比《ばんぽうむひ》であるという自覚とである。慧安が、石清水八幡宮《いわしみずはちまんぐう》に納めた願文に、一切の神祇が集って皇居を擁護せられる旨を記し、又、春日若宮《かすがのわかみや》の神官中臣祐春《しんかんなかとみすけはる》が

西の海よせくるなみもこゝろせよ神のまもれるやまと島根ぞ

と詠《えい》じたのは、共にわが国が神国であるとの信念を表したものに外ならない。更に、西大寺《さいだいじ》の僧叡尊《えいそん》も、石清水八幡宮に於ける外患祈禳《きじょう》の際、「日本はすなわち神の末葉なり」と記し、わ

が国と蒙古とが貴賤《きせん》天地の如く相隔る旨を明らかにして、神国日本に生まれた国民の誇りを吐露《とろ》している。

かかる自覚の高まるにつれ、国民の中には、ともすれば神よりも仏を重んずる従来の思想に、不満を抱く者が現れた。それらの人々は、神こそ根本であり、仏は、わが神々が、世を救うために、かりに姿を現されたものに過ぎないと考えるようになった。かくて外宮の神官らが、伊《い》勢神道《せしんとう》を唱えるに及び、神々の御教えそのものを、明らかならしめようとする気運が興った。

神道思想の発達は、又、古典の研究を促した。殊に京都の卜部《うらべ》氏は、早くから古典研究の家として知られていたが、卜部兼文《うらべかねぶみ》に至って、古事記に註《ちゅう》を加え、その子懐賢《かねかた》は、釈日本紀《しゃくにほんぎ》を著《あらわ》した。この書は、日本書紀の字句に註釈を加え、古典の研究に一歩を進めたものである。

かくて神国の自覚は、神道の顕揚《けんよう》、古典の研究へと発展して、国民の勤皇精神をはぐくみ、やがて建武中興の成立を導くに至ったのである。

二　公家《くげ》一統《いっとう》

後醍醐《ごだいご》天皇御製

世《よ》治《おさ》まり民《たみ》安かれと祈るこそわが身につきぬ思《おもい》なりけれ

㈠朝政の振興

元寇の記憶がうすらぐとともに、一般国民の精神は、次第にゆるんで来た。殊に幕府は、時宗の後、執権にその人なく、戦勝におごって政治を怠り、とかく朝威を軽んじ奉って、人心を悪化せしめた。弘安の役を去ること三十余年、高時《たかとき》が執権職を継ぐに及んで、その失政はとみに募った。かかる時、後醍醐天皇は文保《ぶんぽう》二年（一九七八）、御位に即き給うたのである。

天皇の御即位は、宝算《ほうさん》三十一の御時《おんとき》であらせられる。その後三年を経て、御父後宇多上皇が院政を廃し給うと、天皇は、先ず記録所を御復活《ごふっかつ》、御親《おんみずか》ら政務をみそなわすこととなった。しかし、政治の実権は、依然幕府の掌中にあり、政治改革の御事も、御心のままにはならぬ御有《おんあり》様《さま》であった。かくて天皇は、延喜の聖代を慕わせられ、遙かに肇国《ちょうこく》の古《いにしえ》を望み給うて、皇政《おうせい》の復古を決意あらせられたのである。

かかる大御心から、先ず当時ようやく擡頭《たいとう》しつつあった日本諸学《にほんしょがく》に御着目《ごちゃくもく》、その振興を図らせ給うた。即ち、伊勢の祠官《しかん》檜垣常昌《ひがきつねまさ》・村松家行《むらまついえゆき》及び僧慈遍《じへん》らに、しばしば神道書の進献《しんけん》を命じ給い、又、僧玄恵《げんえ》らを召して、新たに朱子学《しゅしがく》を講ぜしめられ、大義の闡明に資し給うた。かくて、清新な学風が宮中に興り、志ある公卿は、国体の本義に目ざめて、忠誠の精神を振起し、ひたすら親政の御代の実現を期した。

天皇は、これをみそなわし、至誠・俊秀《しゅんしゅう》の士であれば、門閥《もんばつ》の如何《いかん》を問わず、重くこれを用い給うた。即ち、北畠親房・万里小路宣房《までのこうじのぶふさ》・吉田定房《よしださだふさ》の、いわゆる三房《さんぼう》を挙げて、機務に参画《さんかく》せしめられ、日野資朝《ひのすけとも》・同俊基《としもと》など、地位の低い者をも、それぞれ要職に補し給うた。いずれも御殊遇に感激して、ますます職務に励み、随って朝政は、とみに振興した。しかもその頃、幕府の失政はいよいよ甚だしく、殊に高時ら首脳部の驕慢《きょうまん》は、目に余るものがあった。

㈡正中と元弘《げんこう》

ここに天皇は、断乎討幕の御心を決し給い、正中《しょうちゅう》元年（一九八四）、資朝・俊基らをして、勤皇の武士を諸国に募らしめ給うた。しかし、早くもこれを探知《たんち》した幕府は、御企てに与った武士を斬り、資朝・俊基らを捕らえて鎌倉に護送した。よって宣房《のぶふさ》が、勅命を拝して鎌倉に下り、事態の収拾《しゅうしゅう》に努めたので、幕府も、資朝を佐渡に流したのみで、一先ず事は落着した。世にこれを正中の変という。

天皇は、かかる事情にも動じ給わず、再び討幕の御企てを進めさせられ、皇子護良《もりなが》親王を始め、俊基らをこれに参画せしめ給うた。然るに、この御秘策《ごひさく》も、機《き》未《ま》だ熟せざる中《うち》に、またも幕府の知るところとなり、このたびは、御企ての叡慮に出でさせ給うことを察知した幕府は、六波羅の兵を発して、皇居を侵《おか》し奉ろうとした。

元弘元年、天皇は、神器を奉じて笠置《かさぎ》に行幸あらせられ、楠木正成《くすのきまさしげ》を召して、討幕のことを命じ給うた。やがて、賊の大軍雲霞《うんか》の如く迫って、笠置の砦《とりで》が陥ると、天皇は、恐れ多くも松の下露《したつゆ》に御袖《おんそで》を濡《ぬ》らし給いつつ、赤坂城《あかさかじょう》に向かわせられた。一天万乗《いってんばんじょう》の君《きみ》にましましながら、

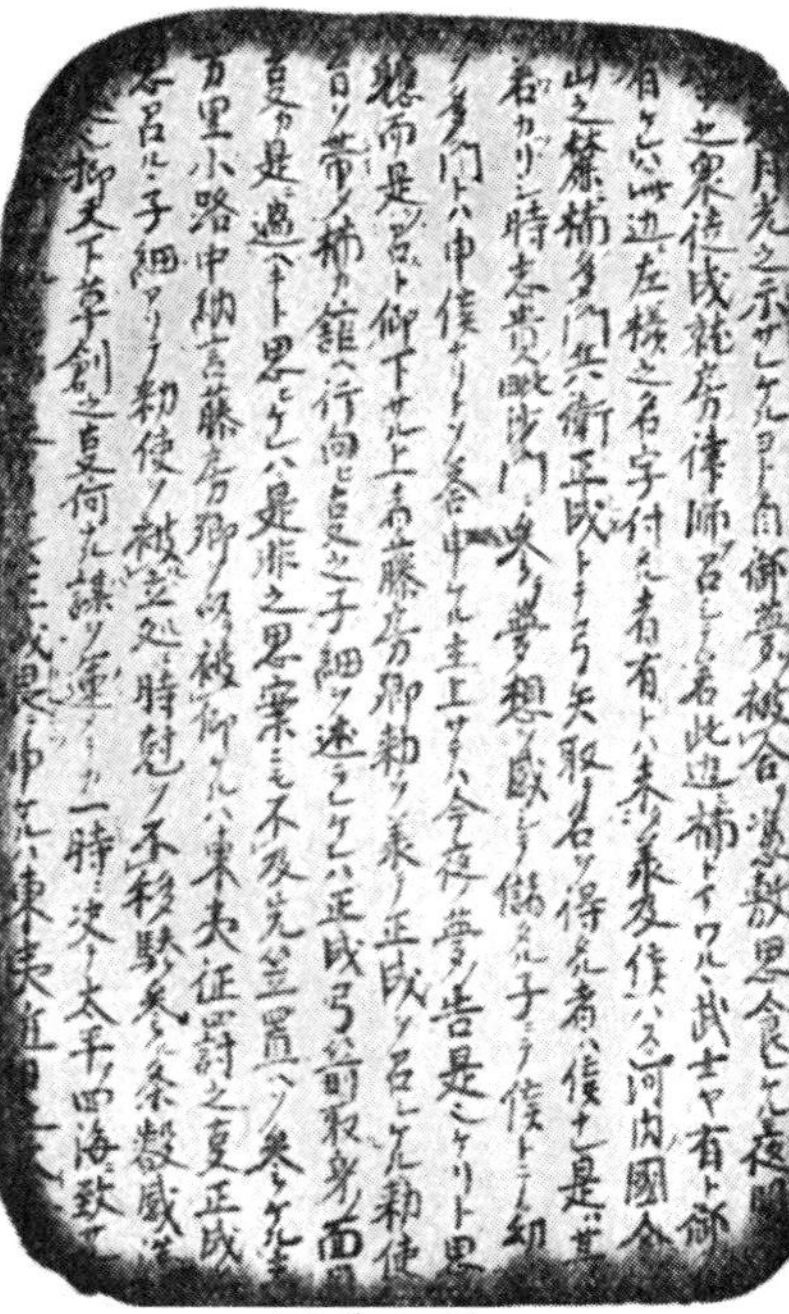

正成の笠置伺候《かさぎしこう》（太平記）

イ　正成誕生地　ロ　赤坂村　ハ　水分神社《みくまり》
ニ　上赤坂城址　ホ　金剛山　ヘ　葛城山

御道《おんみち》すがら賊兵《ぞくへい》を避け給う御隠《おんかく》れ家《が》もなく、遂に不遜の警護にまかせ給うて、六波羅に移御《いぎょ》あらせられたのであった。

翌二年三月、幕府は、無道にも承久の先例を奏し、天皇は、途中児島高徳《こじまたかのり》の捧げた桜樹一篇《おうじゅいっぺん》の詩に、ひそかに御心を慰《なぐさ》め給いつつ、隠岐の孤島に遷幸あらせられた。次いで幕府は、事に参画した資朝・俊基らを斬った。これを元弘の変という。

正成《まさしげ》は、護良親王を迎え奉って赤坂の守りを固め、賊軍をさんざんに悩ましたが、敵は目に余る大軍であり、遂に落城のやむなきに至った。しかも智略縦横《じゅうおう》の正成は、再び赤坂を奪還《だっかん》し、更に、金剛山《こんごうさん》の中腹に千早城《ちはやじょう》を築いた。護良親王は、吉野に拠《よ》って賊軍を防ぎ給い、地方にも、勤皇の諸将が相次いで決起《けっき》した。既に桜《さくら》山城《やまじょう》で討死《うちじに》した茲俊《これとし》を始め、世々勤皇の誉れ高き肥後《ひご》の菊池武時《きくちたけとき》、伊予《いよ》の土居通増《どいみちます》・得能通綱《とくのうみちつな》らが、その主な者である。

恐れ多くも、煙波遥かな隠岐の島に、一年を過し給うた天皇は、勤皇の諸将決起の報を聞し召すや、千種忠顕《ちくさただあき》を従えて伯耆《ほうき》に御潜《ごせん》幸《こう》、名和長年《なわながとし》一族の奉迎《ほうげい》を受けさせられ、船上山《せんじょうさん》にとどまり給うた。

やがて忠顕らは、軍を整えて発し、京都六波羅に迫った。又、幕府の命を受けて西上した足《あし》利尊氏《かがたかうじ》も、かねて北条氏に異図《いと》を抱いていたので、丹波に入るや、俄《にわ》かに官軍に帰順し、忠顕の軍を助けて六波羅を陥れた。一方関東では、新田義貞《にったよしさだ》が、一族を率いて上野《こうずけ》に兵を挙げ、進んで鎌倉に迫った。結城宗広《ゆうきむねひろ》を始め、これに馳せ参ずる者少《すく》なからず、遂に鎌倉の攻略が成り、高時以下北条氏の一族郎党は、多く自害した。時に元弘三年（一九九三）五月、鎌倉幕府は、頼朝の開設以来、百四十余年で倒れた。

㊂中興の宏謨《こうぼ》

六波羅が陥落すると、天皇は、龍顔《りゅうがん》うるわしく船上山を御発輦《ごはつれん》、兵庫に正成の奉迎を受けさせられ、京都に還幸《かんこう》あらせられた。承久の御企て以来百十余年、後鳥羽上皇の御遺志《ごいし》はここに達せられ、建武中興の大業を拝するに至った。天皇は、新政を始め給うに当って、「今の例は昔の新儀《しんぎ》なり。朕《ちん》の新儀は未来の先例たるべし」との御旨を示し給い、日々維《こ》れ新たなる政治によって、肇国の精神を具現あらせられたのである。

天皇は、記録所を新政の中枢機関とせられ、ここに臨んで政務を統べさせ給うとともに、新たに雑訴決断所《ざっそけつだんしょ》を設けて、主に土地に関する訴訟を処理せしめられた。その他、臨時に恩賞方《おんしょうがた》を置いて、討幕の論功行賞を議せしめられ、武者所《むしゃどころ》を設けて、京都の警備、武士の監督《かんとく》に当らしめ給うた。なお、これら諸機関には、定房・宣房・正成・長年・義貞等、公卿・武士の別なく、広く誠実・有能の士を選んで任用・配属せられ、特に護良親王を征夷大将軍に任じて、軍事を統べしめ給うた。畏くも公家一統のもと、文武各々《ぶんぶおのおの》その所を得しめ給う叡慮を拝し奉るのである。

かかる御方針《ごほうしん》に基づき、諸国に於いても、国司と守護を併置せられ、しかも国司を公卿に限らず、守護を武家に限らず、相共《あいとも》に任用あらせられた。中でも奥羽と関東は、遠く京都を離れ、且つ長く幕府の地盤《じばん》であったため、特にその統治に御心を用いさせ給うた。即ち、奥羽には皇子義良《のりなが》親王を、関東には同じく成良《なりなが》親王を遣わし給うとともに、北畠顕家《きたばたけあきいえ》・足利直義《あしかがただよし》をそれぞれ陸奥守《むつのかみ》・相模守《さがみのかみ》に任じて、親王を輔《たす》けしめ給うた。かくて元弘四年を建武《けんむ》元年とお改めになり、ここに中興政治の規模が整うに至った。

しかし、新政の行路《こうろ》は、頗《すこぶ》る多難であった。即ち中央の高官・顕職には、公家一統の真義を弁《わきま》えない者が少くなく、恩賞に対する不満に発して、文武の間に摩擦《まさつ》が起り、職務の奉行《ぶぎょう》がおろそかになったからである。政務に慣《な》れない公卿の失策はまだしも、さきに帰順した武士の如きは、私利に走って新政の運用をはばんだ。かれらが帰順したのは、幕府を見限り討幕に参加して、恩賞に与ろうとする私心からであった。まことに恐れ多いことと、いわなければならない。

三　七生滅敵《しちしょうめってき》

後村上《ごむらかみ》天皇御製
　四《よ》の海なみもをさまるしるしとて三《みつ》の宝を身にぞつたふる

㈠延元《えんげん》元年

足利氏は、新田氏と共に、源氏の分れとして世に名望があり、建武中興の際には、尊氏《たかうじ》が厚き恩賞を賜《たま》わって、新政に隠然《いんぜん》たる勢威を有した。しかも尊氏は、これに増長して、ひそかに征夷大将軍の要職を望み、護良親王をはばかり奉るふるまいが多かった。親王は、つとにその野心を看破せられ、これを除こうと思し召したが、かえって尊氏の謀《はかりごと》のために、鎌倉に遷り給うこととなった。

建武二年七月、北条高時の遺子《いし》時行《ときゆき》が乱を起して鎌倉を襲うや、直義は、鎌倉を棄てて西走《せいそう》したが、その際、恐れ多くも護良親王を弑《しい》し奉った。世に中先代《なかせんだい》の乱《らん》と呼ぶこの出来事は、かくていよいよ尊氏に、謀反《むほん》の機会を与えた。即ち尊氏は、時行の追討と征夷大将軍の拝命とを奏請《そうせい》し、御聴許《ごちょうきょ》なきを察するや、ほしいままに東下《とうか》し、時行の軍を破って鎌倉に入り、遂に反旗をひるがえすに至った。

朝廷では、尊良《たかなが》親王に尊氏の追討を命じ給い、義貞らを副《そ》えて東下せしめられたが、官軍は遠征空しく、箱根・竹下《たけのした》の戦に敗れ、尊氏・直義ら賊軍は、勝ちに乗じて西上した。顕家・義貞・正成・長年らは、堅く都を守って、洛北《らくほく》の戦にこれを破り、九州に敗走せしめた。やがて、建武の年は延元と改った。九州では、菊《きく》池《ち》武敏《たけとし》が、早くも肝付兼重《きもつきかねしげ》らと呼応して、賊徒の討伐を進め、尊氏らが九州に到《いた》るや、阿蘇惟直《あそこれなお》と共に、これを邀《むか》え撃ったが、惜しくも多多良浜《たたらはま》の戦に敗れた。

やがて賊軍は、陣容を整えると、直ちに大挙東上《とうじょう》して、備後《びんご》の鞆《とも》に到り、尊氏は海路から、直義は陸路から、相呼応して京畿《けいき》に迫った。時に延元元年五月であ

菊水の流れ（桜井駅址《あと》）

勤皇の美績

忠臣の花押
資朝
親房
藤房
頼家
蝦夷
南部
陸奥
出羽
義良親王
北畠
多賀府
霊山
田村
白河
結城
佐渡
能登
越中
越後
加賀
尊良親王
藤島
越前
金崎城
飛騨
信濃
美濃
上野
下野
新田
足利
関城
大宝城
常陸
小田城
伊那
多治見
土岐
香坂
甲斐
武蔵
矢口渡
近江
伊勢
尾張
足助
三河
宗良親王
狩野
竹下
箱根
鎌倉
相模
下総
上総
安房
井伊
井伊谷城
遠江
駿河
伊豆
北畠
志摩

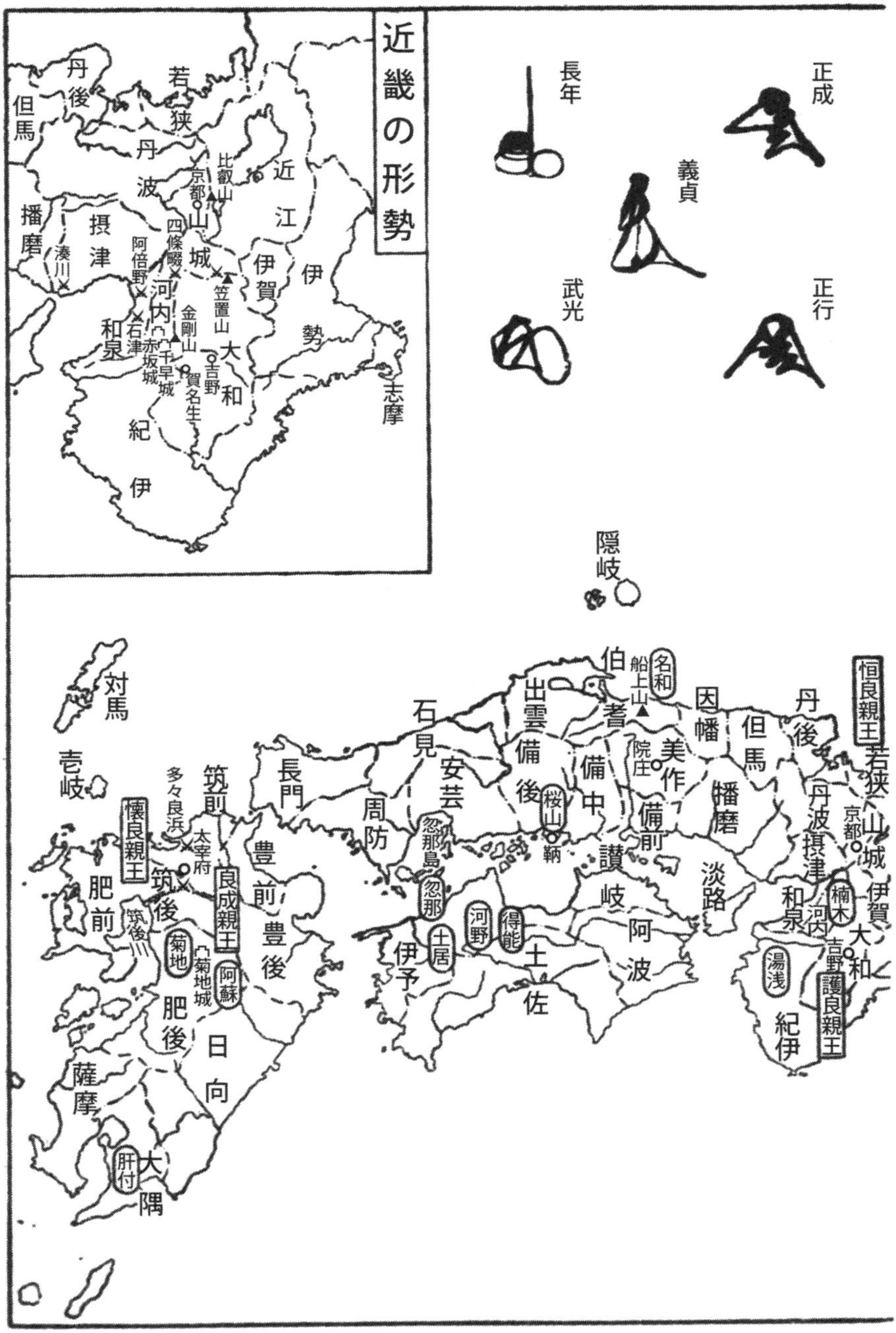
近畿の形勢
丹後
若狭
但馬
丹波
近江
比叡山
京都
山城
播磨
摂津
湊川
四條畷
阿倍野
河内
伊賀
伊勢
笠置山
金剛山
和泉
石津
赤坂城
千早城
吉野
賀名生
大和
志摩
紀伊
長年
正成
義貞
武光
正行
隠岐
対馬
壱岐
懐良親王
多々良浜
筑前
太宰府
筑後
筑後川
肥前
菊地
菊地城
阿蘇
肥後
良成親王
豊前
豊後
日向
薩摩
肝付
大隅
長門
周防
石見
安芸
忽那島
忽那
伊予
土居
河野
得能
土佐
出雲
伯耆
名和
船上山
備後
備中
桜山
鞆
讃岐
阿波
因幡
美作
院庄
備前
播磨
淡路
但馬
丹後
恒良親王
若狭
丹波
摂津
京都
山城
伊賀
楠木
河内
和泉
吉野
大和
湯浅
紀伊
護良親王

る。楠木正成が、青葉に暮れる桜井の里に、一子正行《まさつら》を呼んで後事《こうじ》を諭し、義貞を助けて湊川《みなとがわ》の花と散った純忠至誠《じゅんちゅう》は、この時の事であり、われらは幾たびかそれを学んで、感激の深いものがある。殊に、寡勢《かぜい》を以って力戦苦闘、遂に七生滅敵《しちしょうめってき》の誓いを遺して、弟正季《まさすえ》と刺し違えた最期に至っては、烈々鬼神《きしん》を泣かしめ、とこしえに国民の心を打ってやまないのである。

尊氏らは、京都に入るや、豊仁親王《とよひと》を奉戴して賊名《ぞくめい》をまぬかれようとし、次いでいつわり降《くだ》って、叡山《えいざん》にまします天皇を京都に迎え奉るなど、不遜のふるまいを重ねた。既に、長年は討死し、義貞もまた、勅を奉じて北国に下っていたので、京都の安泰は期すべくもなかった。かくて天皇は、延元元年十二月、神器を奉じて、ひそかに吉野に遷らせ給い、行宮《あんぐう》を奠《さだ》めて、朝政を聞し召すこととなった（一九九六）。

㈡吉野の朝廷

天皇は、東国・北国・西国等の諸将に、退勢挽回《たいせいばんかい》の望みを嘱《しょく》し給い、諸皇子を遣わして、各地に官軍の根拠を作らしめ給うた。北陸では、既に義貞が、皇太子恒良《つねなが》親王及び尊良《たかなが》親王を奉じて、越前《えちぜん》の金崎城《かねがさきじょう》に拠り、子義顕《よしあき》・弟脇屋義助《わきやよしすけ》らと共に、奮戦を続けた。しかし形勢は、寡勢の官軍に利なく、やがて城は陥って、恐れ多くも両親王は、それぞれ悲壮な御最期《ごさいご》をお遂げになり、次いで義貞もまた、越前の藤島《ふじしま》に、壮烈な戦死を遂げた。一方陸奥では、顕家が、義良親王を奉じて、弟顕信《あきのぶ》や結城宗広・南部師行《なんぶもろゆき》と共に、力闘よく官軍の地盤を固めた。かくて顕家は、随処に賊軍を撃破しつつ西上し、官軍の形勢は、頗る有望に見えたが、惜しくも、和泉石津《いずみいしづ》の激戦に討死した。師行もまた、顕家に従って壮烈な戦死を遂げ、身を以って、子孫に勤皇の道を教えた。

顕家・義貞の戦死は、共に延元三年の事である。かくても天皇は、いささかも動じ給わず、再び諸皇子をそれぞれ地方に下し給うた。即ち、義良親王・宗良《むねなが》親王は、親房・顕信父子及び結城宗広を従え、海路東国をさして、伊勢大湊《おおみなと》から御出帆《ごしゅっぱん》になった。たまたま風波《ふうは》が起って、海上に御船が四散したため、義良親王は、顕信・宗広と共に吉野に帰られ、宗良親王は、遠江《とおとうみ》に御着《おんちゃく》、井伊谷《いいのや》城にお入りになって、三河の足助《あすけ》氏その他、勤皇諸将の忠勤を受けさせ給うた。親房は、常陸に着いて小田《おだ》城に拠り、勤皇精神の鼓舞に努めた。又、伊予にましました懐良《かねなが》親王は、更に、征西大将軍《せいせいたいしょうぐん》として九州に下らせ給い、菊池武光《きくちたけみつ》をして、鋭意賊徒の討伐に当らしめ給うたので、九州の官軍は、諸地方の中でも、最も優勢であった。

延元四年の秋深く、恐れ多くも天皇は、かりそめの御病重らせ給い、朝敵討滅・四海一統の御志を遺詔《ゆいしょう》あらせられて、遂に神さり給うた。皇太子義良親王が即位あらせられ、後村上天皇と申し上げる。やがて悲しみの年は明けて、紀元はあたかも二千年、年号は興国《こうこく》と改った。

興国三年、親房が吉野に帰り、正行もまた、ようやく成長して、京畿の官軍は活気づき、親

吉野神宮

房の智謀と正行の勇武相俟《ま》って、一時は京都に迫る勢をさえ示した。これを恐れた尊氏は、正平《しょうへい》三年（二〇〇八）、高師直《こうのもろなお》をして、大挙河内《かわち》に向かわしめ、ここに、四條畷《しじょうなわて》の激戦が展開された。かくて正行の忠孝は全うされ、大義の光後世をおおい、菊水の流れ永くかおるのを見るのである。かえらじとかねて思い出で立つ心に、父そのままの壮烈な最期さえ、今更の如くしのばれる。

四條畷の決戦に利がなく、更に正平九年、親房が賀名《あの》生《う》に薨じて後は、京畿の官軍に不振の日が続いた。かくて、正平を綴る勤皇の歴史は、主として西の方九州に繰《く》りひろげられた。即ち、懐良親王は、菊池武光・武朝《たけとも》らと共に、征西の御軍《みいくさ》を進めさせられ、正平十四年（二〇一九）、筑後川《ちくごがわ》の戦に、官軍が大勝を博して、九州全土は、一時殆ど勤皇の旗風になびくほどであった。これに比して、東国の経営は頗る困難で、新田義興《にったよしおき》が、正平十三年に武蔵の矢口でたおれて後、官軍はとみに勢力を失った。

この間、京都を根拠とする足利勢《ぜい》は、兵力の多数を誇りながらも、骨肉相食《は》み主従相争って、徒らになすところなく、世道人心《せどうじんしん》を毒《どく》するのみであった。

後村上天皇三十年の御治世の後、長慶《ちょうけい》天皇十六年、後亀山《ごかめやま》天皇十年の御代を迎える。その頃足利氏は、義詮《よしあきら》を経て義満《よしみつ》に至り、始めて部下を統制し得るようになった。ここに義満は、永く朝敵の汚名《おめい》を蒙ることを恐れ、元中《げんちゅう》九年（一〇五二）、後亀山天皇に京都還幸《かんこう》を請い奉った。畏くも天皇は、多年の戦乱による民草の憂苦《ゆうく》を憐《あわれ》ませ給う御心から、この奏請を聴許せられ、行幸の御儀《おんぎ》を以って京都に御還幸《ごかんこう》、次いで御位を後小松《ごこまつ》天皇に譲らせ給うた。

㊂興国の文学

建武中興・吉野時代を通ずる御四代《おんよんだい》約七十年は、まさに、いたましき戦乱の歴史である。しかもこれ、大義のための戦であり、兵馬倥偬《へいばこうそう》の世とはいいながら、勤皇の至誠の貫ぬくところに、文化もまた、おのずから清らかに吹きかおった。これを代表するものに、神皇正統記《じんのうしょうとうき》・新葉和歌集《しんようわかしゅう》・太平記《たいへいき》等がある。

神皇正統記は、後村上天皇に捧げ奉るため、親房が心血を注いで著した史書である。その冒《ぼう》頭《とう》に、「大日本は神国なり」と記して、先ずわが国体の万邦無比なゆえんを論じ、次いで、神代から後村上天皇に至る国史の重点を述べ、特に三種の神器による皇位継承の尊厳・絶対であることを強調して、大義の闡明に努めている。君国のためを思う親房の至誠は、全篇にみなぎり、これを千古不滅《せんこふめつ》の史書というも敢えて過言《かごん》ではない。

新葉和歌集は、宗良親王の撰ばせ給うた歌集である。後醍醐天皇・後村上天皇・長慶天皇の御製を始め奉り、元弘以後の和歌凡そ千五百首が収めてあり、中に、勤皇の赤誠、憂国の至情の吐露されたものが少くない。殊に親王の

思ひきや手も触れざりし梓弓《あずさゆみ》おきふし我が身馴《な》れむものとは

の御作《ぎょさく》は、既に学んだ「君のため世のため」の御歌《みうた》と共に、畏くも金枝玉葉《きんしぎょくよう》の御身を以って、戦塵にまみれさせ給う御日常《ごにちじょう》を、如実《にょじつ》に拝するのである。又、太平記は、後醍醐天皇・後村上

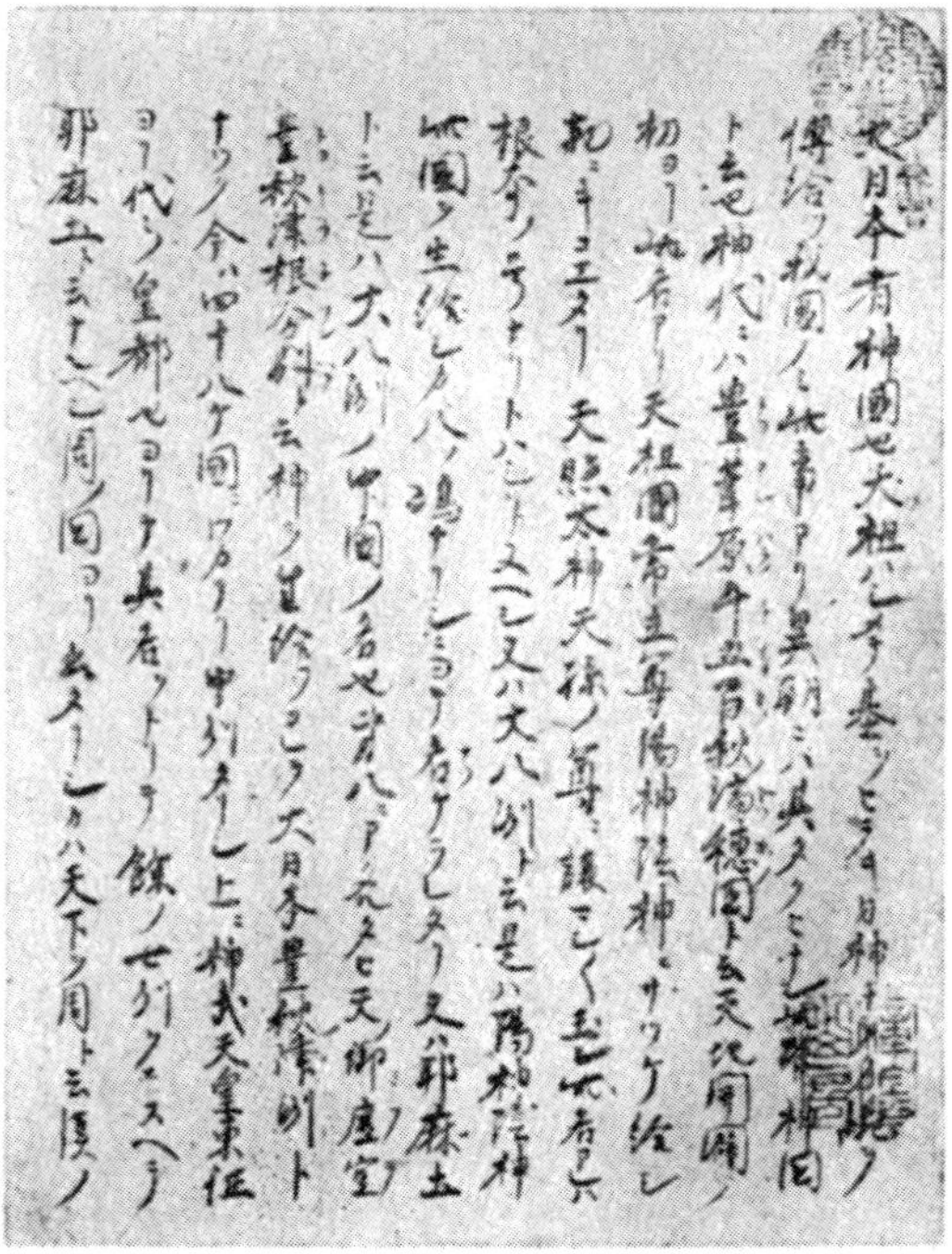

神皇正統記

天皇の御治世五十年間の軍事・世相《せそう》を描いた戦記文学で、勤皇諸将の勇戦奮闘と七生滅敵の精神とが、余すところなく写され、その後世に与えた影響は、頗る大である。

吉野勤皇の精神は、これらの文学を通して、後世特に幕末の志士を感奮興起せしめ、維新回天《かいてん》の大業の原動力となったばかりでなく、今新たに国民の心に生きて、大東亜戦下、陸に海に、はた空に、七生滅敵の精神を発揮せしめつつあるのである。

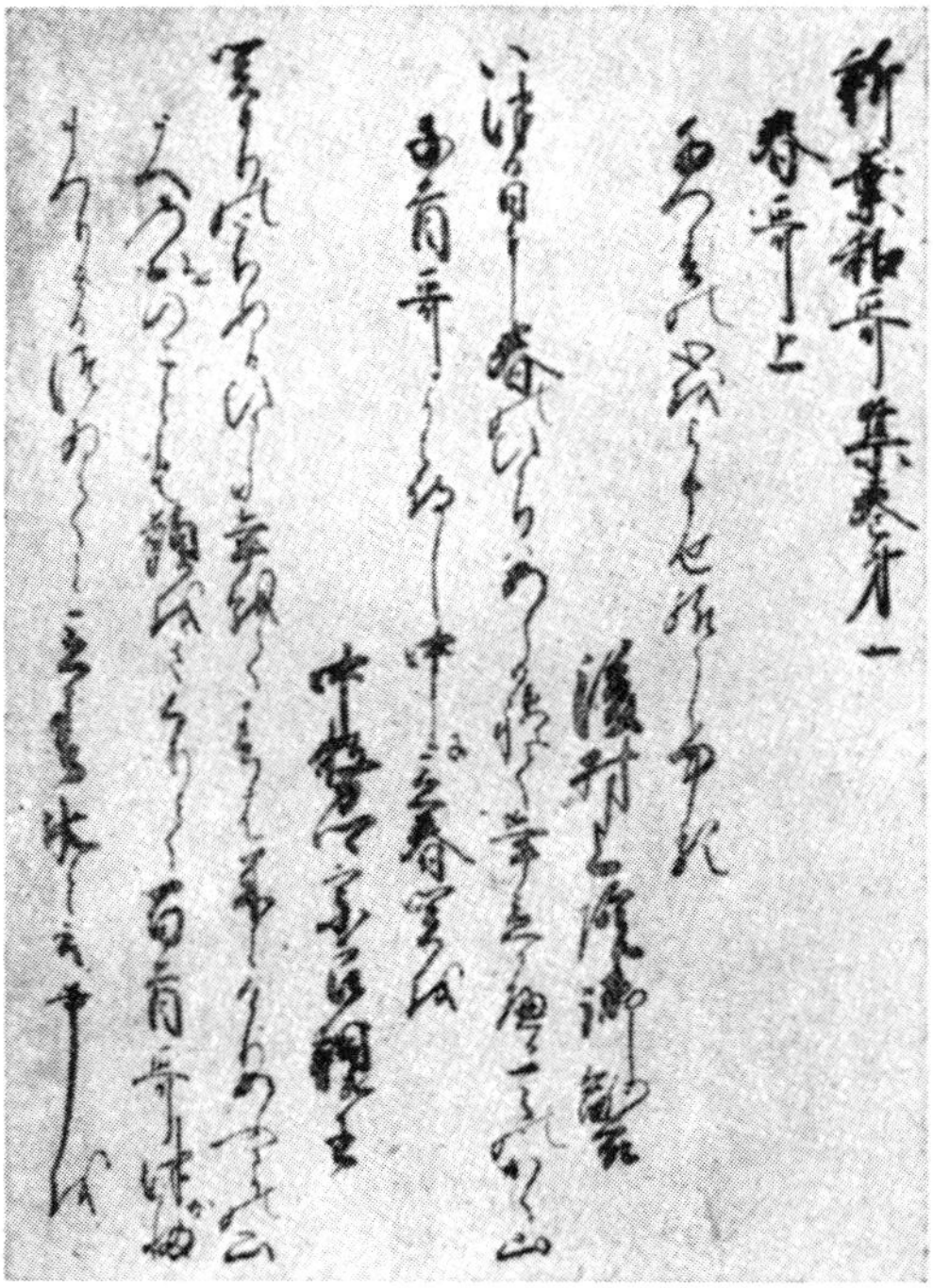

新葉和歌集

第八　室町と戦国

一　乱れゆく世

㈠室町幕府

足利尊氏は、無道にも、武力を以って吉野朝廷に抗し奉り、幾多僭上のふるまいを敢えてしたばかりか、京都を根拠として、大義に暗い武士をかたらい、天下をあざむいて、武家政治を再興した。謀反後まもなく建武式目《けんむしきもく》を作り、やがて、ほしいままに将軍を称し、四條畷の戦の翌年には、子の基氏《もとうじ》を関東管領《かんとうかんれい》として、東国を支配せしめるに至った。しかも、勢威を保つためには、常に利を以って諸将を誘い、世道人心を悪化せしめたのである。

後亀山天皇の京都還幸の御後、室町幕府の開設を見たが、成り立ちの不純な足利氏の政治に、国内の太平は望むべくもなかった。義満は、鎌倉幕府の組織をまねて、政治の形式を整えたに過ぎず、地方の治安など、殆どその地の武将に任せきりであった。しかも、幕府の首脳部を一族で固め、斯波《しば》・細川《ほそかわ》・畠山《はたけやま》三氏を管領《かんれい》として、これに施政の実権を委《ゆだ》ねた。幕府の威令が行なわれず、やがて世の中の乱れる端緒は、ここに開かれたのである。

室町の幕府

義満は、さきに中国の豪族、山名氏清《やまなうじきよ》の反乱を平げ、次いで、後亀山天皇から京都還幸の御聴許を賜《たま》わったので、自己の力を過信した。これから次第に増長して、態度は傲慢《ごうまん》となり、その生活は、武士の本領を失《しっ》して、驕《きょう》奢《しゃ》を極めるに至った。京都の室町に華美な邸宅を造った外《ほか》、日常の生活すべて公卿をまね、将軍職を退《しりぞ》いて後は、朝廷に奏請《そうせい》して、太政大臣の栄職に昇った。やがて北山《きたやま》に別荘を造り、金閣を構えて林泉《りんせん》の美を尽くし、奢侈《しゃし》風流に耽《ふけ》った。しかも、職を退きながら、なお大小の政務を決したばかりか、遂に、出入の行列を上皇になぞらえ奉る僭上をさえ、ふるまうに至った。世人は義満を公方《くぼう》と呼んだが、公方は、もと朝廷を指し奉る語であり、かくも大義の乱れたのは、まことに恐れ多いことであった。

その頃、世人の用いた「下克上《げこくじょう》」という語は、かかる世相をよく表している。将軍の専横は、部下の不遜を招き、地方の武将は、中央を顧みなくなった。自然、国民も武家の政治を信頼せず、かくて世は、次第に混乱へと向かった。

部内の結束さえできない幕府が、外国に対する態度に於いて軟弱《なんじゃく》であり、国威を傷つけるような失態が少くなかったのは、当然である。即ち義満は、明《みん》との通交を開始したが（二〇六一）、明主の要求を容れて八幡船《ばはんせん》の活躍を抑え、通商の利を、専《もっぱ》ら自己の奢侈に供した。しかも、これを続けるため、明主に臣礼《しんれい》を取るに至っては、まさに言語道断《ごんごどうだん》であり、さきに、懐良親王が明の不遜をたしなめ給うた御態度《ごたいど》を、今更の如く、尊く仰ぎ奉るのである。さすがに子の義持《よしもち》は、父の失態を恥じ、これを神慮にそむくものとして、明との通交を断《た》ったが、それも、朝野《ちょうや》の非難に省《かえり》みての、僅か十余年間の断交に過ぎなかった。

二 応仁《おうにん》前後

義持は、応永《おうえい》年間約三十年に亘って将軍職にあり、義満の没したのは、その十五年の事である。室町幕府が、ともかくも体面《たいめん》を保ち得たのは、義満・義持の二代に過ぎず、義持の晩年には、早くも破綻《はたん》を現し、関東管領との間に不和を生じた。やがて後花園《ごはなぞの》天皇の永享《えいきょう》年間、あたかも紀元二千百年前後には、これが激化して、将軍義教《よしのり》と関東管領持氏《もちうじ》との衝突となり、地方に於ける諸武将の領地争いや、その他下克上の出来事も、この頃からようやく頻繁《ひんぱん》となった。義教・持氏の不和も、持氏とその家来上杉《うえすぎ》氏との争いが原因となって起ったのであり、次いで嘉吉《かきつ》元年には、義教が、播磨の守護赤松《あかまつ》氏の所領を削《けず》ろうとして、謀殺される事件など起っている。かかる武士相互の争いが積りに積って、遂に後土御門《ごつちみかど》天皇の御代、将軍義政の時、空前の大乱が勃発するに至ったのである。

義政は、嘉吉三年に将軍職に就いたが、政治を顧みず、専ら奢侈に耽って、恐れ多くも宸襟《しんきん》を悩まし奉った。幕府の財政が苦しくなると、しきりに明に船を出して貿易の利を求め、又、国民に重税を課し、みだりに徳政令《とくせいれい》を発して、人々の生活をおびやかした。自然、諸国の豪族も、それぞれ領民に種々の重税を課し、更に飢饉《ききん》などが起って、下々《しもじも》の苦しみは増すばかりであった。しかもこの間、管領の細川氏と、さきに赤松氏の討伐に功を立てた山名氏とが、目だって勢《いきおい》を占めるに至り、両氏の対立は、日を逐《お》うて激化した。

時あたかも、諸将多年の紛争《ふんそう》は、かかる時勢を背景にして、将軍家や管領家の家督《かとく》争いと結びつき、天下は両分《りょうぶん》されて、穏かならぬ形勢を示した。応仁元年（二一二七）、先ず細川・山名両氏の間に戦端が開かれ、やがてそれぞれの味方が、全国から続々京都に馳せ集って、戦乱は、文明《ぶんめい》九年に至る十一年間の久しきに及んだ。かくて、都は一望の焼野《やけの》と化し、幕府の威信は全く地に墜《お》ちた。乱後将軍家は、山城《やましろ》一国の守護同様になり、諸将は地方に割拠して、なおも戦を続け、ここに戦国の世が始ったのである。

二　統一の気運

後土御門天皇御製

にごりゆく世を思ふにも五十鈴川すまばと神をなほたのむかな

㈠皇室と国民

戦乱の世とはいいながら、その間百年近くも、皇室の御日常が極めて御不自由《ごふじゆう》に亘らせ給うたことは、まことに恐懼《きょうく》の極みである。しかも御代々、厳として京都にましまし、畏《かしこ》くも御身の御不自由をいとわせられず、ひたすら民草の上を憐《あわれ》ませ給うた。さきに後花園天皇は、民の困苦《こんく》を思《おぼ》して、義政の奢侈を戒め給い、後土御門天皇もまた、応仁の乱中、御所《ごしょ》を出でまして行在所《あんざいしょ》に、幾たびか、世の安穏を祈らせ給うた。後柏原《ごかしわばら》天皇の御代は、御不如意《ごふにょい》最も甚だしく、即位の大礼をさえ、二十余年も延し給うほどであったが、

をさめしるわが世いかにと波風の八十島《やそしま》かけてゆく心かな

の御製に拝し奉るように、常に世の治安に御心をかけさせ給うた。次いで後奈良《ごなら》天皇も、乏し

い供御《くご》を分って近臣をいたわり給い、又、飢饉や疫病《えきびょう》流行の際には、みてずから経文を写して、天災の消滅を祈らせ給うた。更に、神宮の御修理《ごしゅうり》に御心を用いさせられるなど、数々の御事績を尊く仰ぎ奉るのである。

　戦国の兵火は、一面奢侈・遊惰《ゆうだ》の風を破り、皇室と国民との間を隔てる暗雲を払った。かくて御歴代の限りなき御恵みを拝しては、心なき武将も、踏み迷う民草も、やがて尊厳な国体に目ざめるようになった。即ち、教養の低い戦国武士で、地方下向《げこう》の公卿たちから京都の有様を聞き、奉公の誠を致そうとする者が、相次いで現れた。又、御垣《みかき》を漏《も》れる尊い御《み》あかしを拝して、京都の民草が勤皇の念に燃えたったことは、川端道喜《かわばたどうき》の供御献上によっても、これをしのぶことができる。

　かかる国民的自覚こそ、まさに、戦国の世を混乱から統一へ導く原動力であり、この気運は、後奈良天皇の天文《てんもん》年間、紀元二千二百年前後に至って、いよいよ濃厚となった。

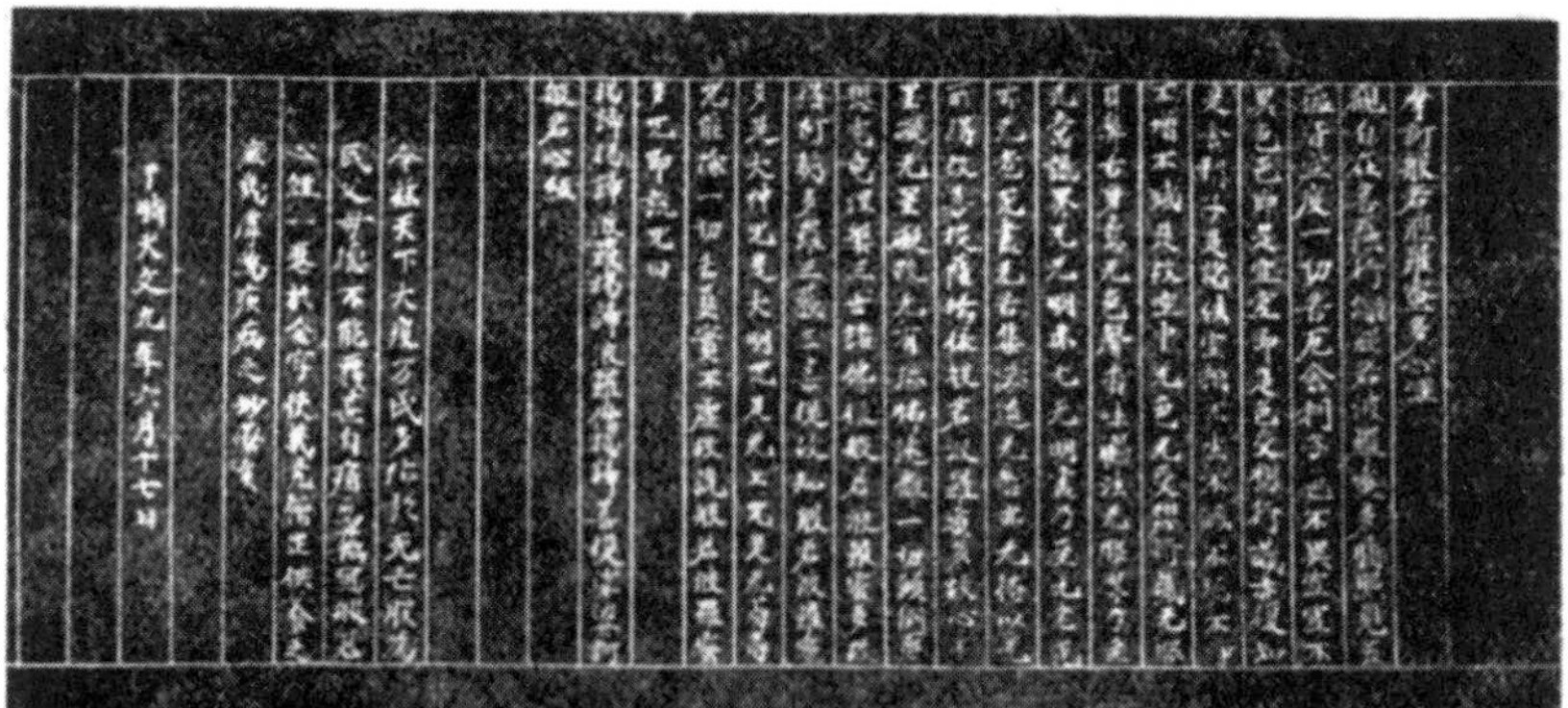

後奈良天皇の宸筆

即ち、大内義隆《おおうちよしたか》・朝倉孝景《あさくらたかかげ》・織田信秀《おだのぶひで》・今川義元《いまがわよしもと》ら諸武将が、続々御料《ごりょう》を奉献して、勤皇の赤誠を致したのは、この御代であり、又、北条氏が関東を平定して、地方統一の先駆をつとめたのも、この頃である。更に天文年間に始る欧人《おうじん》の渡来によって、海内《かいだい》統一の気運が促進《そくしん》されたことも、見落してはならない。

㈡城郭と茶室

戦国の世は、分裂から統一へ向かうかたわら、士民の生活に、幾多の新生面《しんせいめん》を開拓した。中でも城郭《じょうかく》と茶室《ちゃしつ》とは、世態《せたい》や人心の動向を表す、最も特色のあるものである。

戦国の武将は、元来地方の守護であるが、その頃既に独立・割拠して、大名と呼ばれ諸雄と称せられるほどになっていた。しかも、かれらは、所領を守り、更にこれを拡張するため、全力を挙げて戦ったのであり、各自が兵力や経済力の増強に努めたことは、いうまでもない。大内氏・毛利《もうり》氏と尼子《あまご》氏との戦が、石見銀山《いわみぎんざん》の争奪を中心に進められたことによっても、これをうかがうことができる。

かくて諸雄は、領内の民政にも意を留め、要害堅固《けんご》な城郭を築いて、戦の本陣ともし、又、政治の中心ともした。しかも、城の周囲には、部下の将士を配し、更に商工の民を集めて、物資の交易、武具その他の製作に従事せしめた。いわゆる城下町が形成されたのであり、相模《さがみ》の小田原《おだわら》、周防《すおう》の山口《やまぐち》は、それぞれ北条氏・大内氏の城下町として、早くも殷賑《いんしん》を極め、東西にその盛名《せいめい》を謳《うた》われるに至った。

更に諸雄の中には、将兵の士気を鼓舞し、施政の要点を明らかにするため、郷土の伝統を生かして、それぞれ家法《かほう》や壁書《かべがき》を作った者が少くない。ここにも地方統一の動きが見られ、早雲《そううん》二十一箇条・信玄《しんげん》百箇条・長宗我部《ちょうそかべ》元親《もとちか》百箇条・大内壁書などは、特に有名である。又、新興の都市には、城下町の外、堺のように、海外貿易によって興隆した港町《みなとまち》もあるが、都市の勃興、民心の安定と共に、交通の発達、貨幣の流通が見られるようになったことも、時代の新生面として注目に値する。

随《したが》って、戦国とはいうものの、国民生活の全般に就いて見れば、文化はむしろ興隆を示していた。教育に於いても、寺子屋《てらこや》などが興って、庶民の間に「読み」「書き」の授けられたのが、この頃からである。弓矢取る身の武士にしても、戦の寸暇《すんか》を惜しんで、連歌《れんが》や謡曲《ようきょく》を愛好し、戦塵を一服の点茶《てんちゃ》に洗う風流をたしなんだ。特に連歌は、古き伝統を保つ和歌の一体であって、

戦国の城郭

その詠法《えいほう》に新味があり、広く世に迎えられた。

古来民間に行なわれた猿楽《さるがく》・田楽《でんがく》の類《たぐい》が、能《のう》楽《がく》として大成されたのも、この頃で、これに寄与した世阿弥《ぜあみ》の功績は、特に顕著である。謡曲は、能の歌曲であるが、能楽の流行と共に、能面の製作もまた発達した。しかも、連歌・能楽等、すべて簡素の中に無限の味わいを含み、戦国の文化として、その特色を遺憾なく発揮している。

かかる風尚は、又雪舟《せっしゅう》の山水画《さんすいが》にも現れ、更にこれが、士民の日常に具現されて、茶の湯の発達となった。四畳半《よじょうはん》の茶室に無限の天地を観《かん》じ、一碗《いちわん》の茶に無窮の人生を思う茶の湯の作法は、戦国の世にふさわしい趣味であり、又、修養でもあった。

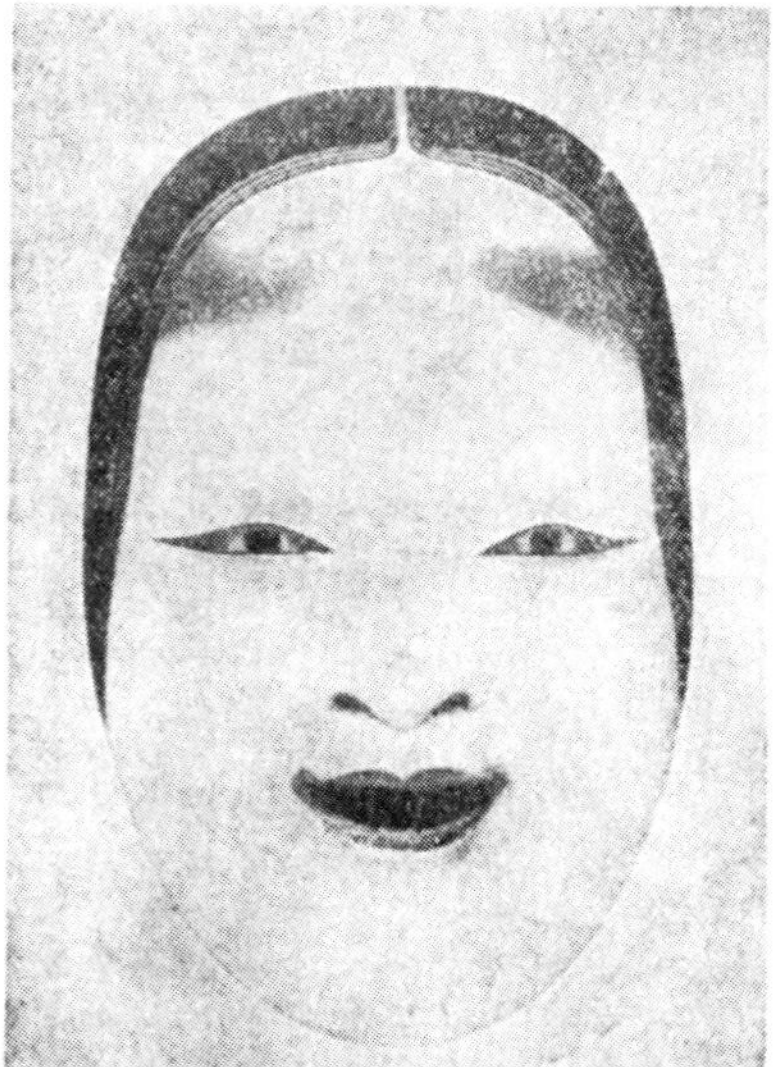
能面

住宅の建築は、公卿・武士の住居共に、禅院建築の影響を受けて、書院造《しょいんづくり》と称する様式が大成され、これが発達普及して、現在の住宅建築となった。即ち、入口に玄関《げんかん》を設け、座敷に畳をしき床の間《とこのま》を構える家の造りや、床の間に画幅《がふく》を掛け、これに香炉《こうろ》や生花《いけばな》を点ずる習わしは、概《おおむ》ねこの頃から始ったのである。茶室は庭園と共に、かかる住宅建築の更に洗煉《せんれん》されたもので、簡素の粋《すい》を集めたものといえる。その一木一石《いちぼくいっせき》をもゆるがせにしないたたずまいは、銀閣《ぎんかく》の林泉や龍安寺《りょうあんじ》の石庭《せきてい》によく示されている。

出でては必死の戦国武将も、入《い》ってはみやびに心を留めて、ひたすら文武の両道を磨き、これが陣中でのゆとりともなった。太田道灌《おおたどうかん》の和歌のたしなみや、上杉謙信《うえすぎけんしん》が能登《のと》の軍営で詩に興じたことなど、あまねく世に知られている。かかる武将の風流は、自然、城下の町人に伝わり、後に庶民の間にも弘まって、国民生活を向上せしめたのであり、現代の風俗・習慣の中には、住宅以外にも、茶の湯や生花、その他衣食の末々《すえずえ》まで、源《みなもと》をこの頃に発するものが少くない。

茶室の内部

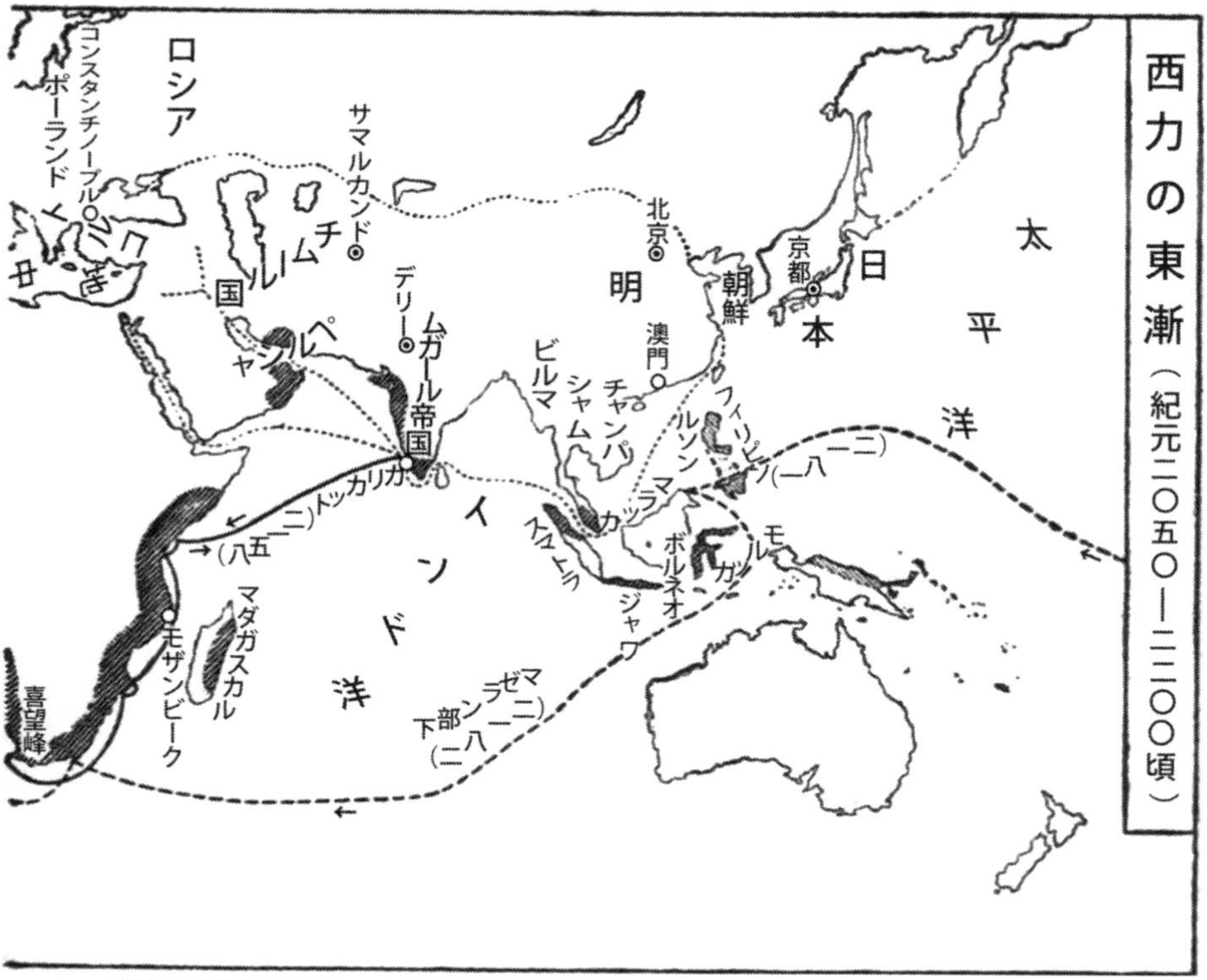

西力の東漸（紀元二〇五〇―二二〇〇頃）

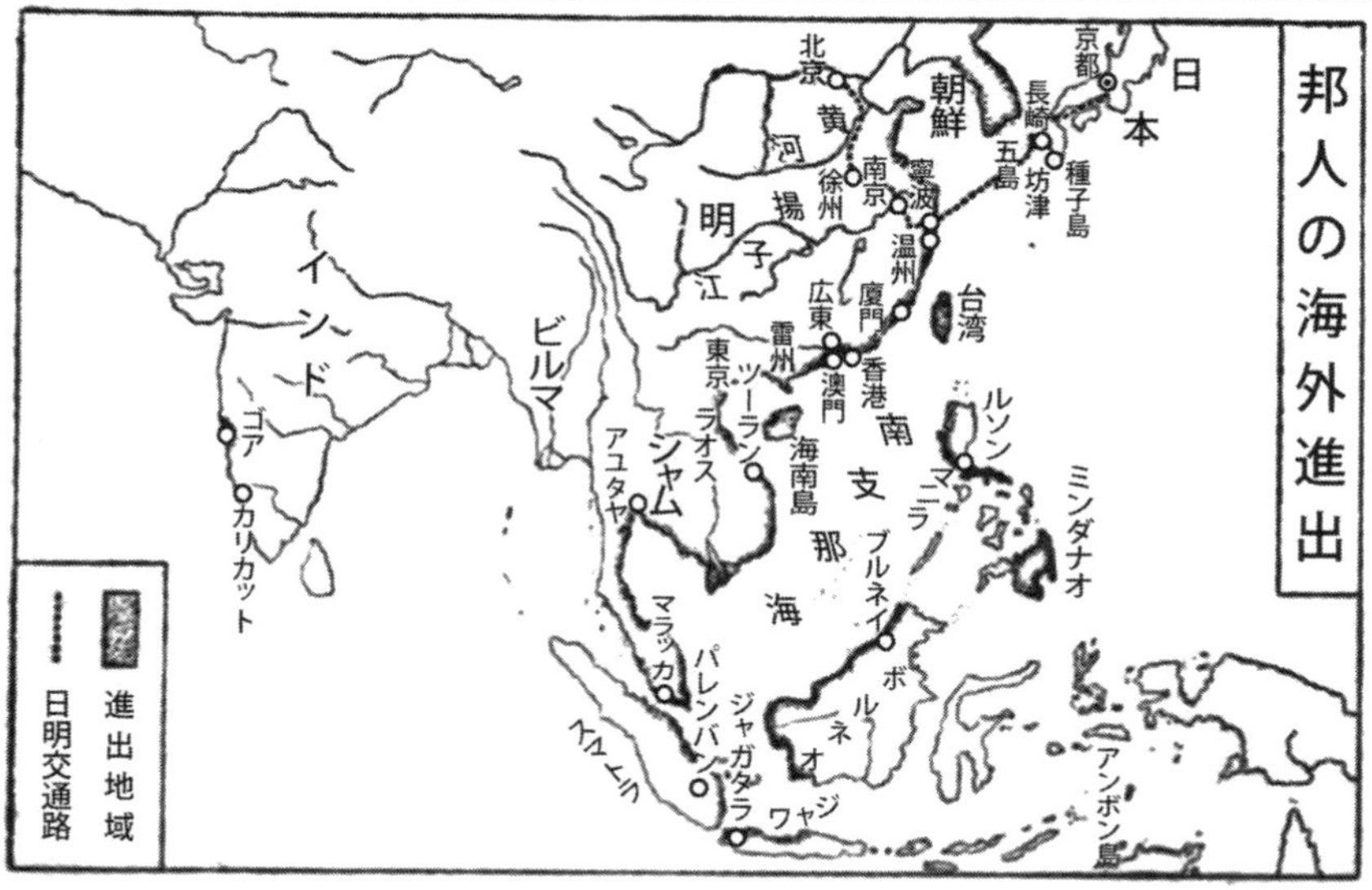

邦人の海外進出

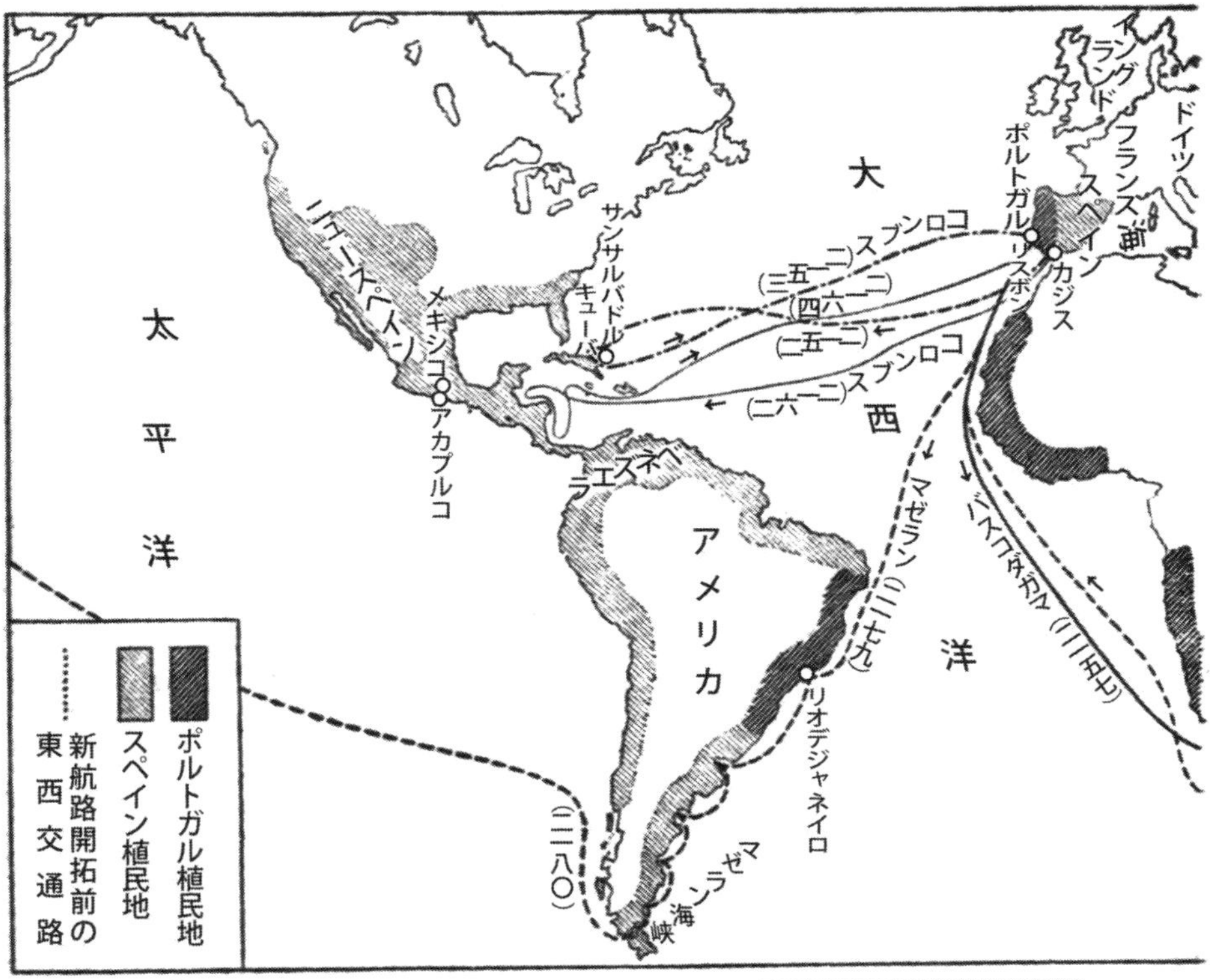

大
西
洋
太
平
洋
アメリカ
ニュースペイン
メキシコ
アカプルコ
ベネズエラ
サンサルバドル
キューバ
ポルトガル
リスボン
カジス
スペイン
フランス
ドイツ
イングランド
コロンブス（二一五二）
コロンブス（二一六二）
マゼラン（二一七九）
バスコダガマ（二一五七）
リオデジャネイロ
マゼラン海峡
（二一八〇）
ポルトガル植民地
スペイン植民地
新航路開拓前の東西交通路

当時の世界図
北支
南支
西蔵
チャンパ
ラオス
大ジャワ
小ジャワ
日本
スペイン
リビア
赤道
イギリス
ロシア
イラン
アラビア
エチオピア
マダガスカル
ベハイム作（紀元二一五二）

三　東亜の海

㈠潮路遙かに

元寇の後、わが国民殊《こと》に西海や南海の士民は、半島・大陸から遠く南洋まで、めざましい勢を以って発展し、その活躍は、以後寛永《かんえい》の鎖国に至る約三百五十年間、種々の形で継続された。中でも、元や明の人々が恐れに恐れた、わが八幡船の活躍ぶりに就いては、既に、われらの詳しく学んだところである。

かかる海外発展は、同時に国民の経済生活とも、深い関連《かんれん》をもっている。即ち、わが商工業は、海外物資や貨幣の輸入によって、次第に活発となり、かくて国内の経済が充実すると、外への発展、彼我の貿易は、更に促進されることとなった。一方、元に代った明も（二〇二八）、又、高麗に代った李《り》氏の朝鮮も（二〇五二）、わが国民の渡航に刺激《しげき》され、それぞれ経済の発展に努めた。特に、シャムや東部インド支那等、南方の各地では、潮路遙かに往来するわが国民を歓迎し、その特産物を支那や朝鮮に輸出する便りとしていたほどである。随って、東亜全体の経済的発展は、殆どわが国民に委ねられた状態であり、邦人雄飛の足跡《そくせき》は、今に幾多の遺蹟をとどめて、往時の活躍ぶりをしのばしめる。

室町幕府や周防の大内氏らは、これと又別に、主として明を相手に貿易を営んだ。かれらは、貿易のしるしに勘合符《かんごうふ》を用いたが、その勘合船に積んだ貿易品は、莫大《ばくだい》な数量に昇っている。わが輸出品は、硫黄・銅を始め、刀剣その他の武具、及び扇子《せんす》・屏風《びょうぶ》・蒔絵《まきえ》等の調度品であり、中でも、精巧な数々の工芸品は、明人の目を驚かし、特に日本刀の切れ味は、その胆《きも》を奪ったといわれる。輸入品としては、銅銭を始め、生糸・絹織物・薬品・書画等が、その主なものであった。

かくてわが国民の海外進出、特に八幡船の活躍は、東亜の諸国家・諸民族に刺激と便宜《べんぎ》とを与えて、元の滅亡後沈滞《ちんたい》した東亜の陸に海に、溌剌《はつらつ》たる気運をかもし出した。しかもこの時、かかる形勢を逆転せしめ、以来四百年の長期に亘って、アジアを雌伏《しふく》のやむなきに至らしめたものがある。世にいわゆる西力《せいりき》の東漸《とうぜん》、即ち欧人の侵略がそれである。

古来東西の交通は、小アジアを経由する陸路によって行なわれ、元帝国の出現と共に、両者の交渉は、とみに頻繁となった。ところが、元の滅亡後、わが後花園天皇の御代に、東西交通の関門、コンスタンチノープルが回教《かいきょう》国のトルコに占領されたため（二一一三）、従来の交通路は、その効力を失ってしまった。

蒔絵

かくて欧人は、東亜への執着《しゅうちゃく》、特にわが国に対するあこがれから、新たな通路を海上に求めて、直接東洋への来航を企てるに至った。欧人の日本渡航熱をあおったのは、イタリア人マルコ・ポーロの東方見聞録《とうほうけんもんろく》である。かれは、さきに元の世祖に仕えて在支十七年に及び、帰国後この書を著《あらわ》して、わが国を「黄金《おうごん》の国《くに》」として紹介《しょうかい》したのであった。しかも、わが応仁前後のヨーロッパでは、種々の新機械が発明され、中でも羅針盤《らしんばん》が航海に利用されるようになると、先ずポルトガル・スペイン両国によって、新航路の開拓が、盛んに試みられるに至った。

かくて、わが後土御門天皇の明応《めいおう》年間、イタリア人コロンブスが、スペインの援助を受け、大西洋を横断してわが国へ来る途中、たまたまアメリカ大陸に達し、又、ポルトガル人バスコ・ダ・ガマは、アフリカの南端を究《きわ》めて、インドに着いた（二一五八）。やがてスペイン人も、南アメリカを回って、フィリピンに到《いた》った。これに勢《いきお》づいた欧洲諸国は、その後、地中海には目もくれず、大西洋からインド洋・太平洋へと、わが物がおに、続々東亜に侵入し来たり、武力や宗教を用いて、資源の豊かな東亜の各地を荒し回った。これをはばむものは、僅かに、わが八幡船の勇士のみであり、それとても、幕府に忌《い》まれて、背後に有力な援助がなく、随って、本国政府の命を受けた欧人の活動に対抗し得べくもなかった。かくて東亜の天地は、空しくかれらに蚕食《さんしょく》されて行った。

諸雄の家紋

㈡鉄砲と吉利支丹《きりしたん》

羅針盤はあっても、正確な地図のない頃とて、欧人も、わが国への来航は容易でなかった。かれらが始めて種子《たねが》島《しま》に着いたのは、既に学んだように、後奈良天皇の天文十二年（二二〇三）、あたかも、国内に統一の気運が、濃厚になりつつある際の事である。利欲にさといかれら欧人も、かかるわが国の情勢を見て、あくまで慎重な態度を取り、先ず貿易を始め、次いで天主教《てんしゅきょう》を伝えた。

その頃諸雄は、いずれも上洛の機会をうかがい、関東の北条氏を始め、越後には上杉氏、甲斐《かい》には武田《たけだ》氏、尾《お》張《わり》には織田氏、中国には毛利氏、四国には長宗我部氏、九州には島津《しまづ》氏らが、それぞれ勢を振るっていた。これら諸雄は、この新兵器に着目して、直ちに製法を研究し、これが製作に努めるとともに、戦術や築城法にも改良を加えた。中でも織田信長《おだのぶなが》は、やがて正親町《おおぎまち》天皇の御代に、上洛の素志《そし》を果《はた》し（二二二八）、近畿・中部の平定を進めるや、大いに鉄砲その他の新戦術を採用し、又、統一をはばむ叡山・石山本願寺《いしやまほんがんじ》等、仏教の勢力を抑えるため、ことさら天主教に保護を加えた。天主教は、キリスト教の一派で、当時一般に吉利支丹《きりしたん》と呼ばれ、これを先ずわが国に伝えたのは（二二〇九）、スペイン人ザビエルである。その後、宣教師が続々来朝するに及び、この宗教は、時代の新気運に乗じて、忽《たちま》ち九州から近畿その他へと弘まった。スペインやポルトガルが吉利支丹をもたらしたのは、旧教《きゅうきょう》の勢力を、東亜の天地にまで広めようとするためであったが、一面、これを植民地獲得の具に供する、下心《したごころ》のあったことも見逃せない。今なお東亜の国々に、天主教の勢力があるのは、その影響である。ともあれ、九州の諸大名が、西洋の文物に心ひかれてこの宗教を信仰し、信長もまた、海内統一のため、これに保護を加えたことは、やがて国民の思想を乱し、国政をさまたげる禍根《かこん》ともなったのである。

しかも、戦国の諸雄は、先ず海内の統一を目ざしていたの

印章の三態

で、欧人の非望を見抜く明《めい》も、又、南海に孤影をさらす八幡船の悲境を顧みる余裕もなかった。かくて戦国末葉の歴史は、永禄《えいろく》から元亀《げんき》・天正《てんしょう》に亘って、信長の願いをさながらに表す「天下《てんか》布武《ふぶ》」の営みを繰りひろげた。

ひたすら聖旨の奉戴を念じて、諸雄は互にその武を競った。野戦に攻城に智と勇の限りを尽くすその間にも、敵将に塩を送って、武士道の伝統を発揮しながら、堂々たる合戦《かっせん》を続けて行った。部下の将士も、主家《しゅか》のためには身命を惜しまず、山中鹿介《やまなかしかのすけ》を始め、岡部長教《おかべながのり》・鳥居勝商《とりいかつあき》・清水宗治《しみずむねはる》等、戦国武士の誉れを残した者が少くない。国民もまた、分に応じて家業に励み、五十鈴川のほとりに祈りを捧げて、浦安の国に立ち帰る日を待ちわびたのである。

第九　安土と桃山

一　京都の復興

正親町《おおぎまち》天皇御製

　埋《うず》もれし道もたゞしきをりにあひて玉《たま》の光の世にくもりなき

㈠聖徳余光《せいとくよこう》

戦国百年混乱の世態も、御恵みのもと、士民に勤皇の自覚が起り、次第に統一の気運をかもした。やがて正親町天皇・後陽成《ごようぜい》天皇御二代の間に、織田信長・豊臣秀吉《とよとみひでよし》の忠勤によって、京都の復興が成り、国家の秩序《ちつじょ》は旧に復して、新しき世の黎明《れいめい》が訪れたのである。

統一の気運が芽生えたのは、第百五代後奈良天皇の天文の頃、紀元二千二百年前後の事である。しかし、これが熟して天下一統の実を結ぶまでには、なお多くの歳月を要した。正親町天皇御即位の当時、多年に亘《わた》る国内の争乱はなお鎮まらず、重要な朝儀も時に滞《とどこお》る御有様であった。天皇これを深く軫念《しんねん》あらせられて、朝儀の再興に御心を留めさせ給うとともに、又、朝威

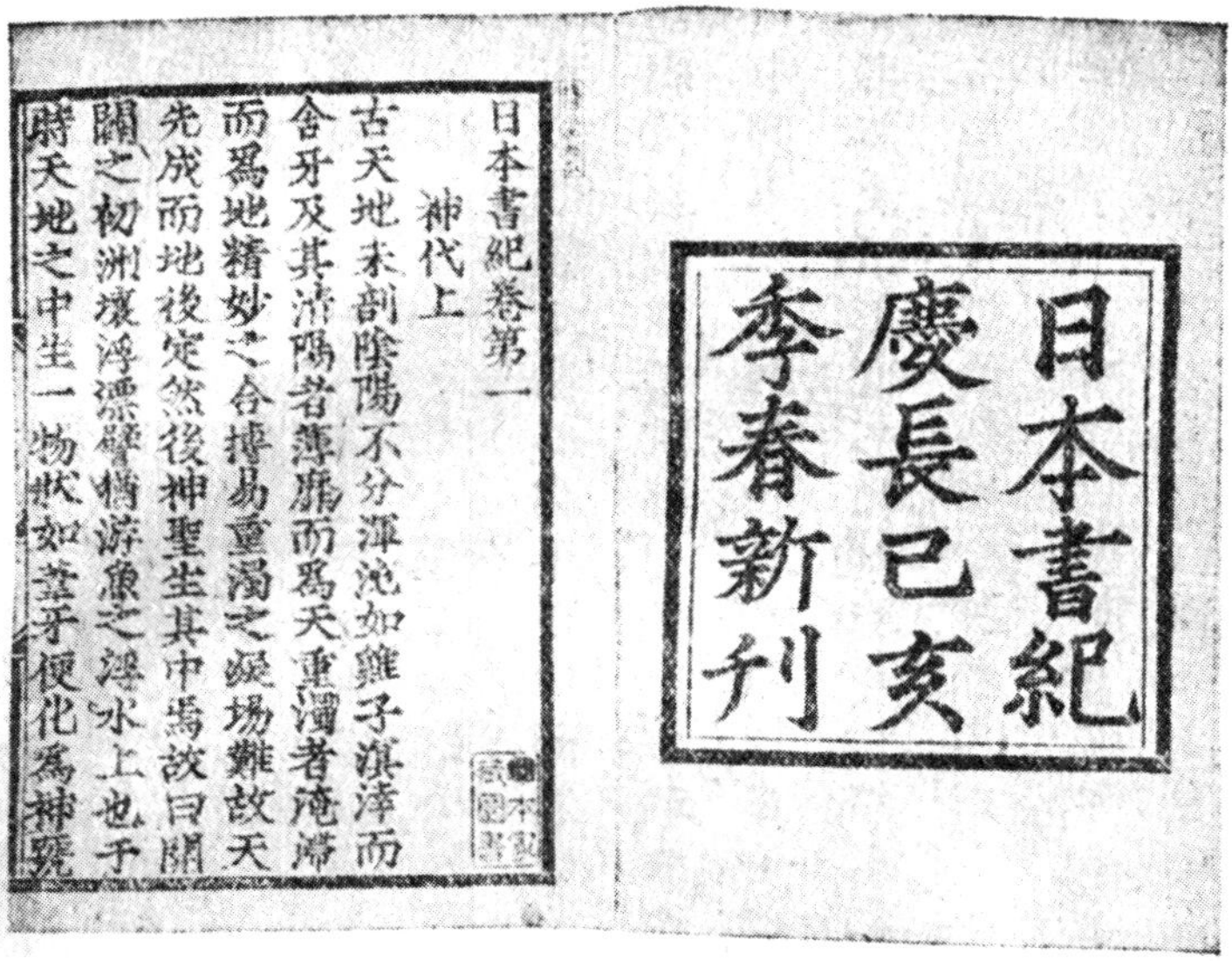

日本書紀
慶長己亥
季春新刊

日本書紀巻第一
神代上
古天地未剖陰陽不分渾沌如鷄子溟涬而含牙及其清陽者薄靡而爲天重濁者淹滯而爲地精妙之合摶易重濁之凝場難故天先成而地後定然後神聖生其中焉故曰開闢之初洲壤浮漂譬猶游魚之浮水上也于時天地之中生一物狀如葦牙便化爲神號

慶長勅版《けいちょうちょくはん》日本書紀神代巻《かみよのまき》

の振興を図《はか》らせられ、信長に勅して海内《かいだい》統一の業を進めしめられた。その間将軍足利義昭《よしあき》と信長とが不和になった際には、畏《かしこ》くも両者の和解を命じ給い、信長と大阪石山本願寺《いしやまほんがんじ》との年《とし》久しき抗争にも御心を悩《なや》ませられ、宸翰《しんかん》を賜《たも》うて、その和睦《わぼく》を成立せしめ給うた。信長の薨後《こうご》は、その遺業を継いだ秀吉を深く信任あらせられ、統一事業の進捗《しんちょく》をみそなわして、藤原氏の外に先例のない関白の職を命じ給うた。又、学問の振興にも大御心を注がせられ、清原宣賢《きよはらのぶかた》ら公卿《くぎょう》に御進講《ごしんこう》を命じ給うとともに、家学の伝統維持に厚き叡慮を寄せさせられた。

正親町天皇は、御在位二十九年にして、天正十四年、御孫後陽成天皇に譲位あらせられた。後陽成天皇また、先皇《せんのう》の御志を継がせられ、朝威振興の叡慮深くましました。御親《おんみずか》ら御撰《ぎょせん》の奥《おく》書《がき》に「神武従《よ》り百余代の周仁《かたひと》」と記し給うたことによっても、宝祚《ほうそ》の無窮を思わせ給う聖慮の深遠を拝し奉るのである。又、和漢の学や有職故実《ゆうそくこじつ》に御造詣《ごぞうけい》深くましまし、殊《こと》に敷島の道をたしなませられ、学芸の振興には一入《ひとしお》御心を留めさせ給うた。即ち、御親らしばしば朝臣に伊勢《いせ》物語《ものがたり》・源氏物語等を講じ給い、古書の出版をも行なわしめられ、慶長四年には、日本書紀の神代巻《かみよのまき》を刊行《かんこう》せしめ給うた。かくてわが近き世の教学は、皇室の御学風《ごがくふう》を仰いで、いよいよ隆盛に赴いたのである。更に、天皇もまた、秀吉に厚き御信任《ごしんにん》を寄せさせられ、破格の御殊遇を賜うた。御二代の御高徳、世を思い民草を憐《あわれ》ませ給う叡慮のほど、申すも畏き極みである。

(二)海内の統一

御稜威を仰ぎ御恵みに浴して、ここに信長・秀吉の偉業が進められる。信長は尾張に生まれ、智謀にすぐれたばかりでなく、東海の要地を占めて頗《すこぶ》る地の利を得、偉業達成の資格を備えていた。桶狭間《おけはざま》の戦に今川義元を破って、武名を天下に表すや、畏くも正親町天皇から朝威振興の大命《たいめい》を拝した。新時代の端緒《たんしょ》はここに開ける。永禄十一年（二二二八）、信長は勅を奉《ほう》じて上洛《じょうらく》し、直ちに禁裏《きんり》を修築し御料所《ごりょうしょ》を再興して、叡慮を安《やす》んじ奉るとともに、着々近畿の平定を進めた。やがて天正元年（二二三三）、室町幕府が義満以来十三代百八十年で滅亡するや、政治の実権は、名実共に信長の掌中に帰した。爾来《じらい》本能寺の変に至る十年の間に、信長は、東に武田氏を征して中部の平定を果し、西に中国征討を開始してその東部を定め、又、安土城《あづちじょう》を築いて都の護り、軍政の根城《ねじろ》とするなど、海内統一の基礎《きそ》を確立した。

秀吉が信長の遺業継承の地位を固めたのは、山崎《やまざき》の合戦で主の仇《あだ》を報い、賤岳《しずがたけ》の戦で織田氏の宿将柴田勝家《しばたかついえ》を滅してからである。ここに秀吉は、大阪城を修築して海内経略の根拠地となし、着々統一の巨歩《きょほ》を進めた。先ず徳川家康《とくがわいえやす》と小牧《こまき》・長久手《ながくて》に戦ってこれと和し、次いで長宗我部氏を降《くだ》して四国を従え、北陸を征して佐々《さっさ》・上杉両氏を抑《おさ》え、更に長駆島津氏を討って忽《たちま》ち九州を鎮定《ちんてい》した。残る関東・奥羽の地も、かの小田原長囲《ちょうい》の計《けい》に、北条氏五代の勢威を覆《くつがえ》し、伊達《だて》氏をも来《き》たり降《くだ》らしめて、ここに海内統一の偉業を完成した。時に紀元二千二百五十年、後陽成天皇の天正十八年であった。

㊂朝威の振興

応仁以来荒れるがままに打ち棄《す》てられた京都の街《まち》も、信長・秀吉の忠勤により、忽ち面目を改めた。信長の入洛《にゅうらく》に当って、京都の市民は、かの木曾義仲《きそよしなか》の例を思い、不安の念に駆《か》られた。然るに、信長の行動は極めて厳粛であり、宮門《きゅうもん》の警衛、市中の巡行、すべてその宜《よろ》しきを得たので、人々は早くも平静に帰したという。信長は又、朝儀を再興し奉り、公卿の采地《さいち》を復して、その窮乏《きゅうぼう》を救った。更に、天皇の親臨《しんりん》を仰ぎ、部将を率いて馬揃《うまぞろ》えを催し、人々に拝観せしめ

北野の大茶湯

たこともある。

秀吉もまた、その遺志を継ぎ、内宮・外宮の造進を果して、式年遷宮《しきねんせんぐう》の制を復興し奉り、聚楽第《じゅらくてい》に後陽成天皇の行幸を仰いで、尽忠《じんちゅう》の至誠を表した。更に禁裏を修補し奉り、公卿の邸宅を興し、商人を集め、西陣織《にしじんおり》を盛んにするなど、皇都の盛観を整えることに努めた。上に仕える尽忠の誠は、下を治めて愛民の心ともなる。天正十五年、秀吉が京都北野に大茶湯《おおちゃのゆ》を催し、士民貧富《ひんぷ》の別なく参加を許して、歓《かん》を尽くさしめたことは、まさに国民親睦の姿であり、ひいては、朝威の振興を示すものに外ならない。

随《したが》ってその政治は、信長・秀吉共に朝臣としての政治であり、いわゆる幕府政治ではなかった。信長は右大臣、秀吉は関白・太政大臣に任ぜられて、無上の光栄に感激し、それぞれ都に近き安土と大阪或《あるい》は伏見《ふしみ》に根拠を置いて、朝政を掌《つかさど》ったのである。しかもその政治には、時代の気運に即応すべき幾多の新施設《しせつ》が見られる。

信長は壮図《そうと》の半ばでたおれたため、その政治も限られた範囲《はんい》に行なわれたのみである。しかし、奉行《ぶぎょう》を置いて政務を掌らしめ、武将に領地を与えてその配置に苦心し、検地《けんち》即ち土地を調べて段別《たんべつ》や等級を定め、私関《しせき》を廃し道路を修理し、橋梁《きょうりょう》を架《か》して交通の発達を図り、都市を保護して商工業の勃興《ぼっこう》を促《うなが》すなど、その政策に幾多の新味を出した。秀吉の政治は、信長の遺策を継いで、これを全国的に拡大強化したものである。五大老《ごたいろう》・五奉行《ごぶぎょう》を設けて政治を輔佐《ほさ》せしめ、大名の配置を整備してその統制を強化したこと、天正から慶長《けいちょう》に亘って全国に検地を実施したこと、関所の撤廃《てっぱい》を励行《れいこう》し、一里を三十六町と定め、主要な街道に一里塚《いちりづか》を置いて交通を整備したこと、又、博多・長崎・堺・大津《おおつ》等の要地を直轄《ちょっかつ》とし、天正の大判《おおばん》・小判《こばん》を始め種々の貨幣《かへい》を鋳造《ちゅうぞう》して商工業の発達に資せしめたことなど、一つとしてそれならぬはない。その他、秀吉は、民間の刀剣・鉄砲等を没収して僧侶《そうりょ》や庶民《しょみん》の武力をそぎ、武士・町人・百姓の別を正して、生業《せいぎょう》に専念せしめた。秀吉の検地を世に天正の石直《こくなおし》と称するが、秀吉は、その際作製せしめた検地帳を禁中に奉献《ほうけん》しており、そこにも翼賛《よくさん》の至誠がうかがわれる。

二　雄心壮図

㈠東亜の経綸

国威の発揚は、国家の総力を挙げるとき、始めて豊《ゆた》かな成果を収める。秀吉は、統一事業の進むにつれ、燃《も》えさかる国民の海外発展心を代表して、東亜経綸《けいりん》の大事業を計画した。扇面《せんめん》の地図にちなんで、既《すで》に学んだ宏大《こうだい》な気宇、雄図のくさぐさがそれである。即ち、その抱負《ほうふ》は頗る雄大で、近隣の朝鮮・明はもとより、遙か南の台湾・呂宋《るそん》・インドをも従え、わが国を中心とする大東亜を建設しようと企てたのである。この頃、諸大名の中にも、海外雄飛を志す者が少くなかった。亀井茲矩《かめいこれのり》が支那浙江省《せっこうしょう》の地名を取って台州守《だいしゅうのかみ》と称し、鍋島直茂《なべしまなおしげ》が支那への転封《てんぽう》を望んだ如き、まさにその適例である。

かくて秀吉は、天正十九年に、先ずインド及び呂宋に書を送って入貢《にゅうこう》を促し、翌文禄《ぶんろく》元年、征明《せいみん》の目的を以って朝鮮に出兵した。その間の事情及び文禄・慶長の両役に於ける戦況その他、既に詳《くわ》しくこれを学んでいる。碧蹄館《へきていかん》の決戦、蔚山《うるさん》の籠城《ろうじょう》、泗川《しせん》の反撃等、思い起すも血の湧くのを覚えるが、特に注目すべきは、この間わが軍紀が極めて厳正であり、半島民に対する態度が頗る寛容であったことである。島津義弘《よしひろ》が、泗川の戦に大勝を得て凱旋《がいせん》の後、敵味方の戦死者を弔《とむら》うため、高野山に供養碑《くようひ》を建てたことの如き、実に大国民《だいこくみん》の襟度《きんど》を示したものといえ

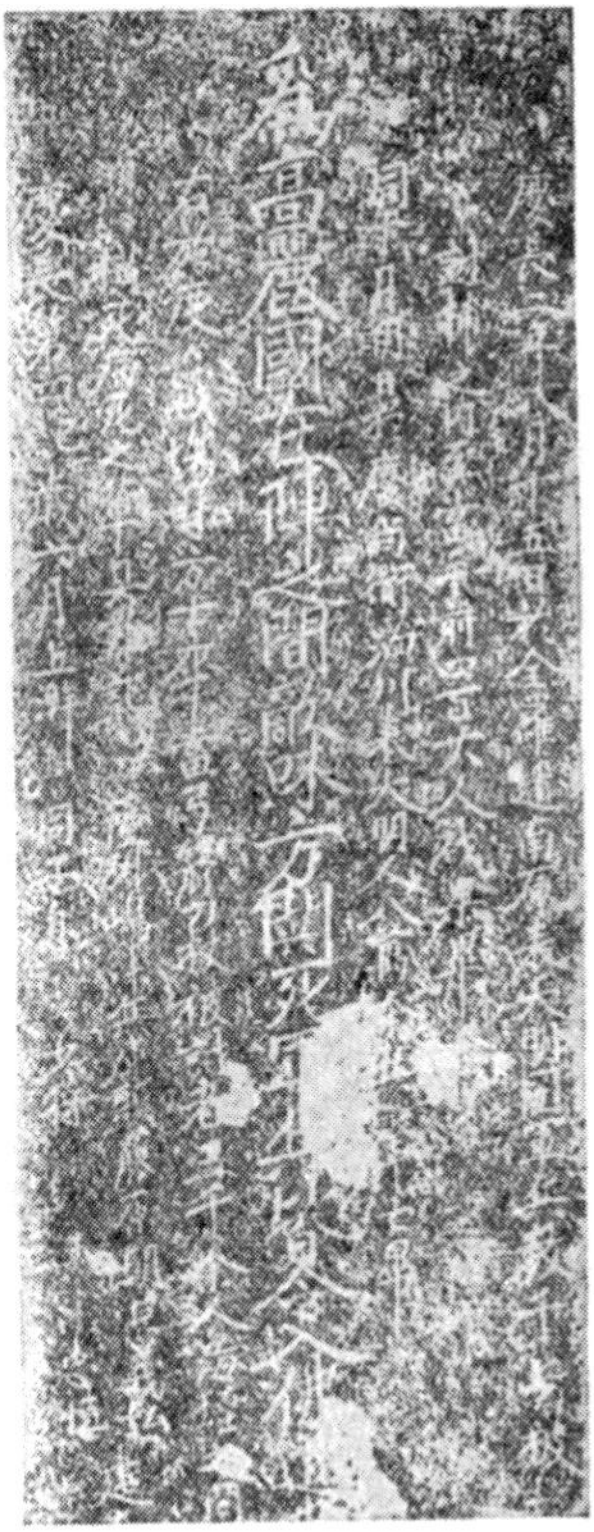

大国民の襟度

る。

前後七年に亘る朝鮮の役は、部将の確執《かくしつ》、外交の不調、秀吉の薨去等により、所期の目的を達することができなかった。しかし、その大勝は、元寇の際に得た必勝不敗の信念をいよいよ強固ならしめるとともに、国民の士気を鼓舞《こぶ》して、海外発展の雄心をますます盛んならしめた。更に、この役が東亜の形勢に及《およぼ》した影響には、甚大なものがあり、明は兵力・財力等に打撃を受けて衰運に向かい、満洲民族勃興の気運がもたらされたのである。

㊁朱印貿易

秀吉の東亜経綸窮極の目的は、東亜の諸国が、わが国を中心に有無《うむ》相通じ相睦《むつ》ぶ、いわば東亜共栄の交易圏《こうえきけん》を確立することにあった。老躯《ろうく》を提《ひっさ》げて寧波《にんぽう》に移り住もうとしたのも、ここが東亜交易の要衝《ようしょう》であったからである。神国の自覚に立って、吉利支丹を禁圧《きんあつ》しながら、南蛮《なんばん》貿易を奨励《しょうれい》したのも、交易を重視したためである。

かくて秀吉は、文禄元年、あたかも朝鮮出兵の年、朱印《しゅいん》制度を確立して、貿易を国家の統制下に置いた。即ち、海外渡航の商船に、貿易公認の証として朱印状を与えることとし、これに保護を加えて、貿易振興の道を開いたのである。博多・長崎・堺等を直轄にしたのも、これらが当時の主要な貿易港であったからに外ならない。

国民の海外発展は、八幡船《ばはんせん》の往時とは異なり、秩序と組織《そしき》とを獲得して、ここに本格的なものとなった。朝鮮に向かう軍船と呼応するかの如く、朱印の船は、東亜の海を南へ南へとおし渡った。呂宋・安南《あんなん》・シャム・インドと、ここ常夏《とこなつ》の南溟《なんめい》の地に、わが国の市場が次々と開けた。洛中洛外《らくちゅうらくがい》に皇沢は溢《あふ》れ、西辺南陲《せいへんなんすい》に国威は輝き、かつて八幡船苦闘の跡は、今朱印船活躍の基地となり、やがてこれが日本町《にほんまち》に拡大された。朱印貿易の活況や日本町殷賑《いんしん》の姿は、図南《となん》の先覚くさぐさの事蹟と共に、わが海外発展史上不滅の光を放っている。

かかる南方発展空前の盛況は、もとより秀吉の薨後、江戸初期に入っての事であるが、朱印制度を確立して、貿易振興の基《もとい》を固めた秀吉の功績また、頗る大といわなければならない。

㊂桃山文化

国内政治の刷新《さっしん》に、はた又、海外発展の雄図に示された明朗闊達《かったつ》・豪壮《ごうそう》雄大な精神は、秀吉の気宇さながらに、当時の文化にも具現されている。しかも文化の中心は、寺院を去って洛中洛外の城郭《じょうかく》に移り、建築はもとより、絵画・彫刻《ちょうこく》・工芸等、すべて城郭に付随《ふずい》して発達した。かくて、この期の文化は、世に桃山文化と呼ばれている。桃山は秀吉晩年の居住地、伏見に対する後世の称《しょう》呼《こ》であるが、ここに城郭が築かれると、その殿宇に文化の粋《すい》が集ったからである。

城郭の建築は、この期に入って技術が進み、規模《きぼ》も大となって、更に面目を一新した。しかも、海内の平定と共に、邸宅としての要素が強化され、いよいよ美観を増すこととなったのである。五層七《しち》重《え》の安土の城は、僅かに礎石《そせき》を留《とど》めるのみで、往時の偉容を知るよしもないが、城郭の壮大な規模・結構《けっこう》は、復原された大阪城に、ありありとこれをしのぶこと

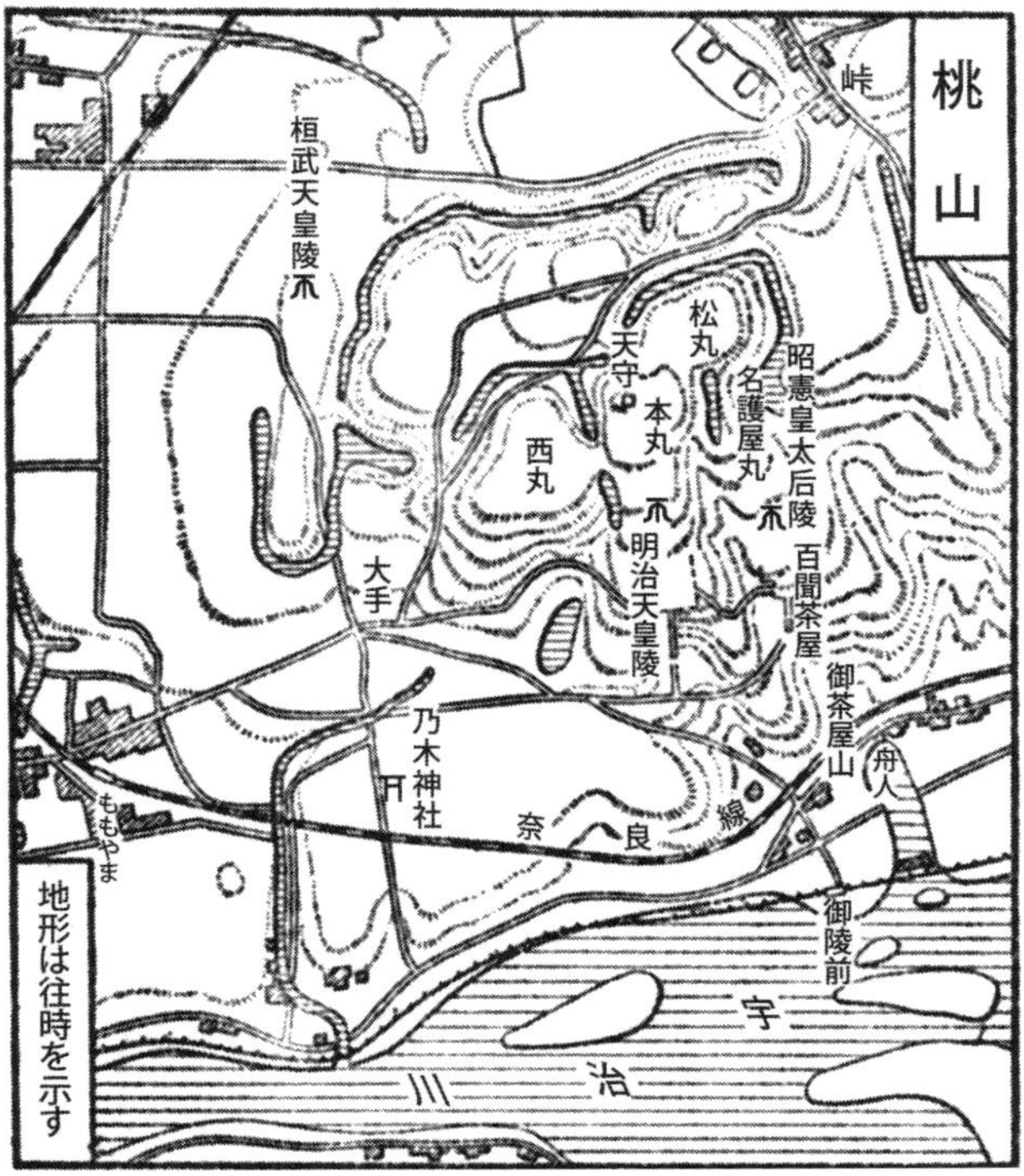

ができる。天守をめぐる殿宇の華麗《かれい》は、近畿の諸社寺に残る聚楽第・伏見城の遺構が、これを伝えている。

絵画は殿宇の襖絵《ふすまえ》として、彫刻は欄間《らんま》の装飾《そうしょく》として、共に当時の風尚《ふうしょう》を表し、多彩《たさい》と雄健とを誇っている。数々の襖絵は、永徳《えいとく》・山楽《さんらく》ら狩野派《かのうは》の巨匠《きょしょう》が腕を振るい、花鳥に山水に、溌剌《はつらつ》たる気魄《きはく》を示したが、中には、南蛮屏風《びょうぶ》・世界図屏風など、題材に新味を加えて、海外発展の気宇を反映したものもある。しかも一面、簡素の伝統もまた保たれ、能楽・茶の湯等風流の嗜《たしな》みは、士民の間に弘《ひろ》まった。茶室の建築や造庭《ぞうてい》は、小堀遠州《こぼりえんしゅう》らの名匠《めいしょう》を出しておのずから洗煉《せんれん》され、茶の湯の法式も、千利休《せんのりきゅう》によって大成された。これに伴《とも》ない、茶器・能衣裳《のういしょう》等工芸の発達を見たこと、もとよりいうまでもない。

第十　幕府と大名

一　上方《かみがた》と江戸

㈠朝廷と幕府

信長・秀吉の忠勤により、朝威の振興を仰いだのも、僅かに御二代三十余年、その後徳川家康が政権を獲《と》るに及び、又もや幕府の開設となった。家康は夙《つと》に隠然《いんぜん》たる勢力を持し、関原《せきがはら》の合戦後は、豊臣氏の威力をそいで大名統制の実権を握り、更に後陽成天皇の慶長八年（二二六三）、征夷大将軍に任ぜられて、幕府を江戸に開くに至った。

家康が幕府の本拠を江戸に置いたのは、この地が、その所領関東の要衝であるとともに、家康自身に、鎌倉幕府追慕《ついぼ》の情が存したからである。家康は、征夷大将軍の拝命と同時に、右大臣に任ぜられたが、間もなく右大臣を辞して東下したのであり、その態度は、頼朝のそれと揆《き》を一《いつ》にしている。かかる精神に発した江戸幕府は、その後、軍事を始め内政・外交の運営に、とかく専断《せんだん》をふるまい、上は朝廷に対し奉って不遜の罪を犯《おか》した。皇居を修理し、朝儀を再興し、御料を増進し奉ったその反面には、禁中並公家諸法度《きんちゅうならびにくげしょはっと》を制定し、又、所司代《しょしだい》を設けて、暗に京都を監視せしめ、更に、諸大名の入洛をさえ禁じたのである。

かくて朝廷の御日常は、申すも畏《かしこ》きことながら、極めて御不自由にわたらせられた。洛中洛外への行幸の事さえ御意《ぎょい》に任せ給わず、嵐山《あらしやま》の花は徒《いたず》らに咲き、高雄《たかお》の紅葉は空しく色づくばかりであった。京童《きょうわらべ》の口の端《は》に、のぼらぬ事も東《あずま》へは、直ちに漏《も》れる時世とて、御代々ひたすら籠居《ろうきょ》の春秋を重ねさせ給うたのである。

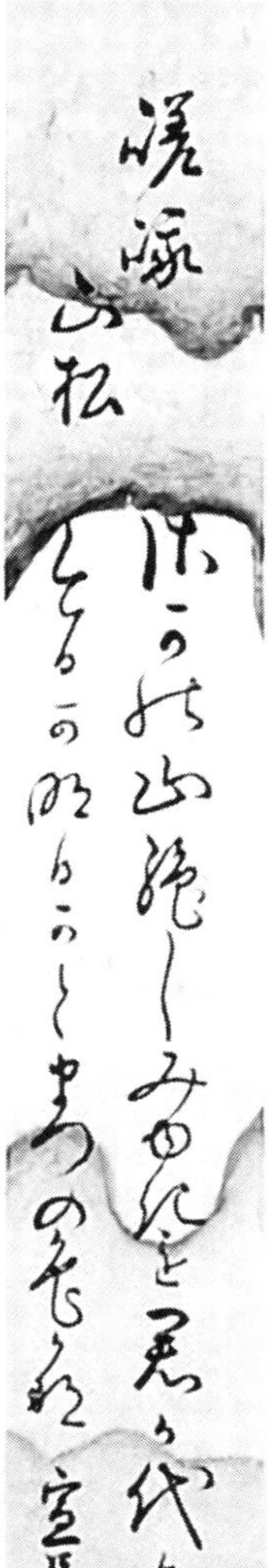
本居宣長の哀情

㈡聖慮深遠

武家専権《せんけん》のあさましき世に、畏くも御歴代の天皇は、朝政の大本たる祭祀《さいし》・朝儀を始め、改元・叙位《じょい》・任官等の公事《くじ》を親しく執《と》り行なわせられるとともに、常に朝儀の再興と文運の振興とに努めさせられ、朝威の更張《こうちょう》を図り給うた。更に、国を思い民草を憐《あわれ》ませ給う御仁慈の数々を拝し奉るに至って、恐懼《きょうく》感激おくところを知らないのである。

後陽成天皇の御《おん》のち、後水尾《ごみずのお》天皇・明正《めいしょう》天皇・後光明《ごこうみょう》天皇・後西《ごさい》天皇・霊《れい》元《げん》天皇・東山《ひがしやま》天皇・中御門《なかみかど》天皇・桜町《さくらまち》天皇・桃園《ももぞの》天皇・後桜町《ごさくらまち》天皇・後桃園《ごももぞの》天皇・光格《こうかく》天皇が次々に御位に即《つ》かせられ、仁孝《にんこう》天皇を経て、孝明《こうめい》天皇の御代に至り、幕末非常の秋《とき》に達する。その間、御歴代の天皇は、或《あるい》は国威の宣《せん》揚《よう》に、或は国体の明徴《めいちょう》に、大御心を注がせられ、又、幕府の専権を戒《いまし》め、諸大名を励まし、民草をいつくしみ給うた。殊《こと》に後水尾天皇は、

　ためしなやひとの国にも吾《わ》が国の神のさづけて絶えぬ日嗣《ひつぎ》は

と、わが国体の尊厳を詠《よ》ませられ、又、霊元天皇は、

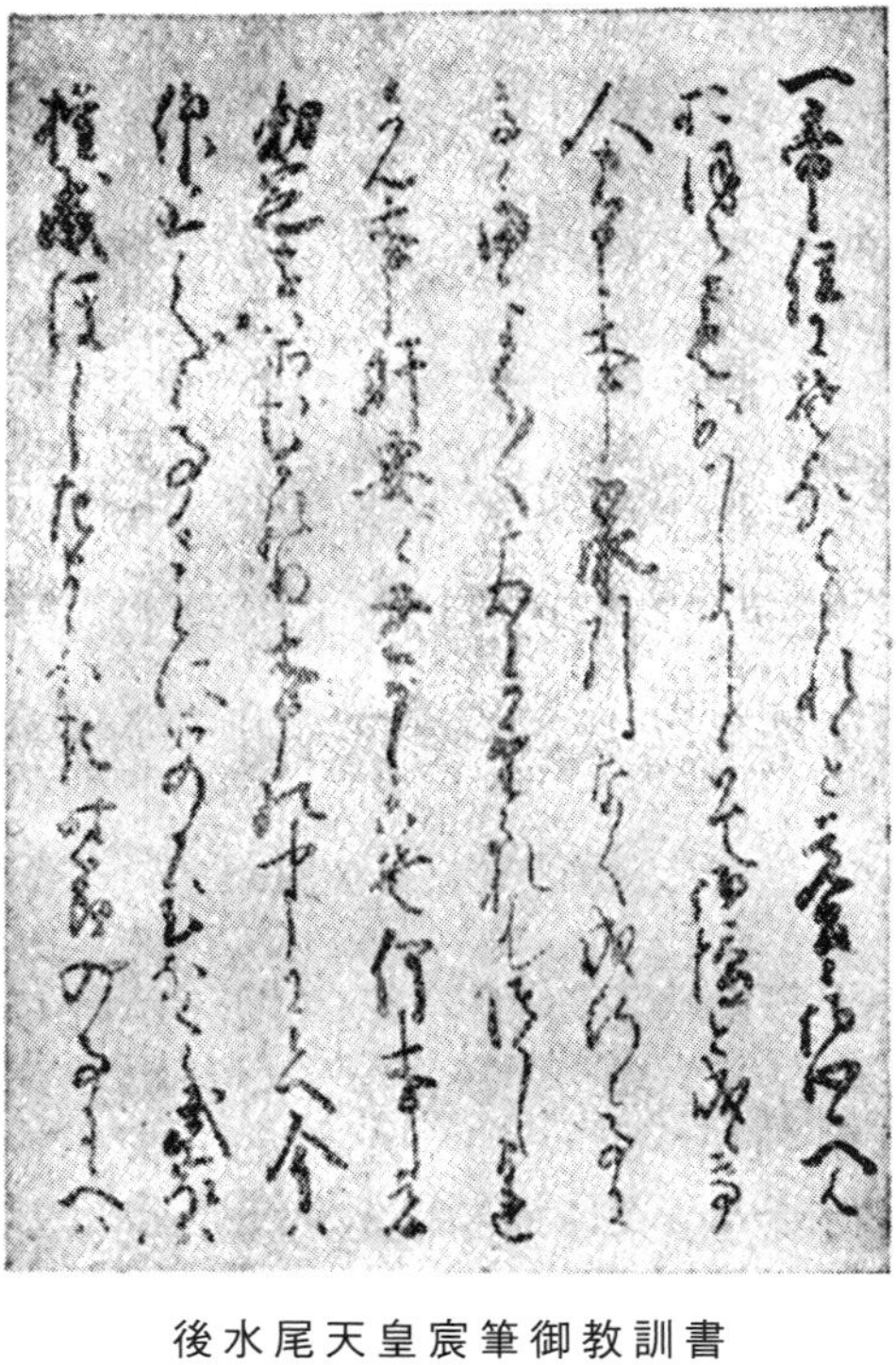

後水尾天皇宸筆御教訓書

仰ぐぞよ神の御代より世々たえずしるせる国の史《ふみ》のかしこさ

と、国史尊重《そんちょう》の思し召しを述べさせ給うた。ここにも皇室の御学風、伝統宣揚の御精神が拝せられ、尊き極みである。かくて御代々々、朝儀の復興に努め給うたことも、同じく朝威恢弘《ちょういかいこう》の叡慮に出でさせられるところと仰ぎ奉るのである。

後光明天皇は、後土御門天皇以来絶えて久しき神宮の神嘗祭奉幣《かんなめさいほうへい》の御儀を再興あらせられ、霊元天皇は、立太子《りったいし》の礼を復し給うた。次いで東山天皇は、御即位の際に、後柏原天皇の御代以来中絶せる大嘗祭《だいじょうさい》を復興せられ、桜町天皇また、元文《げんぶん》五年（二四〇〇）に、新嘗祭《にいなめさい》を復し給うた。その後、光格天皇は、賀茂《かも》・石清水両社の臨時祭を御再興《ごさいこう》になり、敬神の御心を宣《の》べさせ給うとともに、学問御振興の思し召しから、宮中に学問所の設立を計画あらせられた。御子仁孝天皇、その御志を継がせられ、次いで御孫孝明天皇が、これを学習院《がくしゅういん》として完成し給うたのである。

かかる神事・朝儀の御再興のことを漏れ承《うけたまわ》り、又、限りなき御恵みに浴して、国民は、心ひそかに朝威の伸張《しんちょう》を祈り奉った。皇室を禁裏様、禁廷《きんてい》様と仰ぎ、又、京都及びその近傍《きんぼう》を上方或は上国《じょうこく》と称して、朝廷に対し奉る敬慕《けいぼ》の情を表したのである。

㈢鎖国前後

江戸幕府の職制や政策は、家康の時にその基礎が築かれ、やがて、三代家光《いえみつ》によって完成された。その職制では、最高の重職として、大老《たいろう》・老中《ろうじゅう》・若年寄《わかどしより》の三役《さんやく》があり、大老は、常置の職ではないが、諸役《しょやく》の首位にあって幕政を統轄《とうかつ》し、老中は専《もっぱ》ら政務を掌《つかさど》り、若年寄はその輔佐役を務めた。更に老中の下には、寺社奉行《じしゃぶぎょう》・勘定奉行《かんじょうぶぎょう》・江戸町奉行《えどまちぶぎょう》が置かれ、それぞれ諸国社寺の事、幕府の財政《ざいせい》、江戸の市政を分掌《ぶんしょう》した。別に大目付《おおめつけ》・目付《めつけ》があって、それぞれ大名・旗《はた》本《もと》の監察に当った。地方に対しては、大名を封《ほう》じてその政治を委《ゆだ》ね、いわゆる封建制度《ほうけんせいど》を確立したが、枢要《すうよう》の地はすべて幕府の直轄とし、大阪・駿府《すんぷ》には城代《じょうだい》、奈良・伏見・堺・山田・長崎・日光・佐渡等の要地には奉行に置いて、庶政を掌らしめた。京都に所司代を置いたことは、既に記したところである。

かかる職制は、概《おおむ》ね秀吉の遺制を拡大強化したものであるが、江戸幕府は、更にその政策に於いても、朝廷に対し奉っての態度以外は、殆ど秀吉のそれを踏襲《とうしゅう》している。大名統制の方法はもとより、仏教・天主教に対する処置、都市・貿易に対する政策など、すべてその例に漏れない。要するに、諸政策の根本は、中央の権力を強化し、国民生活に武家中心の秩序を建設して、世々の太平を確立しようとするにあった。しかし、自己中心の江戸幕府は、幕府の存続に心をくだいて、とかく小策を弄《ろう》し、大事に際して施策《しさく》の完璧《かんぺき》を期し得なかった。幕末の失態を

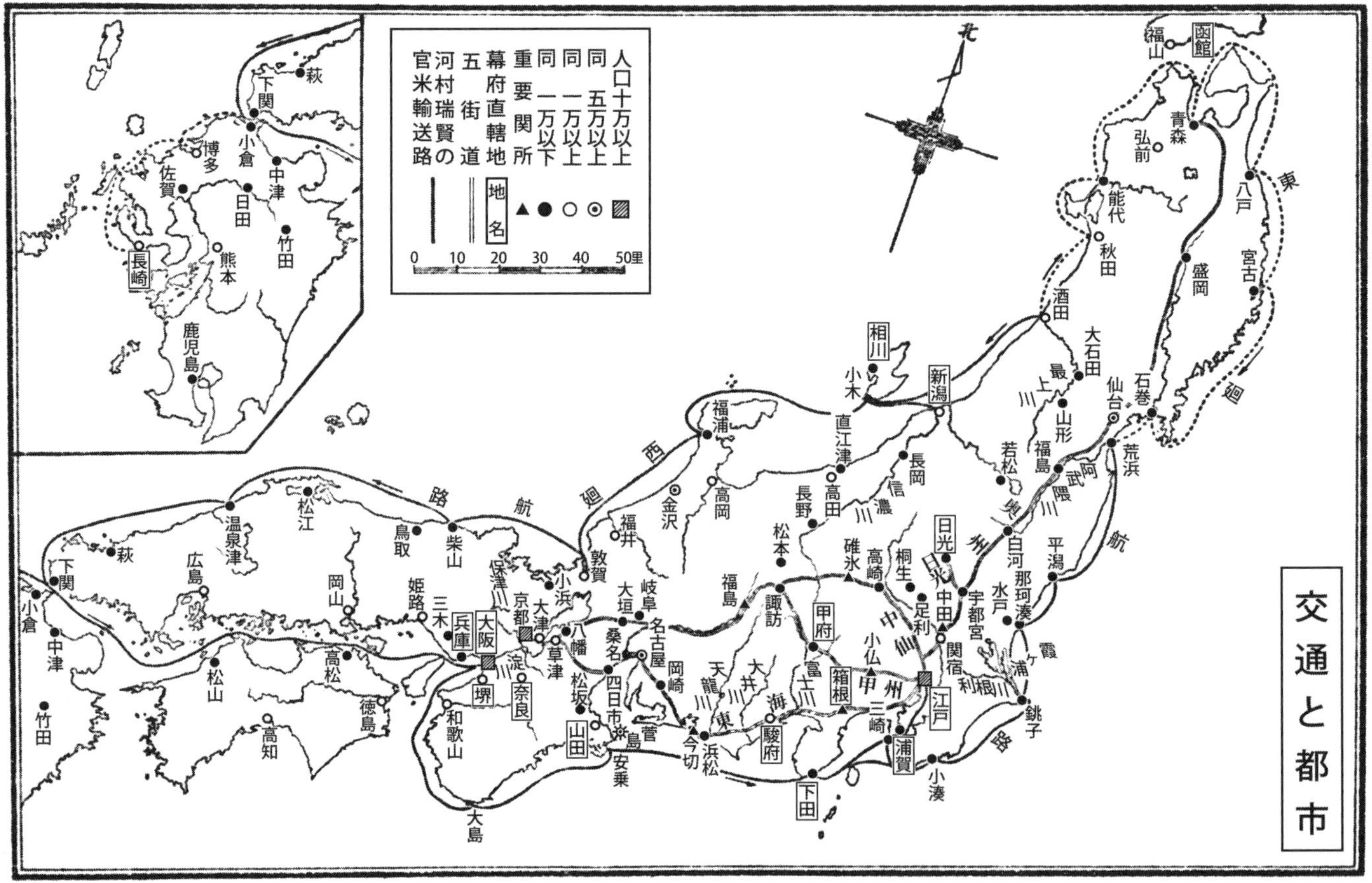
北
人口十万以上
同 五万以上
同 一万以上
同 一万以下
重要関所
幕府直轄地
五街道
河村瑞賢の
官米輸送路
地名
0 10 20 30 40 50里
東廻航路
西廻航路
函館
福山
青森
弘前
能代
八戸
秋田
盛岡
宮古
酒田
大石田
最上川
山形
仙台
石巻
荒浜
相川
小木
新潟
福浦
直江津
高田
長岡
信濃川
若松
福島
阿武隈川
奥州
白河
平潟
那珂湊
水戸
宇都宮
日光
中田
今市
足利
桐生
高崎
碓氷
関宿
利根川
霞ヶ浦
銚子
小湊
江戸
浦賀
三崎
小仏
甲州
中仙道
箱根
富士川
下田
駿府
甲府
諏訪
松本
長野
福島
大井川
天竜川
東海
浜松
今切
岡崎
名古屋
桑名
四日市
菅島
安乗
山田
松坂
岐阜
大垣
草津
八幡
大津
京都
淀
淀川
保津川
小浜
敦賀
福井
金沢
高岡
大坂
兵庫
堺
奈良
和歌山
大島
三木
姫路
柴山
鳥取
松江
温泉津
萩
下関
広島
岡山
高松
徳島
高知
松山
小倉
中津
竹田
博多
佐賀
日田
熊本
長崎
鹿児島

交通と都市

まつまでもなく、寛永の鎖国に於いて、早くもそれが見られる。

鎖国の断行は、わが国歩《こくほ》の進展に於ける重大事である。家光が敢《あ》えてこの政策を採《と》るに至ったのは、天主教の害毒《がいどく》とその背後《はいご》にある西洋諸国の領土的野心とを恐れたためであるという。しかし一面、かの元和偃武《げんなえんぶ》以来、幕府は、ひたすら徳川氏の安泰《あんたい》を期し、その対外方針が消極的になっていたため、遂に国を鎖《とざ》すに至った事情の存することを見落してはならない。

鎖国の後、二百年に及ぶ太平の世が続き、この間、経済《けいざい》に文化に著《いちじる》しい発達を見たが、その原因は、鎖国のみに存するのではない。ところが、鎖国によって、日本町が廃絶《はいぜつ》し、邦人の旺《おう》盛《せい》な海外発展心が萎縮《いしゅく》したこと、わが国が世界の進運に遅《おく》れて、国歩の進展に停滞《ていたい》を見たことは、明白な事実である。しかも幕府は、鎖国後、依然《いぜん》国内の太平をのみこれ事とし、敢えて国威発揚の手段を講ぜず、更に幕末非常の際に開国の処置を誤《あやま》り、国事専断の罪を重ねている。鎖国の得失を論ずるには、広くその前後に目を注がなければならない。

㈣世相と文化

京都は、その後、年と共に栄えて、霊元天皇の御代には、人口も五十万を越えるに至った。江戸に幕府が開かれても、八百年の伝統は更に揺るがず、御代々の学問御奨励によって、文運は先ずこの地に興った。大阪は、慶長・元和の兵火にかかって、豊臣氏と運命を共にするかに見えたが、その後幕府の手で復興され、諸大名がここに蔵屋敷《くらやしき》を設けるに及び、諸国の物資が陸続と集り、国内商業の一大中心となった。その人口も、霊元天皇の御代に至って約三十万を算《かぞ》え、文化も夙に進んでいた。

江戸の興隆は、もとより時運の致すところで、その発展は頗《すこぶ》る急速であった。明正天皇の御代には、まだ人口も二十万前後であったが、やがて京都や大阪を越え、東山天皇の元禄《げんろく》の頃には、早くも七八十万に達し、中御門天皇の御代には、約百万を算えるに至った。鐘《かね》一つ売れぬ日もなき大江戸の繁昌《はんじょう》は、その後、文化《ぶんか》・文政《ぶんせい》の頃に至って極《きわま》るのである。

京・大阪・江戸の賑《にぎ》わいは、世に三箇津《さんがのつ》の称を生んだが、この外、地方には、長崎・金沢・仙台等の港町・城下町が興って、都市の発達には著しいものがあった。参勤交代の制度や物資の輸送のため、交通もまた、水陸共に発達を見た。かくて、商業がとみに盛んとなり、商工の民は、世に町人と軽んぜられながらも、財力を以って、次第にその勢威を高めた。これに伴ない、国民特に武士・町人の生活が、ようやく文弱に流れ奢侈《しゃし》に走って、その弊《へい》は、鎖国後、早くも元禄の頃に現れ始めた。

しかし文化は、元禄の頃、なお上方に中心があって、その精神も比較的健全であった。松尾《まつお》芭蕉《ばしょう》が出て俳諧《はいかい》の革新《かくしん》を行ない、井原西鶴《いはらさいかく》・近松門左衛門《ちかまつもんざえもん》が共に大阪を根城として、それぞれ小説と戯曲《ぎきょく》に盛名を馳《は》せたのは、この頃の事である。文化・文政の頃になると、文化の中心は

芭蕉の面影

既に江戸に移って、文学などは、概ね退廃《たいはい》の色を濃くした。僅かに、滝沢馬琴《たきざわばきん》の小説や一茶《いっさ》の俳諧などに、江戸文学の面目を保った。なお与謝蕪村《よさぶそん》が俳諧や絵画で名を成したのは、これに先だつ天明《てんめい》の頃の事である。絵画は、前後を通じて幾多の名手《めいしゅ》を出した。狩野探幽《かのうたんゆう》・尾形光琳《おがたこうりん》・円山応挙《まるやまおうきょ》・田能村竹田《たのむらちくでん》らが、それぞれ特色ある画風を示し、世に迎えられた。その他、渡辺崋山《わたなべかざん》が一面憂国《ゆうこく》の学者として、司馬江漢《しばこうかん》が西洋画法の先駆者として、更に葛飾北斎《かつしかほくさい》・安藤広重《あんどうひろしげ》が異色ある浮世絵師《うきよえし》として、注目に値《あたい》する。

なお、士民の嗜好《しこう》の反映として、浄瑠璃《じょうるり》・歌舞伎《かぶき》などが発達したことも、時代の新生面であるが、当代文化の精粋《せいすい》は、これら文学・美術よりも、やがて述べる学問に見られる。

二　諸藩の治績《ちせき》

㈠大名統制

己が権勢確保のためには、朝廷に対し奉って不遜を犯し、重大国策をさえ誤る幕府である。大名に対する態度は、もとより峻厳《しゅんげん》であり、その政策は巧妙を極めた。

幕府は、先ず大名の配置に腐心《ふしん》し、近畿・関東・東海・東山《とうさん》等、枢要な地域には、親藩《しんぱん》並びに譜代《ふだい》大名を配置し、外様《とざま》大名を僻遠《へきえん》の地に封じ、且《か》つ、その間に幕府の直轄地を置いた。これ、変に備えて重要地区を固めるとともに、大小親疎《しんそ》の諸大名をして互《たがい》に牽制《けんせい》せしめ、以って幕威の伸張と反乱《はんらん》の防止とに備えたのである。又、大名勢力の均衡《きんこう》に意を用い、小禄《しょうろく》の譜代大名を幕府の要職に任じ、大禄《たいろく》の外様大名には毫《ごう》も幕政に与《あずか》らしめず、大名跋扈《ばっこ》の弊を防いだ。

大名統制策中最も巧妙を極めたのは、参勤交代の制である。即ち、この制度は、幕府の権威を世に示し、且つは諸大名の自由を拘束《こうそく》し、更に大禄の外様に財政的打撃を与えて、幕府の地位を確乎不抜《かっこふばつ》のものたらしめたのである。その他、幕府は、武家諸法度を定めて、大名間の婚姻《こんいん》を始め、築城・用兵・結党等に関する事項《じこう》を規定し、これを将軍の代るたびに発布して、大名統制の法規たらしめた。これが完成したのは家光の代であり、参勤交代制の如きも、その際に条文中に明記されるに至った。又、幕府は、諸大名にしばしば土木工事を課して、その財力の減少を図った。

江戸幕府が、諸大名に政治を委ねながらも、よく中央集権の実《じつ》を挙《あ》げ、二百六十余年の長き命脈を保ったのは、まさにこの大名統制の方法が的確且つ強力であったからである。幕末の難局に際し、勤皇諸藩の間にさえ、協調が急速に実現しなかったのも、全国の諸藩が永年《ながねん》幕府の統制に馴《な》らされていたことに、その原因の一つがある。

㈡藩の経営

藩の数は二百六十余であったが、これら諸藩は、幕府に倣《なら》って藩の職制を定め、禄を分《わか》って家臣を養い、その領地を治めた。藩政の首脳《しゅのう》部をなす者を家老《かろう》という。

藩政の振るうと否《いな》とは、単に一藩の興廃に関するばかりでなく、ひいては国家の進運にも影響する。幕府を助けてその命数《めいすう》を長《なが》からしめたものも藩であれば、善政を布《し》いて国力の充実に寄与したものもまた藩である。しかも藩政の弛張《ちちょう》は、藩主・家臣の素質や努力の如何《いかん》によって左右され、又、幕府の藩に対する態度とも少からぬ関係があった。

幕府の大名抑圧《よくあつ》は、江戸初期に於いて特に厳しかった。開府から家光の晩年に至る約五十年間に、大名の取りつぶされたものが、凡そ六十家・六百万石に及んだのに対し、その後幕末に至る約二百年間では、僅かに十六家・四十六万石であったことにも、これがうかがわれる。おのずから、江戸初期には大名が落着《おちつ》かず、その治績も、まだ十分に挙らなかった。鎖国後、幕府が世の太平に安《やす》んじて、大名統制をやや緩和するに及び、藩政また、次第に活発の度を加えたのである。

かくて諸藩は、それぞれ領内の風土や民情に応じて、鋭意藩政の充実に努めた。しかも、施政の眼目は、教学を盛んにして藩風《はんふう》を興し、産業を進めて藩の財政を充実することに存した。各藩共に、幕府の統制その他によって、経済が不如意《ふにょい》となり、概ね財政困難に陥《おちい》っていたので、これが打開の道を講ずることに、特に力を注いだのである。

㊂藩政の鑑《かがみ》

既に江戸初期に於いて、非凡な藩主も少くなかった。岡山藩主池田光政《いけだみつまさ》の如き、日夜政治に心を留め、熊沢《くまざわ》（蕃山《ばんざん》）了介《りょうかい》らを用いて閑谷学校《しずたにがっこう》を開き、善行者を顕彰《けんしょう》して領民の教化に努めるとともに、治水《ちすい》工事を成して洪水《こうずい》の害を防ぎ、備荒貯蓄《びこうちょちく》の法を講じて、不慮の災厄に備えた。又、会津藩主保科正之《ほしなまさゆき》も、夙に敬神の心に厚く、山崎闇斎《やまざきあんさい》・吉川惟足《よしかわこれたる》らの学者を招いて、藩校稽古堂《けいこどう》の教学を振興し、又、開墾《かいこん》を奨励し漆樹《しつじゅ》を植えるなど、殖産興業《しょくさんこうぎょう》にも意を用いた。なお稽古堂は、後に日新館《にっしんかん》と改り、爾来幕末に至るまで、長く藩風高揚の拠点となった。

水戸の徳川光圀《とくがわみつくに》は、寛文《かんぶん》の頃、藩主となり、大義名分論を以って鳴る水戸藩風の基礎を築い

大日本史の稿本

た。即ち、水戸学の端《たん》を開《ひら》き、大日本史の編纂《へんさん》を開始し、楠公《なんこう》の遺烈を顕彰するとともに、しばしば領内を巡《めぐ》って藩政の実情を究《きわ》め、農民の愛護、産業の振興に努めて、藩の内外から、永く義公《ぎこう》と仰がれた。加賀《かが》の藩主前田綱紀《まえだつなとし》は、後光明天皇の御代に封をつぎ、藩政を統《す》べること約七十年、その間勤倹を励行し、窮民を救い、新田の開発を奨励するなど、治績大いに挙った。殊に、文教には最も意を用い、典籍《てんせき》の保存を図り、国史・古典を研究し、楠公を始め忠臣の事蹟を顕彰して、風教《ふうきょう》の振作に努めた。

やがて、江戸の中頃から、諸藩また、幕府と同じく財政の不調に悩むに至り、これを打開しようとして、藩政はますます磨《みが》かれ、幾多の名藩主が現れた。中でも注目すべきは、熊本藩主細川重賢《ほそかわしげかた》と米沢藩主上杉治憲《うえすぎはるのり》とである。

重賢は、延享《えんきょう》四年（二四〇七）、封をついだが当時熊本藩の財政は極度に窮乏し、士気また全く沈滞していた。ここに重賢は、約四十年の間、孜々《しし》として藩政の再建に努め、人材を登用《とうよう》して士気を鼓舞し、藩校時習館《じしゅうかん》を設けて文武両道を錬磨《れんま》せしめた。又、率先《そっせん》勤倹の範を示し、養蚕《ようさん》・植林等を盛んにし、製紙・機織の業を興すとともに、租税《そぜい》を減じ、刑律《けいりつ》を改め、領民をいつくしんだので、その善政は銀《ぎん》台公《だいこう》の名と共に、広く世にたたえられた。治憲は、明和《めいわ》四年（二四二七）から約二十年間、藩主として治績を挙げ、退隠《たいいん》後、鷹山《ようざん》と号して、なお藩政に与ること、三十八年の久しきに及んだ。当時、米沢藩もまた、財政の困難甚だしく、しかも奢侈の風が行なわれていた。治憲は、この難局を打開するため、率先垂範、極度の節約を行ない、一方、米穀《べいこく》の増産を図り、養蚕・機織を奨励して米沢織《よねざわおり》の声価《せいか》を高め、漆器・製紙の業を盛んにして、着々財政を立て直した。更に、備荒貯蓄を実行したため、その後飢饉《ききん》の際にも、

葉隠

領内に一人の餓死者《がししや》さえ出さなかったという。又、細井平洲《ほそいへいしゆう》を招いて藩校興譲館《こうじようかん》を開き、文武両道を奨励して風俗を正し、細川重賢と共に、東西にその盛名をうたわれたのである。

これら名藩主の治績は、その及ぶところ、一国一城の小範囲に限られてはいても、精神に於いては、まさに国家の経綸と相通ずるものがあり、しかも、今なお各地にその遺風を伝えて、民力の涵養《かんよう》に少からぬ寄与《きよ》をしている。

又、家臣にその人を得て、藩風の発揚、藩政の振興を果した例も少くない。播州《ばんしゆう》赤穂浪士の義挙や佐賀鍋島《なべしま》の葉隠武士道《はがくれぶしどう》などがそれであり、更に、土佐藩が野中兼山《のなかけんざん》を用いて、開墾・治水・築港に力を注ぎ、山林開発に関する制度を設けて災厄の防止を図ったことの如き、まさにその適例である。

㈣幕末の雄藩

幕末の藩政にも、注目すべきものがある。幕府では、老中水野忠邦《みずのただくに》の、いわゆる天保《てんぽう》の改革が失敗に帰し、又、諸藩も概ね財政の困難にあえいでいたが、中には、施政宜しきを得て、他日雄飛の素地を築いた者がないではない。薩摩・水戸・長門等の諸藩がそれである。

薩摩藩に於いては、藩主島津重豪《しまづしげひで》が、天明七年（二四四七）封を子に譲《ゆず》って後、なお藩政を左右し、財政の改革に着手した。即ち、士風を振起し、殖産興業に努めるとともに、巨費《きよひ》を投じて造船の事業を興し、琉球との貿易を盛んにした。その結果、経費がかさんで、一時財政の逼迫《ひっぱく》を来たしたが、人材を登用して、これが打開の道を講ぜしめ、且つ砂糖を藩の専売にして巨利を博した。かくて天保の末葉《まつよう》には、藩の財政も立ち直るに至った。

水戸藩では、文政十二年（二四八九）、斉昭《なりあき》が封をつぐや、藩政の改革を始めた。即ち、藤《ふじ》田東湖《たとうこ》・会沢正志斎《あいざわせいしさい》らを用いて、士民の窮乏に対処するとともに、改革の重点を富国・強兵・教育の三事に置いた。特に、近海の防備を重視し、天保の末葉から海防掛《かいぼうがかり》を置き、反射炉《はんしゃろ》を設け砲台を築いて、有事の際に備えた。水戸藩が、尊皇攘夷《じょうい》の先達《せんだつ》となり得たのは、かかる経営の賜物《たまもの》である。

長門藩は、天保八年（二四九七）、毛利敬親《もうりたかちか》が封をついだ頃、巨額《きょがく》の負債《ふさい》と風水害とのため、財政の逼迫その極《きょく》に達した。よって敬親は、範を示して倹約を励行し、村田清風《むらたせいふう》を挙げて、財政の再建に当らしめた。又、藩校明倫館《めいりんかん》に於いて大いに文武を奨励し、士気の振作と武備の充実とに力を注いだ。

幕府が再三の改革に失敗したのに対し、これら雄藩が藩政改革の功を収めたことは、やがて維新の風雲に際し、よく藩の実力を発揮して、回天の大業を翼賛し奉る素地となった。その他、石見津和野《いわみつわの》の城主亀井茲監《かめいこれみ》の治績も、幕末に於ける藩政の顕著《けんちょ》なものとして、特筆に値する。茲監は、夙に国学者大国隆正《おおくにたかまさ》を用いて、神《かん》ながらの道を宣揚し、祭政一致の精神を体《たい》して藩政に当った。やがて王政復古《おうせいふっこ》となるや、主従共に召されて朝廷に仕え、神祇官《じんぎかん》再興の事に功績を表したのである。

受次いで国のつかさの身となればわすするまじきは民の父母

上杉治憲

第十一　伝統の発揚

一　尊皇思想

㈠儒学の興隆

幕府専権の世とはいえ、国体の尊厳は絶対である。御恵みのもと、国民の生活には、やがて正しき道が開かれ、皇国の伝統は、あざやかに発揚された。皇室の御奨学《ごしょうがく》は申すも畏《かしこ》し、幕府・諸藩の奨励によって、もろもろの学問が興り、これが醇化《じゅんか》されて、或《あるい》は尊皇の思想をはぐくみ、或は経世《けいせい》の知識を深めたことに、それが見られる。

諸学振興の先駆をなしたものは儒学《じゅがく》である。儒学は、林羅山《はやしらざん》が家康に用いられて幕府の儒官となり、朱子学《しゅしがく》勃興の端を開いて以来、次第に隆運に向かった。その後寛永から元禄の頃にかけて、上方に江戸に多くの儒者が現れ、学派も朱子学の外、陽明学《ようめいがく》・古学《こがく》・古文辞学《こぶんじがく》等の諸派を生じて、空前の活況を呈した。中でも隆盛を極めたのは朱子学で、幕府の保護を得て、その勢力を誇った。木下順庵《きのしたじゅんあん》・新井白石《あらいはくせき》・室鳩巣《むろきゅうそう》らは、この派に属する。

これに対し、寛永の頃、近江の中江藤樹《なかえとうじゅ》は、陽明学を唱えて知行合一《ちぎょうごういつ》・実践躬行《じっせんきゅうこう》を説き、学徳並びすぐれて、近江聖人とたたえられた。かの熊沢了介《くまざわりょうかい》は、その門弟である。又、寛文《かんぶん》の頃、京都の伊藤仁斎《いとうじんさい》は、朱子学に反対して古学を創唱《そうしょう》し、孔子の古道に復《かえ》って儒学の根本を究明すべきことを説き、その子東涯《とうがい》と共に、多くの門人《もんじん》を養成した。その頃江戸では、荻生徂徠《おぎゅうそらい》が現れ、古学の一派、古文辞学を開いた。

かくて儒学が盛んになると、その影響は民間にも及んだ。元禄の頃、貝原益軒《かいばらえきけん》は、儒学の教えを平易に説いて庶民の教化に資し、更に享保《きょうほう》の頃には、京都に石田梅巌《いしだばいがん》が現れ、儒学に神道や仏教を加味して心学《しんがく》を創《はじ》め、庶民教育の普及《ふきゅう》に寄与した。

かかる儒学の隆盛は、一面、種々の弊害を生じた。儒者の中には、支那崇拝《すうはい》に傾く者が少くなく、甚だしきは、皇国の尊厳を忘れて、わが道徳の根本を誤る者さえ現れたのである。

㊁国体の自覚

しかし、わが国体は尊厳無比である。かかる自覚のもとに、儒学の醇化を企て、更に尊皇思想を鼓吹《こすい》する者が、早くも元禄前後から現れ始めた。山崎闇斎と山鹿素行《やまがそこう》こそ、まさにその人である。

闇斎は、朱子学を究めて後に垂加神道《すいかしんとう》を創め、君臣の大義を説き、尊皇斥覇《そんのうせきは》を唱えて、国体観念の闡明《せんめい》に努めた。孔子《こうし》や孟子《もうし》がわが国に攻め来たるとしても、これを撃攘することが大義であると力説している。その学統は、世に崎門学派《きもんがくは》と称せられ、門下に、浅見絅斎《あさみけいさい》・佐藤直《さとうなお》方《かた》・三宅尚斎《みやけしょうさい》らの英才を出した。素行は、寛文年間に中朝事実《ちゅうちょうじじつ》を著《あらわ》し、わが国を中朝として、儒者の支那崇拝を斥《しりぞ》けるとともに、皇統の無窮をたたえ、日本文化の優秀性を強調して、わが国体の万邦無比なるゆえんを明らかにした。又、兵学に長じた外、武士道に対しても適正な見解を持し、その淵源《えんげん》を上古に求めて、忠義の根本を闡明した。

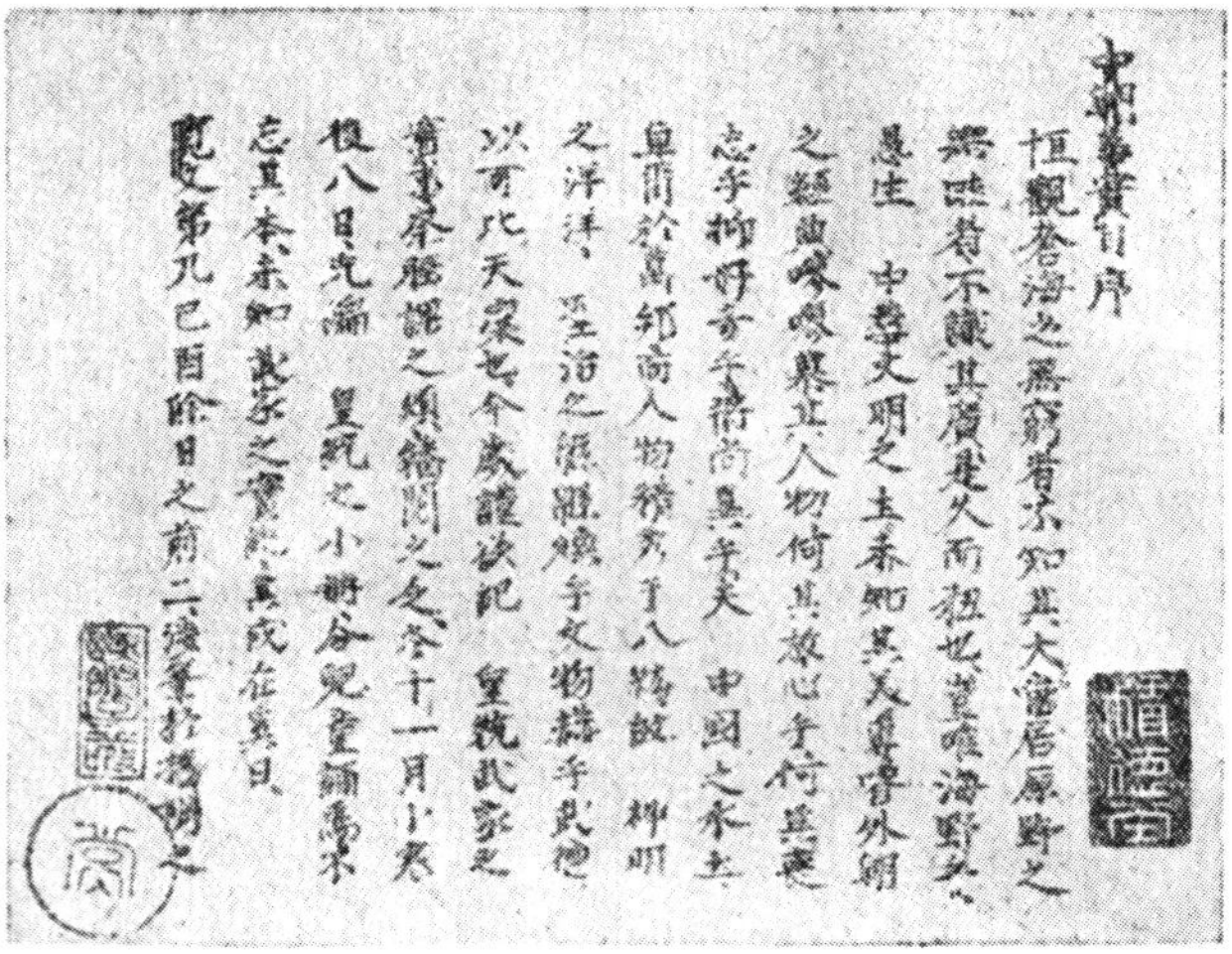
中朝事實自序
恒覩蒼海之無窮者不知其大常居原野之
無畦者不識其廣是久而狃也豈唯海野乎
愚生　中華文明之土未知其美專嗜外朝
之經典嘐嘐慕其人物何其放心乎何其喪
志乎抑好奇乎將尚異乎夫　中國之水土
卓爾於萬邦而人物精秀于八紘故　神明
之洋洋　聖治之綿綿煥乎文物赫乎武德
以可比天壤也今歲謹紀　皇統武家之
實事[illegible]之頒[illegible]之冬十一月小寒
後八日先編　皇統之小冊令兒童誦焉不
忘其本[illegible]
寛文第九己酉除日之前二日[illegible]

中朝事実

なお闇斎の修めた朱子学は、江戸のそれとは異なり、いわゆる南学《なんがく》であった。南学は、その源を天文の頃に発し、江戸初期に入って谷時中《たにじちゅう》の大成したものである。かの野中兼山もまた、闇斎と共に、時中の門弟であり、その後南学には、谷秦山《じんざん》の如き逸材《いつざい》を出した。又、闇斎の思想を最もよく承《う》け継いだのは、浅見絅斎である。絅斎は、尊皇の志厚く、幕府を忌《い》んで終世《しゅうせい》関東の地を踏まず、貧困《ひんこん》に甘《あま》んじて大名に仕えず、刀の鐔《つば》に「赤心報国《せきしんほうこく》」の四字を刻んで座右《ざゆう》の銘《めい》とし、又、常に楠公の忠烈を敬慕していた。

元禄元年、靖献遺言《せいけんいげん》を著して忠孝節義の観念を鼓吹したが、この書が幕末の志士に与えた影響には、甚大なものがある。その門下には、三宅観瀾《みやけかんらん》が現れ、同じ崎門学派の栗山潜鋒と共に、水戸藩に招かれて、大日本史の編纂に従事し、水戸学の勃興に寄与した。

㊂国学の成立

儒学は、国体の自覚によって醇化され、国体観念は、国史の研究によって、ますます深められた。素行や潜鋒は、それぞれ中朝事実・保建大記を著すことによって自己の学問を磨き、水戸学は、大日本史の編纂と共に発達したのである。しかも当時、国史の重点と目されたのは、吉野時代特に楠公の事蹟であり、この着眼が又、尊皇思想の発展に甚大な影響を及《およぼ》した。光圀が意を用いたのは、まさにこの点であり、三宅観瀾が中興鑑言《ちゅうこうかんげん》を著したのも、同じ意図に基づいている。かくて国史に対する関心が高まり、国体観念がいよいよ深まると、わが国の古典・古

春満

真淵

語を通して、皇国独自の精神を究めようとする学問が興るに至った。即ち、国学の勃興である。

既に元禄の頃、大阪の僧契沖《けいちゅう》は、光圀の依頼に応じて万葉代《まんようだい》匠記《しょうき》を著し、大いに古典・古語の研究を進めた。やがて享保の頃、荷田春満《かだのあずままろ》が現れ、古典の研究による古道《こどう》の闡明を提唱《ていしょう》し、儒学の流行に反発《はんぱつ》して、皇国学の基礎を築いた。その門人、賀《か》茂真淵《ものまぶち》は、万葉考《まんようこう》・祝詞考《のりとこう》・国意考《こくいこう》を著して、皇国の尊厳、上古の淳風《じゅんぷう》を鼓吹するとともに、古道闡明の準備として、ひたすら万葉集による古語の研究にいそしみ、更に古事記の研究に関心を寄せながらも、これを果さずして没した。かくて、その遺業を継ぎ国学を大成したのが、本居宣長《もとおりのりなが》である。

宣長は、明和元年（二四二四）より古事記伝の稿《こう》を起し、精《せい》励《れい》まさに三十余年、鈴《すず》の音に心のつかれを癒《いや》しつつ、寛政《かんせい》十年、遂にこれを完成した。その他、直毘霊《なおびのみたま》・玉《たま》くしげ・玉勝間《たまかつま》・初《うい》山踏《やまぶみ》等、幾多の著作により、漢意《からごころ》を排《はい》して大和心《やまとごころ》の根本を明らかにし、神《かん》ながらの道を説いて、尊皇敬神の精神を鼓吹した。皇国《みくに》まなびの大道《だいどう》ここに開け、その門弟は、全国に亘って五百を

宣長

篤胤

算えた。中でも有名なのは、没後の門人、平田篤胤《ひらたあつたね》である。

篤胤は、深く神道を究め、文化六年（二四六九）、古道大意《こどうたいい》を著して、国体の尊厳、国土の優秀性を説くとともに、古代史を始め国体・神道・古典・制度等に関する多くの著述《ちょじゅつ》を遺《のこ》し、且つ、キリスト教の教義や地動説《ちどうせつ》にも通じていた。しかも、その国体観念に根ざす熱烈な尊皇精神は、溌剌たる言説を通して、幕末の人心に多大の感化を及し、門下には、大国隆正《おおくにたかまさ》・鈴木《すずき》重胤《しげたね》・佐藤信淵《さとうのぶひろ》らの逸材を出した。なお、篤胤と同じ頃、別系統の塙保己一《はなわほきいち》が、江戸に和学講談所《わがくこうだんしょ》を設け群書類従《ぐんしょるいじゅう》を編纂して、国学の発達に貢献したことや、やや後れて、土佐の鹿持雅澄《かもちまさずみ》が、真淵の流れをくんで万葉集古義《まんようしゅうこぎ》を著し、古道の究明に資したことなど、まさに国学史上の異彩として、注目に値する。

㈣大義の実践

尊皇の思想は、学問の興隆に伴ない、儒学の醇化、国史の研究、国学の発達等の各方面から勃興した。しかし、これが世を動かし政治を改めるに至るまでには、なお多くの歳月を要した。国体の尊厳を説く者は増しても、大義の道に身を挺《てい》する者は、未《いま》だ寥々《りょうりょう》たる有様であった。そこに、先覚者の苦難と栄誉がある。

勤皇の先駆者は、桃園天皇の御代に於ける竹内式部《たけのうちしきぶ》である。式部は越後の人、夙《つと》に垂加神道を修め、都に上《のぼ》って徳大寺家《とくだいじけ》に仕え、公卿の間に日本書紀を講じ、皇統の神聖を説いて大義の道を明らかにした。公卿また、これに感じて、その説を天皇に進講申し上げた。幕府はこれを忌み憚《はばか》り、式部を京都から追放し、一方、関係の公卿も、朝廷を騒がしたとの理由で処罰《しょばつ》された。これを世に宝暦《ほうれき》事件という。この頃、甲斐の山縣大弐《やまがただいに》も、闇斎の学統を承けて大義に徹し、江戸に道場を開いて兵学・儒学を講じ、越中《えっちゅう》の藤井右門《ふじいうもん》と共に、尊皇討幕の実行を説いた。幕府は、これを知るや、大弐を斬《き》り右門を罪《つみ》し、更に式部をも連座せしめて流罪《るざい》に処した。後桜町天皇の御代、明和年間の事であり、これを世に明和事件と称する。江戸開府後、凡そ百五十年、西と東に相次いだ宝暦・明和の両変こそ、まさに王政復古運動の嚆矢《こうし》であり、朝威恢弘《ちょういかいこう》の端緒に外ならなかった。

その後、寛政年間に至って、勤皇の動きは次第に活発となった。高山彦九郎《たかやまひこくろう》は、天下を巡って尊皇の大義を説き、蒲生君平《がもうくんぺい》は、歴代山陵《さんりょう》の荒廃を嘆き、山陵志《さんりょうし》を著して尊皇の至誠を披瀝《ひれき》した。彦九郎自害の年は、露艦来航の翌年、松平定信《まつだいらさだのぶ》の沿岸巡視の年に当る。かくて、おし迫《せま》る内外情勢に幕府の衰運が兆《きざ》すや、大義の自覚も実践も、とみにその激しさを加えて行った。

ふみわけよ日本《やまと》にはあらぬ唐鳥《からとり》の跡を見るのみ人の道かは

荷田春満

二　科学と産業

㈠和算と暦法

鎖国太平とはいえ、心ある人々は、更に科学に着目し、これが研究に努めて学問に異彩を放つとともに、その利用を図って厚生《こうせい》の実を挙げ、ひいては幕末の国防に寄与した。

わが国民は、古来科学や技術の素質にすぐれている。大仏の鋳造を始め、刀剣の製作や築城はもとより、建築・彫刻・工芸までが、悉《ことごと》くその現れであった。そこに示された工夫と努力、考《かんがえ》を練《ね》り物に魂をこめる態度こそ、やがて科学や技術を生む底力となったのである。

科学研究の基礎をなす算数の学問は、江戸初期に入って、早くも発達の気運を示した。毛利《もうり》重能《しげよし》が出て、和算《わさん》興隆の基を築き、やがて寛永の頃には、吉田光由《よしだみつよし》が塵劫記《じんこうき》を著して、世の注目をひいた。次いで元禄前後に、関孝和《せきたかかず》が現れるに及び、わが国独自の高等数学を案出し、和算の発達に一時期を画《かく》した。しかも孝和の和算は、かれの独創に出ずるばかりでなく、部分的には世界の水準を抜くものであった。その後、算数の学《がく》は、時代の進運と共に、ますます発達普及し、諸科学勃興の気運に培《つちか》った。

孝和とほぼ同時代の人、安井算哲《やすいさんてつ》は、暦法《れきほう》の改正に顕著な功績を遺した。わが国の暦《こよみ》は、清和天皇の貞観《じょうがん》三年（一五二一）以来、唐の宣明暦《せんみょうれき》が用いられて来たが、年久しきに及んで、ようやく誤差《ごさ》を増し、改暦の必要が起った。よって算哲は、天体を観測して新暦を作製し、幕府に改暦を建議した。幕府はこれを朝廷に奏上し、かくて貞享元年《じょうきょう》（二三四四）より、この新暦が施行されるに至った。これを機会に、幕府は天文方《てんもんがた》を設け、算哲は、その職に就《つ》いて渋川春海《しぶかわしゅんかい》と称し、子孫代々暦法の事を掌《つかさど》ることとなった。

又、従来医学に付随する学問として本草《ほんぞう》学《がく》があり、薬物《やくもつ》の名称・性質等の研究を主としていたが、この期に入るや、研究の範囲を拡《ひろ》げて博物学《はくぶつがく》となった。ここにも、科学勃興の気運がうかがわれる。

江戸の天文台（北斎筆）

㈡科学の発達

しかし、事物・現象の観察・処理を旨とする科学にとって、視野の拡大、外界の刺激は、大いに必要である。眼《まなこ》を海外に放って、外来の長所を採ることも、時には一つの方法である。既に元禄・宝永《ほうえい》の頃、西川如見《にしかわじょけん》や新井白石の如きは、努めて西洋の事情を探った。その後、

杉田玄白像

吉宗《よしむね》が殖産興業の立場から、いわゆる実学の振興を志し、洋書の禁を緩《ゆる》めて、先ず青《あお》木昆陽《きこんよう》に蘭語《らんご》を学ばしめるや、ここに洋学摂取《せっしゅ》の端が開かれた。やがて明和・安永《あんえい》の頃、杉田玄白《すぎたげんぱく》は西洋医学に心を注ぎ、昆陽の門弟、前野良沢《まえのりょうたく》らと協力して、苦心惨憺《さんたん》の末、ターフェル・アナトミアなる人体解《じんたいかい》剖書《ぼうしょ》を翻訳《ほんやく》し、解体新書《かいたいしんしょ》と題して刊行した。かくて、西洋医学に対する世人の関心が高まり、蘭語の学習を志す者が続出した。玄白の門弟大槻玄沢《おおつきげんたく》は、この気運を見るや、天明年間に蘭学《らんがく》階梯《かいてい》を著して蘭学の入門書とし、その後、寛政の頃には、稲村三伯《いなむらさんぱく》らが蘭和辞書《らんわじしょ》を出版して、蘭学の研究に便《べん》した。

この間、科学の研究は次第に進み、その領域《りょういき》も、医学から天文・暦法・地理・博物・理化等の諸分野に及んで、それぞれ発達を見た。かの平賀源内《ひらがげんない》が、長崎に赴いて電気機械を手に入れ、これに工夫を加えて世人を驚かしたのは、早くも安永年間の事である。更に地理学では、伊能《いのう》忠敬《ただたか》が寛政・文化・文政に亘って全国の海岸を測量し、遂に大日本沿海輿地全図《だいにほんえんかいよちぜんず》を完成した。その精密な業績は、現在の地図に比して、あまり遜色《そんしょく》が認められない。

更に幕末には、徳川斉昭・島津斉彬《しまづなりあきら》が大砲を鋳造し、高島四郎太夫《たかしましろうだゆう》（秋帆《しゅうはん》）や江川太郎左衛門《えがわたろうざえもん》（坦庵《たんあん》）が、西洋兵術特に砲術の研究に当り、豊後《ぶんご》の帆足万里《ほあしばんり》が、洋学を究めて国防の必要を説き、欧米征伐を主張するなど、科学の研究は、とみに国防的色彩を濃くした。又、佐久間《さくま》象山《ぞうざん》・高野長英《たかのちょうえい》・渡辺崋山の言動に見る如く、科学者の主張は、憂国の至情と結びつくに至った。かかる間にも、田中久重《たなかひさしげ》の蒸気機関に於ける、石川正龍《いしかわまさたつ》の紡績《ぼうせき》施設に於ける、更に大島高任《おおしまたかとう》の製鉄技術に於ける如く、科学者の努力は、国力充実の方面にも、孜々《しし》として続けられた。かくて、当代に於ける科学の発達は、利用厚生から経国済世《けいこくさいせい》へと進んで、時代の要求に応ずるとともに、やがて、維新以降の富国強兵・学術振興の素地となったのである。

㊂殖産興業

諸国に農学者が輩出《はいしゅつ》し、農業の調査研究とその実地指導とによって、農村の振興・農産の拡充に寄与したことも、当代の学問がもつ一特色である。農業は、わが国古来の重要産業であり、当時に於いても、諸産業の中心をなしていただけに、農学者の功績は著しく、中でも江戸前期の宮崎安貞《みやざきやすさだ》、後期の大蔵永常《おおくらながつね》・佐藤信淵・二宮尊徳《にのみやそんとく》らの業績が傑出《けっしゅつ》している。

安貞は、安芸の人、諸国を巡って親しく農民と交わり、田園生活の尊い体験から、四十年を費《ついや》して農業全書《のうぎょうぜんしょ》を著し、農業の発達・改良に資した。永常は、豊後の人、天明の飢饉に遭《あ》って感ずるところあり、諸国に老農を訪《と》い、その見聞《けんぶん》せるところによって逐次《ちくじ》農業書を編述し、又、関東諸藩に殖産興業の方策を進言した。信淵は、出羽の人、父祖四代の家学を受け、諸地方を巡って地質・風土を究め、更に洋学をも採り入れて、農学を大成し、農政本論《のうせいほんろん》その他多くの著書を遺した。尊徳は、相模の人、学徳並びに秀《ひい》で、諸藩に招かれて、或は財政の復興に、或は荒地の開拓《かいたく》に、よくその使命を果し、殊《こと》に郷土の指導には、身を以って報徳の教えを垂《た》れ、後世永く人々の尊敬を集めた。

当時、農業がいかに重視されたかは、大名や家臣などの封禄《ほうろく》が石高《こくだか》を以って表されたことにも、うかがわれる。幕府も諸藩も、農を以って経綸の大本となし、新田を開いて米穀の増収を図るとともに、田地の売買や百姓の離農を禁じて、農村の荒廃を防いだ。当時、殖産興業の道といえば、諸藩の治績が示すように、主として、農産を増強し、又、農産物に適当な加工を施《ほどこ》すことであった。そのためには、新田の開発はもとより、耕作技術や作物の品種の改良、灌漑《かんがい》

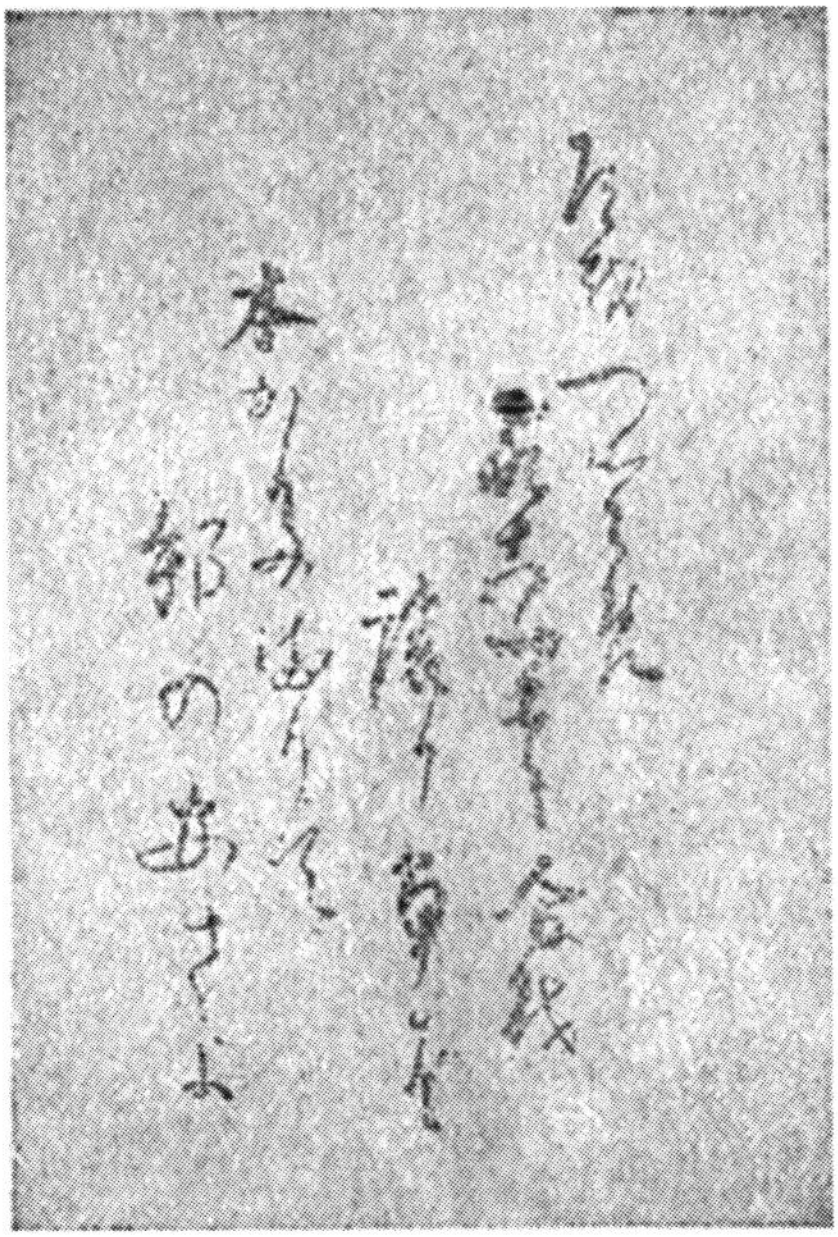

尊徳の所懐

施設の改善、風水害の防止等、種々の方法が講ぜられた。耕地面積は、新田の開発によって次第に増加し、吉宗の頃には約三百万町歩《ちょうぶ》に達し、秀吉の頃の約二倍になった。作物は米を主とし、その産額は少くも三千万石といわれ、主要農産を表すものとして、五穀（米・麦・粟《あわ》・稗《ひえ》・豆）の外、四木《しぼく》（桑・楮《こうぞ》・漆《うるし》・茶）三草《さんそう》（藍《あい》・麻《あさ》・紅花《べにばな》）の名を留めている。

農民の数は、全人口凡そ三千万の約八割を占め、その身分は、士農工商の語が示すように、町人よりも上位に置かれていた。しかし農民の生活は、高率《こうりつ》の租税や飢饉などのため、必ずしも安泰《あんたい》でなかった。かくて農民は、種々の困苦を嘗《な》めながらも、これを凌《しの》いで生業に励むとともに、五人組《ごにんぐみ》を作って隣保《りんぽ》一体の精神を示したのであり、ここにも、わが伝統の発揚が見られるのである。

大御田《おおみた》の水泡《みなわ》も泥《ひじ》もかきたれてとるや早苗《さなえ》は我が君の為《ため》

賀茂真淵

第十二　幕末の世局《せいきょく》

一　内憂外患《ないゆうがいかん》

仁孝天皇御製
　天照らす神のめぐみに幾代々《いくよよ》もわがあしはらの国は動かじ

㈠海外の形勢

　寛永の鎖国以来約百五十年の間に、世界の形勢は大いに変った。スペイン・ポルトガルに昔の面影なく、これに代ったオランダは、諸方《しょほう》に広大な植民地を占め、殊《こと》に東亜に於いては、資源の豊かな南洋諸島を侵略し、且つわが国との貿易をも独占して、一時は世界の海上に覇をとなえた。しかし、そのオランダも植民地の経営に成功せず、やがて、イギリスにその繁栄を奪われるに至った。

　イギリスは、宝永四年（二三六七）、スコットランドと合《がっ》して大ブリテン王国を形成し、政治の体制を整えるとともに、ヨーロッパ大陸の戦争に参加して、その度《たび》ごとに領土を拡めた。又、鋭意植民地の獲得に努め、その主力をインド及び北アメリカの経略に注いだ。即ち、インドでは、ムガール帝国の衰微《すいび》に乗じて各地の要衝を占め、殊に宿敵フランスとの戦に勝つに及び、ベンガルを保護国として、英領インドの基礎を固めた。一方北米に於いても、オランダ等の植民地を奪い、更にフランス人を駆逐してカナダを占め、又、ミシシッピ川以東の仏領を得た。しかも、制海権を握って植民地の経営は老獪《ろうかい》を極め、資源の開発と貿易の利益とにより、やがて無類《むるい》の富強を誇るに至った。その間蹉跌《さてつ》といえば、北米の植民地に経済的圧迫を加えたため、天明三年（二四四三）、アメリカ合衆国独立の憂《う》き目を見たことのみである。

アメリカ合衆国は、その後豊かな天然《てんねん》資源を開いて国力の充実を図り、漸次《ぜんじ》領土を西方に拡めて、嘉永《かえい》六年（二五一三）、ペリー来航の頃には、ほぼ現在の版図《はんと》を形成するに至った。

欧米諸国の国外進出に於いて、重視すべきはロシアの東漸《とうぜん》である。その東方侵略は、早くも天正の頃に始り、やがて天和《てんわ》年間にピョートル大帝が立つや、内治・外政共に振るい、清《しん》と条約を結んで外興安嶺《そとこうあんれい》以西の地を略し、次いで宝永年間には、カムチャッカ半島を占めた。その後、宝暦の頃おい、エカテリーナ二世が帝位に即くや、西にポーランドの分割《ぶんかつ》を行ない、更にトルコと戦い、黒海《こっかい》北岸の地を得て南下策の一歩を進めるとともに、東亜に於いては、千島《ちしま》の大半を掠《かす》め、イルクーツクに日本語学校を設け、ひそかにわが国及び東亜の事情を調査せしめた。かの使節ラクスマンが根室に来たって通商を求めた（寛政四年・二四五二）のは、その東方政策推進《すいしん》の端的な現れに外ならない。

㈡外寇と海防

欧米諸国の東亜侵略は、それぞれの国内事情に制限されて、当時なお比較的緩慢であったが、備えなき東亜にとって、その侵寇《しんこう》は脅威《きょうい》たるをまぬかれなかった。わが国民も、鎖国以来海外の形勢に暗く、幕府当局ですら、蘭人を通して、僅かに世界の動きの一端を知り、長崎の防衛に留意するのみで、津々浦々の警備に至っては、全く等閑《とうかん》に付されていた。海防の先覚者、林《はやし》子平《しへい》が処罰されたことによっても、その間の消息がうかがわれる。

露国使節の来航によって、海防の急務を覚《さと》った幕府が、先ずいかなる処置を採り、その後北辺の事態が急迫するに及んで、いかなる対策を講じたかは、既にわれらの知るところである。殊に、沿海の諸藩に海防の励行を命じ、遭難《そうなん》せる外国船には、燃料《ねんりょう》や食料を与えて退去せしめ、命を拒《こば》んで暴行する際には、これが撃攘を許す旨を令《れい》したのは、文化三年（二四六六）の事であり、当時に於ける幕府の対外方針を示すものとして、注目に値する。

イギリスの軍艦が長崎港に侵入して、乱暴狼藉《ろうぜき》をはたらき、時の長崎奉行松平康英《まつだいらやすひで》が責任《せきにん》を感じて自刃《じじん》したのは、越えて文化五年、間宮林蔵《まみやりんぞう》が樺太《からふと》探検に赴いた年の事である。当時の欧洲は、あたかもナポレオン戦争の酣《たけなわ》なる時に当り、イギリスはフランスと交戦中であった。オランダはフランスの属領と化し、その植民地また、英・仏両国に争奪《そうだつ》される非運にあり、オランダの国旗の翻《ひるがえ》る所は、僅かにわが長崎港のみであった。かくて英艦は、オランダの船を求めて長崎港を侵《おか》し、己が欲望のためには、わが国の存在を無視する不法を敢えてしたのである。しかも英艦は、その後も、わが近海に出没し、仁孝天皇の文政二年（二四七九）、シンガポールを占領して以来、その侵寇はいよいよ激しさを加えた。わが国朝野の間に、海防・攘夷の論が猛然として興ったことはいうまでもなく、これが幕府の対策に反映して、遂に文政八年、外国船撃攘令の布告となって現れるに至った。

ここに幕府は、一旦の緩急に備えて海防の強化を図り、西洋兵術の長所を採って軍備の充実を期した。即ち、全国海岸の要処に砲台を築き、反射炉を設けて大砲を鋳造し、又、高島秋帆・江川坦庵らに命じ、蘭人に就いて洋式の兵器・戦術を研究せしめた。諸藩に於いても、事態

佐賀の反射炉

の切迫に目ざめて攘夷の士気を鼓舞し、海防の充実に努める者が続出した。水戸の徳川斉昭の如きは、その先達であり、寺の梵鐘《ぼんしょう》をとかして大砲を鋳造し、進んで大船《たいせん》の建造を幕府に提案したほどである。福井の松平慶永《まつだいらよしなが》、薩摩の島津斉彬、佐賀の鍋島直正《なべしまなおまさ》、宇和島の伊達宗城《だてむねなり》、津の藤堂高猷《とうどうたかゆき》ら、いずれもこれに倣《なら》い、藩を挙げてそれぞれの海防策を講じた。

斉昭の大砲銘

㊂一弛一張《いっしいっちょう》

しかし、幕府・諸藩共に財政窮乏して、海防の施設は意の如くならなかった。しかも、撃攘令布告後の十数年間は、外船《がいせん》の来航が著しく減じ、加うるに、文化・文政期を彩《いろど》る町人の奢侈《しゃし》と、天保の飢饉による百姓の疲弊《ひへい》とにより、攘夷の気勢も、はた又、外寇対策も、しばらく中休みのかたちとなった。大塩平八郎《おおしおへいはちろう》が乱を起した天保八年に、米船モリソン号撃攘の事があり、幕府内に、これが砲撃に関し、是非の両論が対立したことにも、世態の一端が現れている。又、その翌年に始る天保の改革、即ち老中水野忠邦《みずのただくに》が、幕府の財政を立て直し、国民の精神を引き締《し》めようとした政治改革も、世の反対に遭って失敗し、更に、国事を憂《うれ》えて攘夷の無謀を戒めた渡辺崋山・高野長英は、その言説世をまどわすものとして、幕府に処罰されている。かかる出来事が物語るように、問題の中心は、外患より、むしろ内憂に転じた観があった。

この形勢に一石《いっせき》を投じたのは、天保十一年（二五〇〇）、清と英国との間に起った阿片《あへん》戦争である。幕府は、清の敗戦を知るや、その攘夷方針に動揺を来たし、天保十三年、遂に文政の撃攘令を撤回し、文化三年の布告に復すべき旨を令した。又、阿片戦争の経緯は、わが識者の海外認識を深めしめ、天保の末葉から弘化《こうか》・嘉永にかけて、溌剌たる国策論を展開せしめた。佐久間象山・高島秋帆の如きは、国

英国の横暴（阿片戦争）

防の不備を指摘《してき》して、清の敗戦に鑑《かんが》みるべきことを力説し、佐藤信淵また、宇内混同秘策《うだいこんどうひさく》その他多くの著書によって、富国強兵策・海外発展論を主張し、清の覚醒《かくせい》を促して相共に欧米列強の侵寇を防ぐべきことを論じた。又、この間、オランダは、将来に於ける自己の立場を有利ならしめるため、弘化元年、特使を来朝せしめ、清の敗戦を引合いに、しきりに開国を勧《すす》めた。新興の米国は、早くも東亜へ手を伸《の》ばし、清と通商条約を結ぶに至った。幕府は、鎖国の祖法《そほう》を盾《たて》に取って、オランダの勧告を拒みながらも、世界情勢に眩惑《げんわく》されて、鎖国か開港かに迷い始めた。

この間、皇室を尊び夷狄《いてき》を攘《はら》うは文武の最大なるゆえんを説き、尊皇即《そく》攘夷、攘夷即尊皇となす尊皇攘夷論が、水戸藩を中心としてはぐくまれていた。かくて、内憂外患錯綜《さくそう》し、幕末たそがれの色ようやく濃き弘化三年（二五〇六）、仁孝天皇崩御ましまし、孝明天皇の御代を迎えたのである。

天《あま》ざかる蝦夷《えぞ》をわが住む家として並ぶ千島のまもりともがな

徳川斉昭

二　朝威の更張

孝明天皇御製

矢すぢをもつよくはなたむ時ぞきぬむべあやまたじ武士《もののふ》の道

㈠幕府の失態

仁孝天皇三十年の御治世を継がせ給う孝明天皇の御代は、弘化・嘉永・安政《あんせい》・万延《まんえん》・文久《ぶんきゅう》・元治《げんじ》・慶応《けいおう》に亘って二十一年、内憂外患ここに極り、まさに前古未曾有《みぞう》の難局であった。外に夷狄侵寇の勢猛《いきおいたけ》く、内に開港・攘夷の論議かまびすしく、幕府は大事を専断して宸襟《しんきん》を悩まし奉り、己が権力の保持に汲々《きゅうきゅう》として、事態の解決を遷延《せんえん》せしめ、神州存亡の危急をもたらした。外夷の不法はさることながら、事態急迫の責めの一半は、もとより頑迷固陋《がんめいころう》の幕府にあった。これ、幕末の世局が、尊皇攘夷より尊皇討幕へと動いたゆえんである。

孝明天皇には、聖寿《せいじゅ》十六歳にして御位に即かせられるや、畏《かし》くも、国威を墜《おと》さず国民を苦しましめざるよう、日夜大御心をくだかせられ、朝臣・幕閣を督励《とくれい》して、難局の打開に努めしめ給うた。弘化年間、英・仏・米三国の艦隊が相次いで琉球・浦賀・長崎へ来航した際、これを聞し召して、海防を厳にすべきことを幕府に諭《さと》し給うた。国事に関する勅諭《ちょくゆ》を幕府に下し給うたのは、開府以来これが最初であり、ここに、早くも朝威更張の気運が現れたのである。

この頃、欧米諸国は、政情もようやく安定に向かい、その東亜侵略も、とみに活発の度を加えた。殊に米国は、領土を太平洋岸にまで拡めるや、東亜の海に侵入して、活動の基地をわが国に求めようとした。かくて嘉永六年、水師提督《すいしていとく》ペリーの来朝、いわゆる黒船の来航となり、幕府は対策に惑《まど》うて、遂に国務専断の慣例を棄てるに至った。しかも、諸藩の意見を聴取《ちょうしゅ》して、わずかに攘夷を決意した幕府は、この際、武家諸法度の鉄則を曲げて、大船巨舶《きょはく》建造の禁を解くに至った。この一事にも、時代の推移とただならぬ当時の状態とがうかがわれる。

ペリーにやや後れて、ロシアの使節も長崎に来たり、通商及び国境の画定《かくてい》を求めたが、これも後日を約して退去せしめた。海防に自信を欠《か》く幕府の対外策は、全く一時を糊塗《こと》するものであり、かくて安政元年（二五一四）、

米国の暴戻（江戸湾測量）

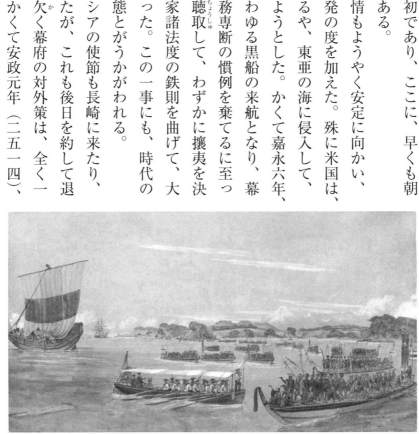

米国といわゆる和親条約を結び、次いで英・露・蘭の三国とも、ほぼ同様の条約を結んだ。露国との国境協定も、千島を分割、樺太を共有と定めて、一時を凌いだ。かかる幕府の軟弱《なんじゃく》な態度は、海外に対する知識の不足も与って、更に、安政五年、米国その他と通商条約、いわゆる安政の仮条約《かりじょうやく》を締結《ていけつ》するに至り、いたく世論を沸騰《ふっとう》せしめた。しかも、時の大老井伊直弼《いいなおすけ》が、勅許を待たずに調印したことは、いかに事態切迫の際とはいえ、まさに不遜の処置というの外はない。又、条約の内容も、わが国にとって極めて不利な条項を含《ふく》み、これが一面、国際条約に対する幕閣の無知によるものであることも、見落してはならない。

直弼は、その身難局打開の重責にありながら、常に幕府を主にして国事を考え、おのずから日本の真の姿を見失いがちであり、随《したが》って事ごとに、その処置を誤ったのである。かくて、条約締結・世嗣《よつぎ》問題と相次ぐ直弼の専断は、いたく世論に逆らい、幕府と有力な諸藩との関係を悪化せしめた。野《や》に於ける直弼糾弾《きゅうだん》の声またかまびすしく、ここに尊皇攘夷の鋒先《ほこさき》は、ひとしく大老の専断に集中されるに至った。

㈡尊攘の志士

既に条約締結の直後、徳川斉昭の如きは、三条実美《さんじょうさねとみ》ら同志の公卿と結び、勅命を拝して幕府の態度を転換《てんかん》せしめようとし、越前藩士橋本左内《はしもとさない》（景岳《けいがく》）・長州《ちょうしゅう》藩士吉田松陰《よしだしょういん》また、尊皇攘夷の至誠をこめて、朝議に基づく自主外交の確立を強調していた。しかも、幕府の専断が募《つの》るに及んで、これら憂国の志士の活躍は、とみに激しさを加えた。よって直弼は、幕政を非難せる公卿・諸侯を始め、松陰・左内・梅田雲浜《うめだうんびん》・頼三樹三郎《らいみきさぶろう》らの志士数十人を厳罰に処して、世論の鎮圧を図った。かくて、皇運扶翼《ふよく》の至誠に燃える志士たちが、江戸の獄舎《ごくしゃ》に送られて峻烈《しゅんれつ》極る糾問《きゅうもん》を受け、一死報国の誓いを遺して、いたましくも武蔵野の露と消えた。しかし、安政の大獄《たいごく》と呼ばれるこの暴挙は、かえって尊皇の火の手に油を注ぐ結果となった。子を思う親の心をしのびつつ、従容《しょうよう》と白刃《はくじん》に伏したその純忠至孝《じゅんちゅうしこう》は、幾多後続の志士を輩出せしめたのである。

かくて、先ず桜田門外《さくらだもんがい》の変《へん》となり、万延元年（二五二〇）、直弼は、時ならぬ春の雪を染めてたおれた。大老白昼路上の横死《おうし》は、まさに江戸開府以来かつてなき椿事《ちんじ》であり、幕威の失墜《しっつい》を物語るものに外ならない。変後、幕府は、恐れ多くも、皇妹和宮親子内親王《こうまいかずのみやちかこないしんのう》の御降嫁《ごこうか》を奏請《そうせい》

志士の遺墨（松陰［右］と左内）

し、百方奔走《ひゃっぽうほんそう》して、文久元年（二五二一）、勅許を得た。又、大獄に連座せる一橋慶喜《ひとつばしよしのぶ》・松平《まつだいら》慶永《よしなが》・山内豊信《やまうちとよしげ》ら諸侯の罪を免じて、世論の緩和に努めた。しかし、かかる対策も、徒らに幕府の不信を暴露《ばくろ》するのみで、かえって志士を憤激せしめ、翌二年、再び老中安藤信正《あんどうのぶまさ》が坂下門《さかしたもん》外《がい》で襲撃される有様であった。一方、この頃、物価がとみに騰貴《とうき》して士民の生活を困難ならしめたが、幕府は何ら対策を講ぜず、加うるに、居留の外人は、わが風習を無視して不遜の言動に出で、とかく士民の感情を害した。尊皇攘夷の雄哮《おたけ》びは、かかる情勢にあおられて、いよいよ熾烈《しれつ》となって行った。

万延元年は、又、徳川斉昭の没した年である。その後、尊皇攘夷の根城は東から西へ移り、京都を中心に、薩摩・長門・土佐等西国雄藩の活躍を見るに至った。しかし、同じく勤皇の諸藩であっても、各藩それぞれの面目や事情があり、これが一体となるのは、なかなか容易なことではなかった。よって志士の中には、脱藩《だっぱん》して国事に奔走《ほんそう》する者も現れたのである。

文久二年、薩摩の島津久光《ひさみつ》が大兵《たいへい》を率いて上洛し、次いで長門・土佐を始め西国勤皇の諸藩主が続々と入京し、政局の中心は、今や全く京都に移った。畏くも天皇は、これら諸藩の忠勤を嘉《よ》みせられ、京都の警衛、国事の周旋《しゅうせん》を命じ給うた。又、久光の建議を納《い》れさせられ、勅使大原重徳《おおはらしげとみ》を江戸に下して幕政の大改革を命じ給い、更に薩・長・土三藩の建議に基づき、勅使三条実美を以って攘夷の決行を仰せつけられた。将軍家茂《いえもち》は勅命を畏み、慶喜・慶永を幕閣に入れて諸政の大改革を行ない、松平容保《まつだいらかたもり》に京都の守護を命ずるとともに、文久三年には、上洛して攘夷の日程を奉答《ほうとう》した。この間、尊攘の志士は、討幕の壮《そう》挙《きょ》を急いで久光の施策を快《こころよ》しとせず、ために薩藩の同志相討つ伏見寺田屋《てらだや》の惨劇をさえ生ぜしめたが、これ、維新に向かう紆余曲折《うよきょくせつ》の尊き犠牲《ぎせい》に外ならなかった。

慶喜の赤心

㊂維新の黎明

既に昭々《しょうしょう》たる天日《てんじつ》を仰ぎ、維新の峯を間近かに眺めながら、武家封建永年の習わしは、今一歩の捗《はかど》りを遅滞《ちたい》せしめた。文久三年五月十日、長州藩が下関で米船に砲火をあびせ、攘夷の気勢をあおったのも束の間、諸藩の足並みが揃わぬため、朝議一変して、攘夷親征《しんせい》の御事も延期となった。かくて長州藩は逆境に立ち、いわゆる七卿落《しちきょうおち》の転変を挟《はさ》んで、天誅組《てんちゅうぐみ》の壮挙となり、これに呼応する平野国臣《ひらのくにおみ》生野《いくの》の挙兵となった。転変はこれ、維新に向かう時勢の波の高低に過ぎぬとしても、国事に勤める諸藩相互《そうご》が、錯綜せる事態に眩惑されて相克摩擦《そうこくまさつ》を起し、宸襟を悩まし奉ったことは、まことに恐懼の極みである。

しかも、幕末維新の歴史は、更に元治元年（二五二四）の蛤《はまぐり》御門《ごもん》の変《へん》と征長《せいちょう》の役、越えて慶応二年（二五二六）の長州再征など、再三の兵乱《へいらん》を繰《く》りひろげた。この間、薩摩の西郷隆盛《さいごうたかもり》・大久保利通《おおくぼとしみち》、長州の木戸孝允《きどたかよし》（桂小五郎《かつらこごろう》）の明察と、土佐の坂本龍馬《さかもとりょうま》・中岡慎太郎《なかおかしんたろう》の奔走とによって、薩長二藩の連合《れんごう》が成り、長州再征の際には、幕府の無力も明らかにされて、天下の形勢は、ほぼ定まっていた。又既に、朝議慎重を極めて、慶応元年、通商条約の勅許があり、対外方針の帰趨《きすう》も明らかになっていた。かくて、長州再征の半ばに将軍家茂が薨じて、聡明《そうめい》の聞え高き一橋慶喜が徳川の宗家《そうけ》を継ぎ、やがて、慶応二年十二月、将軍職に補せられた。すべてこれ、維新の黎明を物語るものに外ならない。

恐れ多くも孝明天皇は、この頃から不予《ふよ》にわたらせられた。朝野の憂慮筆舌《ひつぜつ》に尽くし難く、大小の諸社寺こぞって御平癒《ごへいゆ》を祈り奉ったが、遂に同年十二月二十五日、宝算三十六歳を以って崩御あらせられた。御治世の間、内憂外患の絶え間とてなき波瀾重畳《はらんちょうじょう》の御宇《ぎょう》に、終始かわらぬ大御心を以って踏み迷う民草を導《みちび》き給い、朝威は日に月に更張して、維新回天の大業がまさに成ろうとする間際に、にわかに登遐《とうか》あらせられたのである。まことに恐懼の極みである。

青雲のむかふす極《きわみ》すめらぎの御稜威《みいつ》かゞやく御代になしてむ

平野国臣

第十三　明治の維新

一　維新の大業

明治天皇御製

いそのかみ古きためしをたづねつゝ新しき世のこともさだめむ

㈠王政復古

孝明天皇崩御ましまし、明治天皇、聖寿十六歳を以って御位を継がせ給うた。打ち沈む民の心もここに蘇《よみがえ》って、ひたすら忠勤の誠を捧げ、御稜威のもと、程なく維新の大業は成り、躍進日本の基礎が確立されるに至った。

慶応三年を迎えて、王政復古に向かう世局の帰趨《きすう》は、確乎不動のものとなった。幕府が長州征伐に失敗するや、討幕の気勢はいよいよ熾烈となり、大久保利通・西郷隆盛・木戸孝允らは、三条実美・岩倉具視《いわくらともみ》らの公卿と気脈を通じて計画を進め、その年の十月、遂に薩長二藩は、討幕の密勅を拝するに至った。一方、土佐の前藩主山内豊信は、天下の形勢を憂えて、平和の中

維新の三傑

に局面を展開せしめようとし、後藤象二郎《ごとうしょうじろう》をして、書を慶喜に呈し、大政奉還のことを建白《けんぱく》せしめ、芸州《げいしゅう》藩主浅野茂長《あさのしげなが》また、これに続いた。

慶喜は、内外の時勢を洞察《とうさつ》して、十月十四日、大政の奉還を奏《そう》請《せい》し、併《あわ》せて己が失政を陳謝《ちんしゃ》し奉った。それは、討幕の密勅《みっちょく》降下《こうか》と同日の事であった。奏請の趣旨《しゅし》は、列強と対峙《たいじ》し国体を擁護《ようご》するには、政権を返上し奉り、公議を尽くし聖断を仰がなければならないというにあった。天皇これを嘉納《かのう》あらせられ、ここに江戸幕府は、十五代二百六十余年にして亡び、武家政治は、頼朝の開府以来、前後約七百年にして終りを告げた。時まさに紀元二千五百二十七年、天皇親政の大御代に復して、皇国発展の歩武が、堂々と進められることとなった。

かくて十二月九日、天皇は、京都に親王・公卿・大名を集めて、王政復古の大号令を渙発《かんぱつ》あらせられ、万機親裁のもと、諸事神武天皇御創業の始《はじめ》に基づき、搢紳《しんしん》・武弁《ぶべん》・堂上《どうじょう》・地下《じげ》の別なく、至《し》当《とう》の公議を竭《つく》さしめ、天下と休戚《きゅうせき》を同じうし給う御旨を宣べさせられた。又、摂政・関白・征夷大将軍等の旧職を廃し、新たに総裁《そうさい》・議定《ぎじょう》・参与《さんよ》を設けて、熾仁《たるひと》親王を総裁に、有功の皇族・公卿・藩主・藩士を議定・参与に補し給うた。ここに、復古の精神に基づく維新創業の端緒が開かれたのである。

初春近き日の恵みに、野の下草《したくさ》は萌《も》え始めたが、深山《みやま》の雪はなお解けやらず、しばらく騒擾《そうじょう》のなだれが続いた。諸藩や元《もと》の幕臣の中には、薩長の行動に疑《うたが》いを挟み、徳川氏の旧恩を思うて、無益の兵乱を引き起す者もあったのである。大政奉還後の世局がしばらく停滞して、京洛《きょうらく》の地に暗雲が垂れ、坂本龍馬・中岡慎太郎らが凶刃《きょうじん》にたおれたのも、これがためであった。又、鳥羽・伏見の戦に始る戊辰《ぼしん》の役《えき》が、即ちそれである。しかし、錦の御旗《みはた》の輝くところ、順逆《じゅんぎゃく》の道はおのずから明らかとなり、大事は未然に防がれた。御恵みの御光は申すも畏《かしこ》し、われらは、ここに再び、江戸薩摩屋敷に於ける西郷隆盛・勝安芳《かつやすよし》の会見の場面を思い起すのである。

㈡維新の国是

明治元年（慶応四年）三月十四日、天皇は、親王・公卿・諸侯を率いて紫宸殿《ししんでん》に出御《しゅつぎょ》あらせられ、天神地祇《てんしんちぎ》を祭って五事《ごじ》の国是を誓わせられ、且つこれを国民に示し給うた。

一　広く会議を興し万機公論に決すべし

一　上下《しょうか》心を一《いつ》にして盛《さかん》に経綸《けいりん》を行うべし

一　官武一途《いっと》庶民に至る迄 各《おのおの》其《その》志《こころざし》を遂げ人心をして倦《う》まざらしめん事を要す

一　旧来の陋習《ろうしゅう》を破り天地《あめつち》の公道《こうどう》に基《もとづ》くべし

一　智識を世界に求め大《おおい》に皇基《こうき》を振起《しんき》すべし

我国未曾有の変革を為《なさ》んとし朕躬《ちんみ》を以て衆に先じ天地神明に誓い大《おおい》に斯《この》国是を定め万民保全の道を立《たた》んとす。衆亦《また》此《この》旨趣《ししゅ》に基き協心《きょうしん》努力せよ。

これ、即ち五箇条の御誓文《ごせいもん》にして、祭政一致の叡慮のもと、維新の国是は、ここに確立されたのである。聖旨を拝するや、列座の群臣は、「勅意宏遠《こうえん》、誠《まことに》以て感銘《かんめい》に堪《たえ》ず。今日の急務、永世の基礎、此他《このほか》に出可《いずべか》らず。臣等《しんら》、謹《つつしみ》て叡旨を奉戴し、死を誓い、黽勉《びんべん》事に従わん。冀《こいねがわ》くは以て宸襟《しんきん》を安じ奉らん」と奉答し、大政の翼賛を誓い奉った。

天皇は、同日更に国威の宣揚に関する宸翰《しんかん》を賜《たま》い、武家政治の宿弊《しゅくへい》を指摘して、内外の趨勢《すうせい》に説《とき》き及《およぼ》し給い、

一身の艱難辛苦《かんなんしんく》を問わず、親《みずか》ら四方を経営し、汝億兆《おくちょう》を安撫《あんぶ》し、遂には万里の波濤《はとう》を拓開《たくかい》し、国威を四方に宣布し、天下を富岳《ふがく》の安きに置《おか》んことを欲す。

天皇五事を天地神明に誓わせ給う

と仰せられた。まことにこれ、神武天皇橿原奠都《てんと》の詔《みことのり》に通ずる八紘為宇《はっこういう》の聖旨と拝し奉る。

対外方針は、もとより開国と決定された。さきに孝明天皇は、御代の末葉に条約を勅許あらせられ、明治天皇また、既にこの年の正月、列国の使臣《ししん》に王政復古のことを告げさせられるとともに、国民に開国和親の方針を示し給うた。しかも、この宸翰によって、更に開国の真義を闡明あらせられたのである。随《したが》って、維新の開国は、安政のそれとは異なり、皇国本来の面目を示す積極進取《せっきょくしんしゅ》の開国であって、まさに尊皇攘夷の精神の発展に外ならない。

㊂新政の発現

かくて、内治・外交等百般の政治は、王政復古の大号令、五箇条の御誓文及び国威宣揚の宸翰に示し給う復古維新の叡慮のまにまに、着々と具現され、皇国日本の歩武が、力強く踏み出されることとなった。

明治元年八月、天皇は、即位の大礼を紫宸殿に挙げさせられた。その際、承明門《しょうめいもん》内の中央に大地球儀の飾《かざ》られたことは、まさに維新のしるしと仰ぎ奉るところであるが、これがかの徳川斉昭の奉献したものであることを思うと、ここにも開国の真義が拝されるのである。やがて天皇は、一世一元の制を創め給うとともに、東京奠都を行なわせられた。しかし、古都千年のゆかりを遺す思し召しから、後年、皇室典範御制定の際、即位の礼と大嘗祭とを特に京都の皇宮で行なう旨を明示あらせられ、復古維新の叡慮を宣べさせ給うたのである。

新政運営上の急務は官制の整備であったが、これまた、王政復古の旨趣に基づき、大宝令に則《のっ》とって着々と進められた。特に注目すべきは、神祇官の再興であり、ここに宣教使《せんきょうし》が置かれて、国民の教化、皇道の鼓吹に努めた。やがて大教宣布《たいきょうせんぷ》の詔が下り、神社制度の確立を見たが、この頃、古社《こしゃ》の復興と共に、吉野朝廷の諸忠臣を祭る神社が次々に創立され、又、東京九段坂《くだんざか》上《うえ》に招魂社《しょうこんしゃ》が創建されて、靖国《やすくに》神社の起原となったのである。

官制の整備と共に、地方政治の刷新もまた、焦眉《しょうび》の急を告げた。さきに、幕府の直轄地は朝廷に収められたが、全国二百六十余の諸侯は、依然土地・人民を支配して、天下一統の政治の妨《さまた》げとなっていた。よって新政府では、三条・岩倉・木戸・大久保らが中心となって、封土《ほうど》の奉還を行なわしめようとし、諸藩に於いても、版籍奉還の気運が動いた。かくて明治二年正月、薩・長・土・肥の四藩主は、連《れん》署上表《しょじょうひょう》してこれが奉還を請《こ》い、「抑《そもそも》臣等居《お》る所は即ち天子の土、臣等牧《ぼく》する所は即ち天子の民なり。安《いずく》んぞ私有すべけんや。今、謹て其《その》版籍を収めて之《これ》を上《たてまつ》る」との旨を奏上した。他の列藩ま

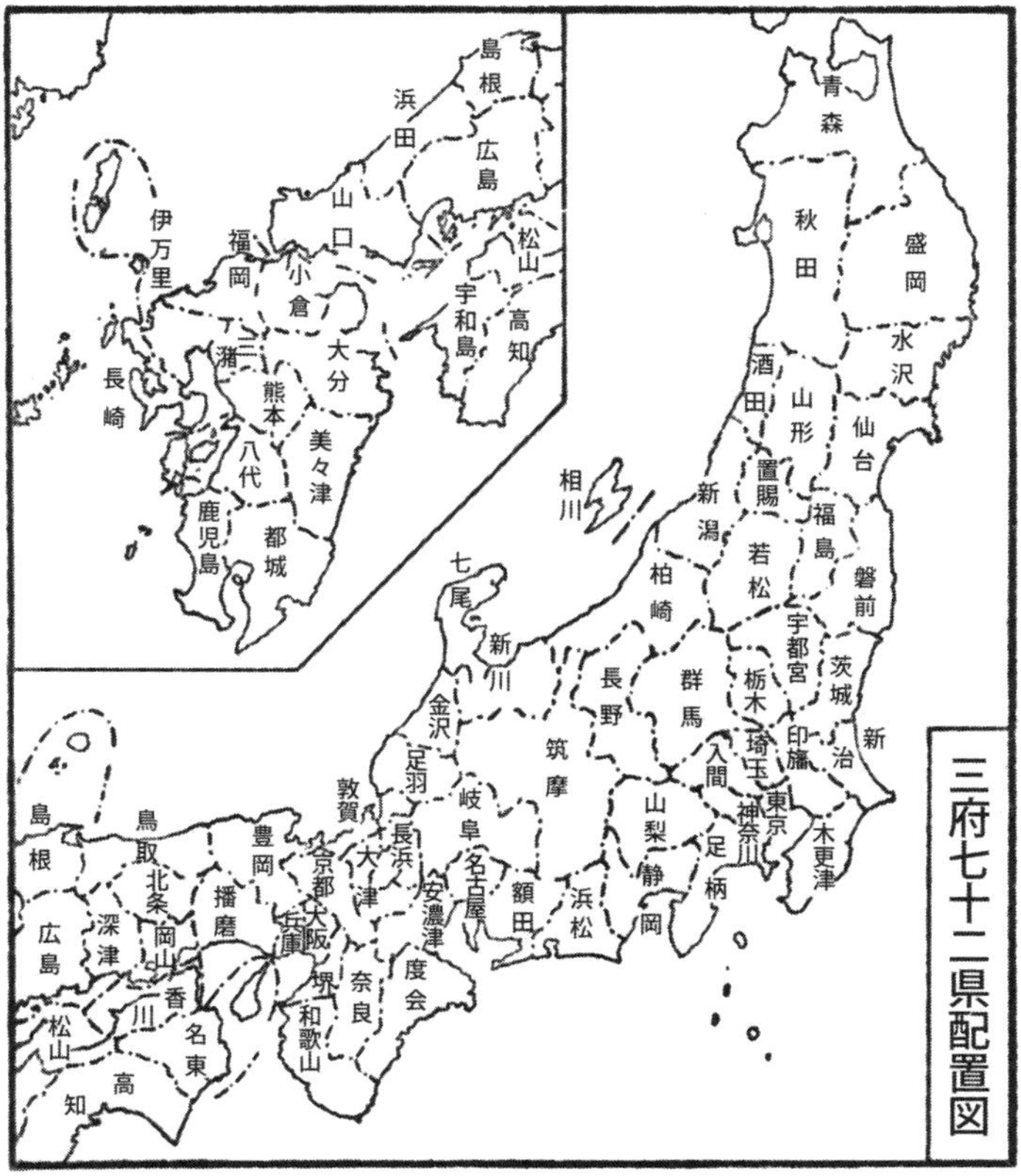

た、これに倣って陸続奉還を奏請し、その数忽《たちま》ち二百有余に及んだ。

天皇これを聴許あらせられ、未だ奏請せざる者には返納を命じ給い、改めて旧藩主を知藩事《ちはんじ》に任じて、旧領を治めしめられた。ここに全国の土地・人民は、挙げて朝廷の直轄に帰し、八府・二十六県・二百六十二藩の行政区の成立を見るに至った。

しかしその後も、藩に於いては、知藩事と士民との間に、主従の情実《じょうじつ》なお存し、又、府・県・藩共に、その配置・区域等、すべて封建の旧態を残していたので、政府の威令が行き渡らず、自然、施政上の障害も少くなかった。かくて天皇は、四年（二五三一）七月、廃藩置県の詔《みことのり》を発し給い、内《うち》、民衆を安《やす》んじ、外《そと》、列国と対するには、名実相伴なう策を立つべき旨を諭され、藩を廃し県を置き、知藩事を罷《や》めて東京に移し、新たに人材を抜擢《ばってき》して、府知事《ふちじ》・県令《けんれい》（後の県知事）を任命あらせられた。ここに府・県の区画も改って、全国は三府・七十二県となり、その後、県の分合《ぶんごう》が繰《くり》返されて、明治二十二年に至り、三府・四十三県に改ったのである。

かくて、封建の政治組織は名実共に亡び、中央集権の基礎が確立した。思えば、版籍奉還・廃藩置県の事は、まさに新政の最大難関であったが、しかも波瀾《はらん》なくこれを実現し得たのは、もとより国体の然《しか》らしめるところであり、御稜威のもと、政府の首脳と諸藩主とが、奉公の誠を捧げて、復古維新の大業完成を翼賛し奉ったからである。当時駐在《ちゅうざい》の外国使臣は、この改革を神慮と評して驚嘆したという。

二　世界の動向

明治天皇御製

よもの海みなはらからと思ふ世になど波風のたちさわぐらむ

㈠欧米の跳梁《ちょうりょう》

わが幕末維新の頃、欧米の各国は、それぞれ商工業が興隆して、国力とみに充実し、諸国いずれも、内には平和を熱望し、外には鋭意領土の拡張を図った。折しもイタリアとドイツが、統一を果して列強の仲間に加り、アメリカ合衆国また、これと前後して、ほぼ今日の国土を形成した。ドイツの統一は、わが明治四年、あたかも廃藩置県の年に当り、米国がメキシコと戦ってカリフォルニアを占めたのは、これに先だつ嘉永元年の事である。

かれら欧米の列強は、互に牽制しつつも、競《きそ》ってアジア・アフリカ及び濠洲《ごうしゅう》などの老朽《ろうきゅう》国や弱小民族を侵略・圧迫し、これを植民地・租借《そしゃくち》地・保護国等の形で占有した。アフリカや濠洲の如き、殆ど寸土《すんど》を余さず、その欲望の犠牲に供《きょう》せられ、アジアの諸国家・諸民族また、ひとりわが国を除いて、大なる被害《ひがい》を受けた。中でも猛威を振るったのは、先ず英・仏・露等の諸国であり、これに次ぐものは、米国の跳梁《ちょうりょう》であった。

英国は、既に世界の海上権を確保し、広大な植民地を擁して、廉価《れんか》な外地の原料品を多量に輸入し、工業の発達、販路《はんろ》の拡張などによって、その国富を著しく増大せしめた。しかも、あくなき欲望に駆られて、更に力を領土の拡張に注ぎ、わが文政年間に濠洲を占め、安政年間にはムガール帝国を滅してインドを直轄とし、更に慶応年間に至って、カナダに連邦を成立せしめた。又、シンガポール（二四七九）を始め、アデン（二四九九）・香港（二五〇二）等の要衝をその手に収めて、世界制覇の基礎を確立した。

　フランスは、さきに英国との植民地戦争に敗れて、インドや北アメリカに於ける地盤《じばん》を失ったが、幕末の頃、支那を圧迫して安南地方を経略し、次いでカンボジアを保護国とし、

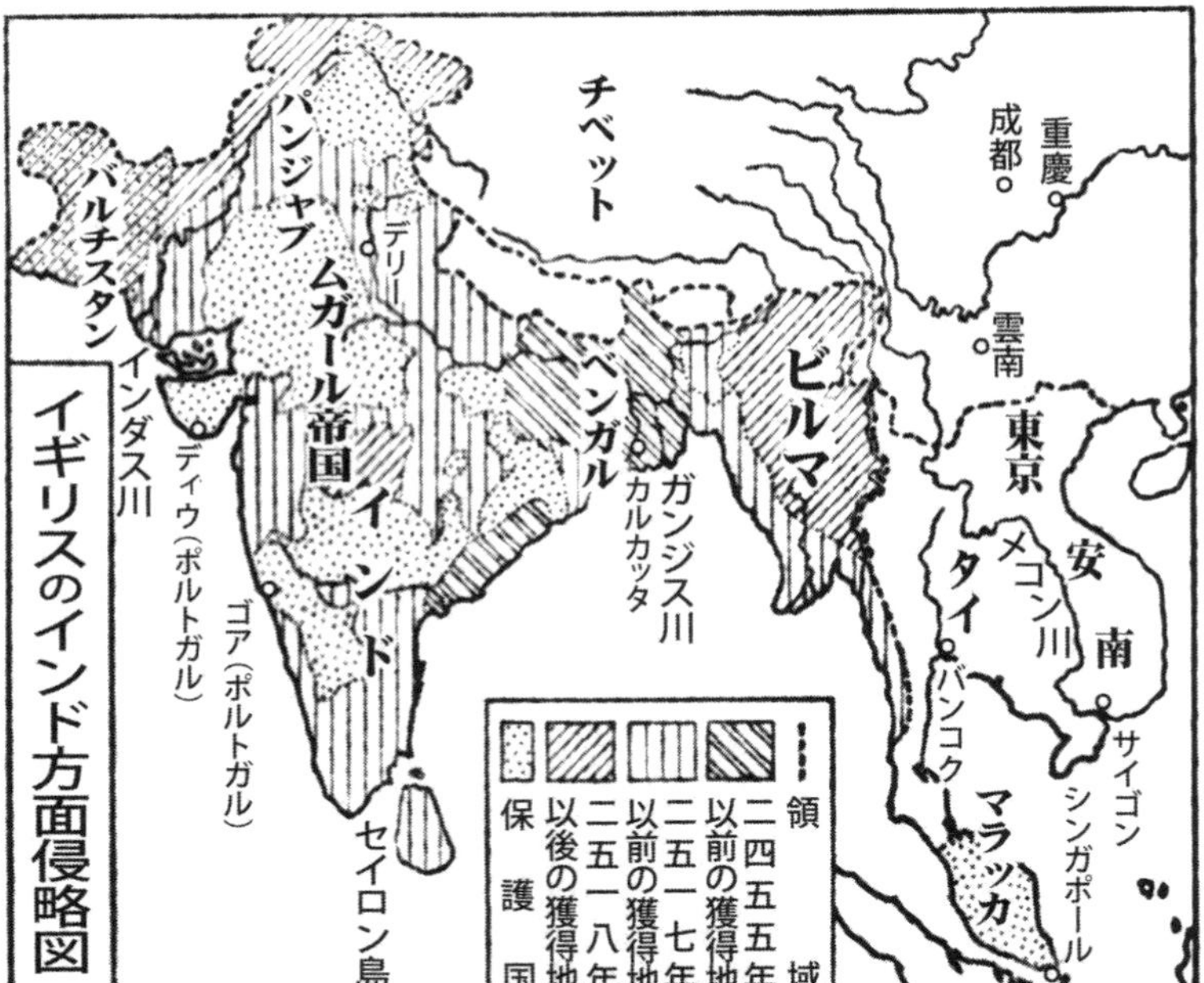

イギリスのインド方面侵略図

更に明治に入って、東京《とんきん》地方をもその勢力下に置き、やがて仏領インド支那を成立せしめた。

ロシアは、さきに清の盛時《せいじ》に、これとネルチンスク条約を結んで（二三四九）、外興安嶺以西を確保する程度であったが、清が衰えると、わが安政年間に、これに迫って黒龍江《こくりゅうこう》以北の地を占め、更に万延元年、清と英・仏との戦争に講和の斡旋《あっせん》を試み、報酬《ほうしゅう》として、沿海州《えんかいしゅう》をその手に収めた。

米国は、独立以来僅か七十年の間に、広大な国土を形成した。しかも、その人口が希薄《きはく》であったため、毎年欧洲から多数の移民を迎え、更にアフリカの原住民をも移入してこれを奴隷《どれい》とし、豊富な資源を開発したので、農業から商工業へと産業が急速に発達し、忽ち

ロシアの満洲侵略図

世界の富強国となった。東亜侵略の野望また早くも芽生え、ペリー来航の際には、小笠原《おがさわら》諸島や琉球列島の占領をさえ、もくろんでいたのである。その後、わが文久元年に、国内に南北戦争《なんぼくせんそう》の勃発を見たが、慶応元年にこれが鎮まると、国力はますます充実し、その間、英国人の子孫の多い北部の精神が軸《じく》となって、合衆国の国民性が形成された。しかも、領土を西へ拡めた米国は、やがて慶応三年、ロシアからアラスカを買収し、次いで、明治二年に大陸横断鉄道を完成するや、諸産業は飛躍的な発展を遂げた。かくて無類の国富を擁するところ、更にあくなき繁栄をむさぼり、世界制覇の爪牙《そうが》を磨くに至った。明治三十一年（二五五八）、ハワイ及びフィリピンを占めるや、機会均等・門戸開放を強調していよいよ東亜侵略の野望をあらわにしたのである。

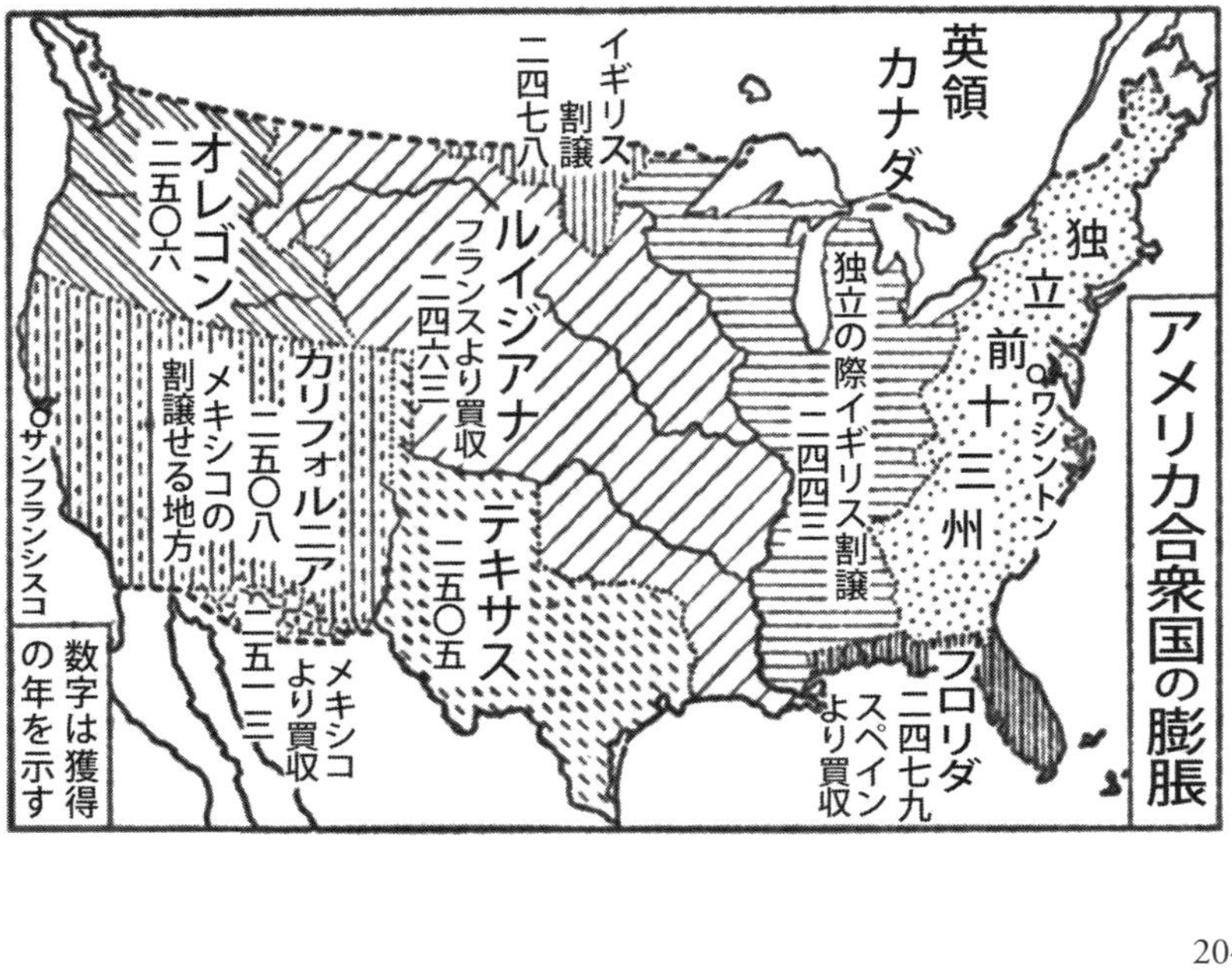

㈡東亜の情勢

かかる欧米列強の攻勢の前に、東亜の諸国家・諸民族は、あまりにも無力であり、殆ど無為《むい》無策のかたちであった。東亜は、世界の文化の発祥地《はっしょうち》であり、かつては、わが奈良時代を中心に、東亜の国々が共栄の喜びを分ったこともあった。又、室町中期以前の約一千年間は、アジア諸民族がしばしば欧洲に進出して、政治に於いても文化に於いても、大きな影響を及した時期である。その後、東西の形勢が一変して、アジアは西力東漸《せいりきとうぜん》の高潮《たかしお》に呑《の》まれる悲境に陥った。それも、ポルトガル・スペインの侵寇は、なおその規模が小であり、活動もまた緩慢であった。しかるに、オランダ及びイギリスが現れ、更に米国の介入《かいにゅう》するに至って、その東亜侵略は、武力によるも、はた経済的圧迫によるも、共に規模は頗《すこぶ》る大であり、又、その意図に於いて、極めて根強きものとなった。

わが国は、かかる渦中《かちゅう》にあって、よく幕末の難局を克服《こくふく》し、あざやかに維新回天の大業を成し遂げたのである。当時欧米列強の魔手《ましゅ》は、大陸を掠《かす》めてわが国に迫りつつあり、北からは露、西からは英・仏、東からは米などが、陽には通商を装《よそお》い、陰には領土獲得の野心を蔵《ぞう》して、幕政の弱点に喰《く》い込もうとした。国論沸騰して収拾《しゅうしゅう》の道なき観があったにもかかわらず、わが国が、よく外侮《がいぶ》を排して一大転換をなし得たのは、御稜威のもと、神州正気《しんしゅうせいき》の伝統が発揚されたからである。英・仏両国は、わが国に政治勢力を扶植《ふしょく》しようとして、各々《おのおの》画策するところがあり、殊《こと》にフランスは、退勢の幕府に対して、再三武力の援助を申し出たほどであったが、慶喜が断然これを拒絶《きょぜつ》したことの如き、まさに皇国の面目を発揮せるものであった。

しかし、武家政治永年の宿弊、特に鎖国二百年の無気力から、ようやく蘇ったわが国にとって、直ちに東亜の諸国家・諸民族の悲境を救うことは、もとより不可能であった。明治の維新は、既に国威宣揚の宸翰に拝した如く、興亜の基礎の築かれた時であり、ここに維新の世界史的意義が存する。

欧米の東亜侵略を、わが国と共に防止すべきは、大陸の清国であったが、清は列強から「眠れる獅子《しし》」と恐れられながら、その実《じつ》あまりにも無力であり、無自覚でもあった。その国運は、わが寛政の頃から次第に下り坂となり、阿片戦争に敗れて後は、国内に民族の相克《そうこく》が起って、十五年に及ぶ内乱となり、これに乗ぜられて、英・仏両国に再び利権を奪われる有様であった。露国が清の窮状を見て、これに迫り、満洲の北辺を掠めたのは、この時の事である。さすがに清も、一時は目ざめ、わが維新と前後して政治の改革を試み、国勢の復興を期した。即ち、欧米の文化を採り入れ、留学生を派遣し外人教師を招いて、艦船の建造、新式兵器の製作にも努めた。しかし、世に同治中興《どうちちゅうこう》と称せられるこの改革も、国力の充実には、殆ど役立たなかった。清の人々は、徒らに自尊心が強く、ただ外来文明の表面のみをまねたに過ぎなかったからであり、これ、維新後に於けるわが国勢の発展とは、大いに異なるところである。

かくて清は、いよいよ世界にその無為無策をさらし、欧米の列強に乗ぜられることとなった。日支関係の如き、維新以前に於いては、概ね善《ぜん》隣《りん》和親の間がらにあったのであるが、明治以後は、欧米の策動と支那の無自覚とによって、頗る円満を欠くに至った。明治の日本は、隣邦《りんぽう》の頑迷に悩まされつつ、これとの紛糾《ふんきゅう》を解決し、同時に、皇国の自衛、東亜の保全のため、更に欧米列強との折衝《せっしょう》を続けなければならなかった。これ、東亜の先達たる皇国に課せられた使命であり、興亜の自覚は早くも起った。菅沼貞風《すがぬまていふう》が「マニラの麻《あさ》は、以って日本の旗を繋《つな》ぐに足る」と叫んだのは明治二十二年、岡倉天心《おかくらてんしん》が「アジアは一《ひとつ》なり」と説いたのは、三十四年の事である。しかも興亜の実現は、世界を動かす大事業であり、これが国勢の発展と共に、歩《ほ》一歩《いっぽ》築かれるべきものであること、もとよりいうまでもない。

興亜の遺蹟

第十四　国勢の発展

一　政治と教育

㈠公議輿論《よろん》

維新後、時世の進運に伴ない、立憲政体もまた確立され、わが政治体制は、いよいよ整備されるに至った。畏《かしこ》くも明治天皇は、公議輿論御採用《ごさいよう》の国是を定め給い、御誓文の最初に、その御旨を宣べさせられた。爾来政府は、聖旨を奉体して、公議所《こうぎしょ》を設け（明治元年）、元老院《げんろういん》を置き（明治八年）、地方長官会議を召集し（同年）、更に地方では府県会《ふけんかい》を開くなど（明治十二年）、広く輿論の採用に務め、以って立憲政治確立への準備とした。

一方、民間に於いても、民選議院の設立を建白し（明治七年）国会の開設を請願するなど（明治十三年）、民意の尊重、民権の自由を要請する運動が、次第に激しくなった。しかもその言動は、幕末以来輸入された西洋の政治思想に影響されて、公論と民論とを混同し、とかく過激に亘るものが少くなかったのである。恐れ多くも天皇は、この趨勢に軫念《しんねん》あらせられ、明治八年、詔書《しょうしょ》を渙発して立憲政体に漸進《ぜんしん》すべき御旨を宣べさせられ、更に十四年には、勅諭を下して、来たる二十三年に国会を開き給う旨を昭示《しょうじ》あらせられ、国民の軽挙を厳しく戒め給うた。ここに国民は、深く反省してその言動を改め、来るべき光栄の日を期して、準備に着手した。即ち、板垣退助《いたがきたいすけ》・大隈重信《おおくましげのぶ》・福地源一郎《ふくちげんいちろう》らは、それぞれ政党を組織して四方に遊説《ゆうぜい》し、民衆の指導に努めたのである。

㈡立憲政体

議会開設の期が定まるとともに、政府は、先ず憲法の制定に着手し、明治十五年、伊藤博文《いとうひろぶみ》を欧洲に遣わして、憲法制定に必要な諸制度を調査せしめた。博文は、一国の憲法とその国の歴史との間には密接な関係の存することを見抜き、諸国の憲法を詳しく比較研究し、特にドイツの憲法の長所を認めて、これが調査に主力を注いだ。かくて帰朝の後、宮中に制度取調局《せいどとりしらべきょく》が設けられるや、その長官に任ぜられ、鋭意憲法の起草と諸制度の調査とに努めた。

一方、立憲政治確立の準備として、中央官制もまた改革され、内閣制度の創設を見るに至った。即ち明治十八年、従来の官制を廃し、内務・外務・大蔵・陸軍・海軍・司法・文部・農商務・逓信《ていしん》の九省に、それぞれ大臣を置いて行政に当らしめ、これら諸大臣を以って国務大臣となし、内閣総理大臣を首班《しゅはん》として内閣を組織し、大政を輔翼し奉ることとなったのである。宮中の官制もまた改り、内《ない》大臣・宮内《くない》大臣が置かれて、それぞれ常侍《じょうじ》の輔弼《ほひつ》と宮務の取扱《とりあつかい》を掌《つかさど》る制度が設けられた。更に二十一年には、枢密院《すうみついん》が創設されて最高の諮詢府《しじゅんふ》となり、国家の元勲《げんくん》、政務練達《れんたつ》の士が顧問官《こもんかん》として任用されることとなった。地方制度もまた、この前後に整えられ、既に記した行政区の画定の外、明治二十一年に市町村制が発布され、更に二十三年には、府県制も実施されて、ここに地方自治制の整備を見るに至った。

この間、伊藤博文は、内閣総理大臣に任ぜられて最初の内閣を組織するとともに、宮内大臣の兼任を命ぜられ、皇室典範・帝国憲法の起草を進めた。かくて明治二十一年、典憲《てんけん》の草案が成るや、天皇は、枢密院にこれが審議《しんぎ》を命じ給い、畏くも終始会議に臨ませられて、これを欽《きん》定《てい》あらせられた。

典憲の審議は既に成り、憲政実施の準備も概ね整って、明治二十二年（二五四九）を迎えるや、天皇は紀元節の佳《よ》き日に、大日本帝国憲法を発布あらせられた。その日の御盛儀《ごせいぎ》、津々浦々の民草の喜び、既に学んで感激おく能《あた》わざるところである。恭《うやうや》しく思うに、皇室典範及び帝国憲法は、畏くも天皇が、世の進運に鑑みさせられ、肇国《ちょうこく》以来列聖《れっせい》の伝え給うた皇室の大憲、統治の御遺範《ごいはん》を成典《せいてん》として欽定あらせられたもので、まさに千古不磨《ふま》の大典《たいてん》である。国民が自己の権利を擁護するために元首に迫り、幾多流血の惨事を起して成った欧米諸国の憲法とは、全くその趣《おもむき》を異《こと》にしている。

かくて翌二十三年、天皇は、憲法の規定に基づき、第一回の帝国議会を東京に召集し給い、開院式に親臨あらせられた。ここに、万民翼賛の政治体制は悉《ことごと》く整い、皇国発展の前途に輝きを加えたのである。

㈢聖諭《せいゆ》と教育

明治の御代に於ける国勢の発展は、又、教育の普及発達に負うところが多い。畏くも天皇は、国民教育に深く御心を用いさせられ、政府は、聖旨を奉体して、学制の整備、教育の普及に努めた。しかも教育の根本方針は、御誓文の旨趣《ししゅ》に則《のっ》とり、智識を世界に求めて大いに皇基を振起するにあった。随《したが》って、教学の立場も、皇道を基礎とし、漢土《かんど》・西洋の諸学をその羽翼《うよく》たらしめるにあり、学制の整備に当っては、他の諸制度同様、諸外国の長所を採ることとしたのである。

明治四年、文部省が文教の府として創置され、翌五年には、わが教育史上画期的な学制が頒《はん》布《ぷ》された。即ち、全国に不学の戸なからしめるため、都鄙《とひ》の別なく一斉《いっせい》に小学校が設けられ、国民教育の基礎は、ここに確立されたのである。各種の中等学校・高等専門学校・大学等の教育機関も、その後、年と共に開設・整備され、殊《こと》に、従来軽んぜられがちであった実業教育が盛んとなり、国運の進展に多大の貢献をなした。

しかし、この間、皇道に則とるべき教育の方針は、ようやく軽んぜられ、西洋崇拝の思想が

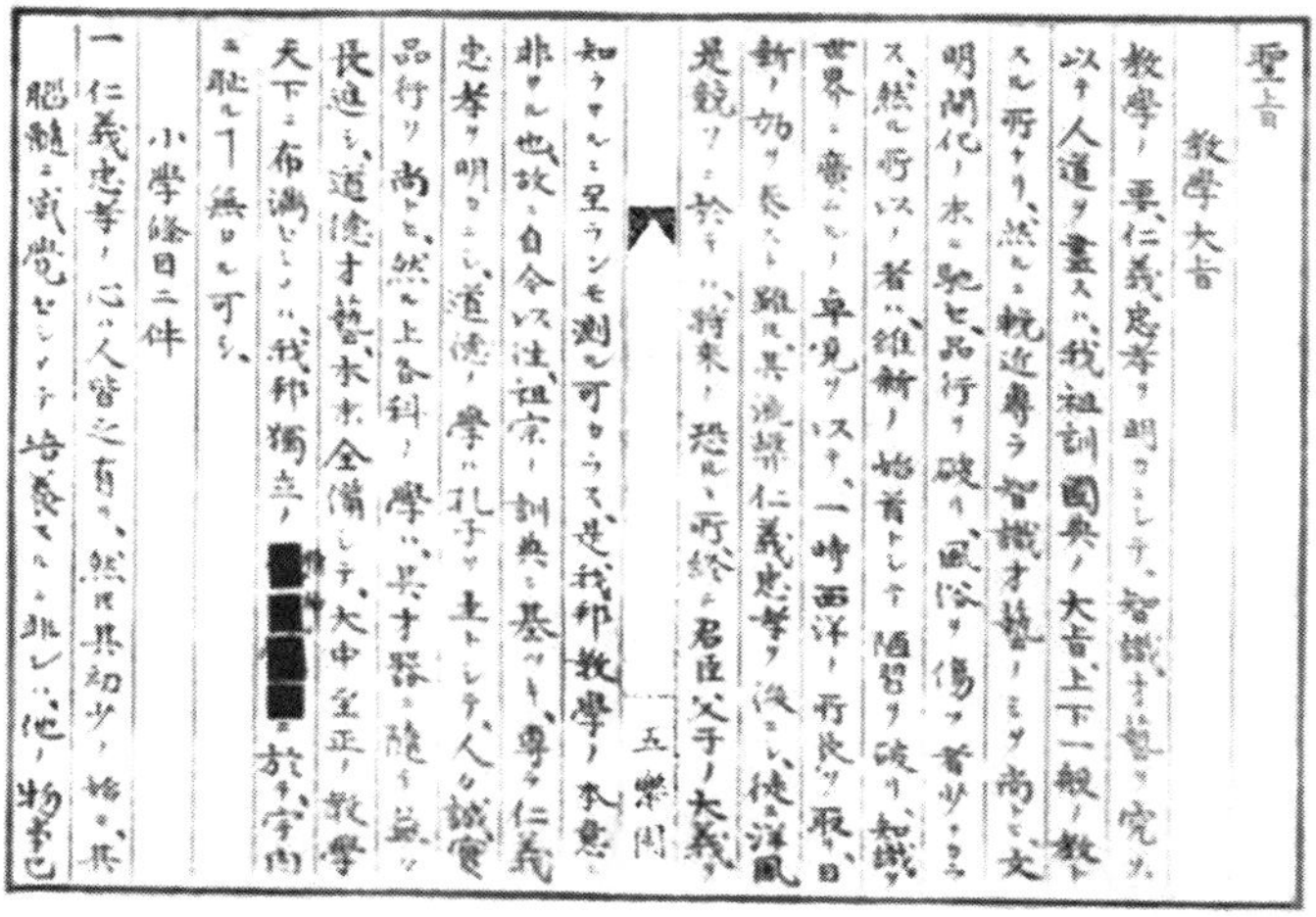

聖旨

教學大旨

教學ノ要仁義忠孝ヲ明カニシテ智識才藝ヲ究メ以テ人道ヲ盡スハ我祖訓國典ノ大旨上下一般ノ教トスル所ナリ然ルニ輓近專ラ智識才藝ノミヲ尚トヒ文明開化ノ末ニ馳セ品行ヲ破リ風俗ヲ傷フ者少ナカラス然ル所以ノ者ハ維新ノ始首トシテ陋習ヲ破リ知識ヲ世界ニ廣ムルノ卓見ヲ以テ一時西洋ノ所長ヲ取リ日新ノ効ヲ奏スト雖トモ其流弊仁義忠孝ヲ後ニシ徒ニ洋風是競フニ於テハ將來ノ恐ルル所終ニ君臣父子ノ大義ヲ知ラサルニ至ランモ測ル可カラス是我邦教學ノ本意ニ非サル也故ニ自今以往祖宗ノ訓典ニ基ツキ專ラ仁義忠孝ヲ明カニシ道徳ノ學ハ孔子ヲ主トシテ人々誠實品行ヲ尚トヒ然ル上各科ノ學ハ其才器ニ隨テ益々長進シ道徳才藝本末全備シテ大中至正ノ教學天下ニ布滿セシメハ我邦獨立ノ[redacted]ニ於テ宇内ニ恥ルコト無カル可シ

五常関

小學條目二件

一 仁義忠孝ノ心ハ人皆之有リ然トモ其幼少ノ始ニ其脳髄ニ感覚セシメテ培養スルニ非レハ他ノ物事已ニ

教学大旨

教育界にも波及するに至った。殊に個人主義《こじんしゅぎ》の思想が流入するに及んで、忠孝の道を重んずべき道徳教育は、甚だしく軽視され、教育が普及すればするほど、国民精神が弛《ゆる》むという憂うべき事態が現れたのである。天皇は、この趨勢をいたく軫念あらせられ、明治十二年、教学大旨《きょうがくたいし》に於いて、洋風を戒め忠孝仁義の道を励まし給い、更に十五年には、幼学綱要《ようがくこうよう》を頒賜《はんし》して、年少就学《しゅうがく》の規範たらしめ給うた。しかもなお、国民の多くは欧化の夢から醒《さ》めきらず、政府が条約の改正を目ざして、洋風尊重の政策を採ったため、この風潮は更に助長され、明治十六七年の頃、いわゆる鹿鳴館《ろくめいかん》時代に至って、その絶頂に達した。

さすがに、この頃から国民の自覚が芽生え、欧米追随の時流に抗して、国粋の保存を叫ぶ言論も次第に活発となり、そこに欧化・国粋の両論が対立して、一般の国民は、帰趨に迷う有様であった。かくて明治二十三年（二五五〇）十月三十日、畏くも教育に関する勅語を賜《たま》い、国民道徳の大綱を昭示して、人心の迷いを解かせ給うた。勅語は、皇祖皇宗の御遺訓《ごいくん》に基づき、わが伝統の美風を示して、国民の自覚と実践とを諭し給うたものであり、ここに多年の混乱は忽《たちま》ち統一され、わが教学の大本また、儼《げん》として定まったのである。

㊃明治の文化

教育の興隆に伴ない、学術もまた著しく発達した。従来教学の中心であった儒学・国学に代って、数学・医学・理化学等のいわゆる自然科学が盛んとなり、法律・経済・歴史・哲学《てつがく》等の学問も、時世の進運に応じて面目を改めた。おのずから、両者共に洋学万能の傾向が強く、殊に精神的な学問が洋風に染まったことは、永く国民思想混乱の禍根《かこん》となった。再三の聖諭を拝して、明治の中頃から、国史・国文・国民道徳・東洋史・東洋哲学等の諸学が相次いで興り、科学に於いても、明治の末葉には、医学や地震・火薬等の研究に、幾多世界的な業績を発表し得るに至ったものの、明治時代の諸学問は、未だ自主・独創の域に達せざる憾《うら》みがあった。

文学や美術もまた、教育の普及に促されて、次第に盛んとなったが、そのたどった径路は、ほぼ学術と同様である。先ず文学では、初め政治小説や通俗的な翻訳物《もの》が現れ、明治二十年前後には、坪内逍遙《つぼうちしょうよう》・二葉亭四迷《ふたばていしめい》・森鷗外《もりおうがい》らが出て、或《あるい》は文学の水準を高め、或は新文体を創始し、或は外国文学を紹介《しょうかい》して、明治文学の基礎を築いた。次いで尾崎紅葉《おざきこうよう》・幸田露伴《こうだろはん》らが現れ、更に日清戦役前後には、和歌・俳句に落合直文《おちあいなおぶみ》・正岡子規《まさおかしき》らが出て、顕著な業績を遺した。この頃、高山樗牛《たかやまちょぎゅう》が文学界の一角に日本主義を唱道《しょうどう》したことは、時代の反映として注目に値する。やがて、日露戦役後には、島崎藤村《しまざきとうそん》らが出て小説に新味を出し、夏目漱石《なつめそうせき》また異彩を放った。

美術に於いては、維新後しばらく日本画が衰え、僅かに菊池容斎《きくちようさい》らによって、その伝統を保つ程度であったが、明治二十年前後から、国粋論の勃興と共に、復興の気運が動き、狩野芳崖《かのうほうがい》・橋本雅邦《はしもとがほう》・川端玉章《かわばたぎょくしょう》らの努力によって、次第に興隆に向かった。その頃、彫刻に於いても、伝統が重んぜられ、木彫《もくちょう》に秀でた高村光雲《たかむらこううん》・竹内久一《たけうちきゅういち》・石川光明《いしかわみつあき》らの活躍を見た。一方、西洋

容斎の歴史画（前賢故実）

画・西洋彫刻は、維新の初めから、洋風尊重の波に乗って時代の嗜好に投じ、特に洋画は、明治三十年前後に、黒田清輝《くろだきよてる》らによって、その水準が高められ、発達の基礎が確立されるに至った。その他、建築や工芸も、和風・洋風及びその折衷《せっちゅう》など色とりどりであったが、そこに住み、それを用いる国民の生活を通して、次第に醇化の域へと進んだ。

二　軍事と経済

㈠兵制と軍備

明治新政の一大眼目は、兵制の確立である。即ち、諸政の一新と共に、兵制もまた、復古の精神に基づいて改革され、世界に類なき皇軍の制は、ここに、その確立を見ることとなった。

そもそも、わが国の兵制は肇国の古往《こおう》に発し、その後制度の改変こそあったが、天皇統帥《とうすい》の大綱は、一貫《かん》して変るところがなかった。然るに、武家政治の成立するに及んで、統帥の実権が武門の手に移ったため、その後七百年の永きに亘って、兵制また、本然の姿を失うに至ったのである。慶喜の大政奉還によって幕府が倒れると、兵制の復古維新もおのずから成った。ここに明治天皇は、御親《おんみずか》ら兵馬の大権を掌握《しょうあく》せられ、直ちに陸・海軍の編成に着手せしめ給うた。

先ず過渡期の制として、陸軍はこれを諸藩に命じて編成せしめられ、海軍は旧幕府の軍艦を収めてこれを組織せしめられ、かくて明治二年、兵部省《ひょうぶしょう》を設けて、これら陸・海軍を統轄せしめ給うたのである。

その後、新政の進展と共に、兵制の整備は、いよいよ急務となった。よって、時の兵部大輔《たいふ》大村益次郎《おおむらますじろう》は、鋭意これが調査研究に努め、古制《こせい》に則る徴兵の制度を建議したが、未だその実現を見るに至らなかった。山縣有朋《やまがたありとも》・西郷従道《さいごうつぐみち》ら、よくその後を継ぎ、兵制調査のために欧洲諸国を視察し、帰朝後これを参照《さんしょう》して、陸海それぞれの軍制を定めるとともに、着々徴兵制実施の準備を進めた。かくて明治四年、始めて禁闕《きんけつ》守衛の親兵《しんぺい》と地方衛戍《えいじゅ》の鎮台《ちんだい》とが設けられ、翌五年、兵部省は廃され、陸・海軍の二省が分《ぶん》置《ち》された。

大村益次郎像

同年十一月、天皇は、士族の兵職《へいしょく》を解いて全国徴兵の制を定めさせられ、政府は、聖旨を奉体して、「士は従前の士に非《あら》ず。民は従前《じゅうぜん》の民に非ず。均《ひと》しく皇国一般の民《たみ》にして、国に報ずるの道も、固《もと》より其《その》別なかるべし」との告諭《こくゆ》を発し、翌六年（二五三三）一月、徴兵令が公布された。ここに、国民皆兵《こくみんかいへい》の制は確立され、士族・平民の別なく、男子二十歳に達する者は、悉く兵籍に編入されるに至り、天皇は大元帥として、親しくこれを統率し給うこととなったのである。次いで、東京・仙台・名古屋・大阪・広島・熊本の六鎮台が置かれ、徴兵令による最初の徴兵を実施して、これに配当し、ここに、現在の陸軍の基礎が築かれるに至った。

　兵制の確立と共に、皇国の軍容が着々充実するや、畏くも天皇は、明治十五年（二五四二）一月四日、陸軍卿《きょう》並びに海軍卿を召《め》させられ、軍人勅諭《ぐんじんちょくゆ》を下し給うた。勅諭は、皇軍の伝統、建軍の精神と共に、軍人の本分《ほんぶん》をつぶさに諭し給うたもの、特に五箇条の聖諭は、皇国武士道の神髄《しんずい》を昭示あらせられたものと拝し奉るべく、陸・海軍人はもとより、国民一般の日夜拳々《けんけん》服膺《ふくよう》すべき大典である。

　兵制の確立後、軍備もまた次第に充実し、特に明治の後半、国威宣揚の時期に入って、飛躍的な発展を遂げた。陸軍に於いては、明治四年の親兵及び四鎮台が、日露戦役後、近衛《このえ》師団及び十六箇師団となり、海軍では、明治初期の艦船総噸《とん》数一万三千余噸が、明治二十七年の約六万噸を経て、大正《たいしょう》の初めには五十万噸を越えたことによっても、その発展ぶりがうかがわれる。この間兵器の改良も幾たびか行なわれたが、総じて、かかる軍備の充実が、産業の発達特に機械工業の発展と密接な関連をもつこと、いうまでもない。

(二)経済の発達

維新以来、わが経済は、欧米列強の包囲下にありながら、よくその長所を採って長足《ちょうそく》の進歩を遂げ、富国強兵の実を挙げて、国威の宣揚に資するに至った。その発展は、日清戦役を境として前後の二期に分れ、前期に於いては、産業を始め金融《きんゆう》・交通・通信等、経済的発展の諸条件が整えられ、後期に入って、工業の機械化を中心に、本格的な経済発展を見ることとなった。しかも、特に注目すべきは、この間、政府が先ず官営の工場を設けて企業《きぎょう》の範を示し、鋭意、工業の発達を輔導したことと、富国強兵の必要から、軍需工業の促進《そくしん》、海外貿易の振興が最も重視されたことである。

明治の産業に於いて工業が重視されたのは、この点が、特に欧米の列強に立遅《たち》れていたからである。しかし、官民一体の努力によって、わが工業は、紡績・製鉄・機械・造船・織物等めざましい発展を示し、やがて世界屈指の大工業国となる基礎は、ここに築かれるに至った。明治二十一年の全国工場数約千七百が、その後数年の間に三四倍に増加し、更に明治末年には、約九倍、一万五千の数に達したことによっても、この間の躍進ぶりがうかがわれる。

工業の勃興は、時代の新気運に促されたものであるが、伝統の重要産業たる農業が、国勢発展の地盤として依然重視されたこと、もとよりである。種苗《しゅびょう》・栽培《さいばい》等の技術には幾多の改良が加えられ、武士の帰農による開墾と相俟《ま》って、農業は更に拡充され、養蚕・園芸・牧畜等また大いに発達し、特に馬匹《ばひつ》の改良は、強兵策の一助ともなった。林業・水産業また、伐採の方法、漁労《ぎょろう》の技術が進んで、共に堅実な発達を遂げ、鉱業に至っては、工業の促進に密接な関係があり、政府の頗《すこぶ》る重視するところであった。即ち政府は、鋭意採鉱・冶金《やきん》の学を奨励するとともに、初め主要な鉱山・炭鉱の経営を官営とし、その順調な発達を見て、漸次これを民営に移すなど、慎重な態度を採った。

金融制度は経済活動の源泉であるから、政府は夙《つと》にこれが整備に意を用いた。即ち明治五年、各地に銀行を設けて紙幣を発行したが、やがて十五年には、日本銀行《にほんぎんこう》を創設して兌換《だかん》制度を確立した。更に、明治後半に入って諸産業が興隆するや、民営の銀行も陸続設立され、殖産興業・貿易振興のため、諸種《しょしゅ》の特殊銀行も開設されるに至った。鎖国から開国に移って、交通の発達は陸上・海上共に著しく、通信の機関また長足の進歩を遂げた。明治四年、東京・京都・大阪間に郵便の制が立てられ、翌五年、東京・横浜間に鉄道が創設され、以来僅か七十年の間に、今日の盛況を見るに至ったのであり、しかもその基礎は、全く明治時代

第一号機関車

に確立されたのである。

産業の発達は、交通・金融の整備と相俟って商業の発達を促し、殊に海外貿易は、富国強兵策と結んで、年と共に盛んになった。貿易情況も、その初め、精製品を輸入して原料・半加工品を輸出する程度であったが、工業の発展に伴ない、やがて逆の状態となった。かくて明治の末年、わが国は、世界の主要貿易国へと躍進したのであって、ここにも、国力充実の経過が見られる。

第十五　国威の宣揚

一　外交の展開

明治天皇御製
とる棹《さお》のこゝろ長くもこぎよせむ芦間《あしま》の小舟《こぶね》さはりありとも

㈠近隣関係

畏《かしこ》くも明治天皇は、開国和親の国是を示し給うとともに、従来の締約《ていやく》国以外の国々とも、新たに条約を結ばしめられ、又、明治三年には、英・仏・独・米の諸国に公使を駐箚《ちゅうさつ》せしめて、列国との和親を図らしめ給うた。政府は、聖旨を奉体し、積極進取の方針を持して世界の外交に臨み、幕府の不始末に悩みながらも、近隣関係・国境画定・条約改正等、大小幾多の外交問題を次々と解決して行った。

維新の初め、政府は先ず、対馬藩主宗氏をして、朝鮮に王政復古の旨を通告し、兼《か》ねて国交の復旧を求めしめた。時に朝鮮は、大院君《だいいんくん》が政権を握り、鎖国主義を標榜《ひょうぼう》してわが提案を拒み、その後再三に亘るわが勧告にも頑《がん》として応ぜず、しばしば不遜の態度をさえ示した。わが朝野に、囂々《ごうごう》として征韓論《せいかんろん》の起ったのは、これがためである。その後、明治八年、わが軍艦雲揚《うんよう》が清国への途次《とじ》、江華島《こうかとう》に於いて朝鮮守備兵の砲撃を受け、いわゆる江華島事件が起るや、政府は厳重な交渉《こうしょう》を進め、翌九年、始めて修好条約を結び、維新以来の懸案《けんあん》を解決した。かくてわが国は、明治十三年、公使を派遣して京城《けいじょう》に駐劄せしめ、朝鮮また、範をわが国に採って鋭意国政の改革に努め、日鮮の親善は次第に深まろうとした。

日清の国交は、明治四年、修交通商条約の締結を以って開始された。然るにこの年、琉球の民数十名が、台湾に漂着《ひょうちゃく》して島民に殺害された。政府は、明治六年、清に対して厳にその罪を質《ただ》したが、かれは島民を以って化外《けがい》の民なりと称し、あくまで責任を回避《かいひ》した。ここに征台《せいたい》の軍が催され、忽《たちま》ち島民を威服《いふく》せしめるに及んで、清は俄《にわ》かに前言を翻《ひるがえ》し、台湾を自己の版図として異議を唱え、わが軍の撤退を要求した。よって政府は、参議大久保利通に清との交渉を命じ、かれをして征台の義挙を認め、償金《しょうきん》を出し、将来の保障を約さしめて、事件の解決を果した。朝鮮との折衝といい、清との交渉といい、共に籠手《こて》調べの域にとどまり、波瀾《はらん》も容易に鎮まったが、確執を以って始った近隣関係の前途には、楽観を許さぬものがあった。

㈡国境画定

政府は又、旧幕外交の後始末として、国境問題の解決に努めた。その一は、ロシアとの国境画定である。安政元年、日露条約締結の際、幕府の採った処置は、極めて曖昧《あいまい》であり、一時を糊塗するものに過ぎなかった。よって政府は、明治七年、露国と交渉を開始し、翌年に至って千島樺太交換条約を結び、千島全部をわが領土となし、彼我雑居の樺太を露領と定めて、北辺紛争の禍根を絶った。

その二は、琉球列島並びに小笠原諸島の所属問題の解決である。琉球及び小笠原諸島は、わが国防上極めて重要な地位にあり、歴史に徴して明らかにわが版図であるにかかわらず、江戸幕府の姑息《こそく》な政策が累《るい》をなして、甚だしく等閑に付され、幕末の頃には、諸外国はもとより、わが国民にさえ、その所属が明確でなかった。かのペリーが、わが国に来航の途次、これが占領を企てたことは、かかる形勢に乗じたものといえる。

先ず琉球は、古来わが国土の一部をなし、江戸初期以来、薩摩藩の支配下にあったが、その地理的位置と清の宣伝及び島民一部の無自覚とにより、あたかも日清両属の観を呈していた。よって政府は、その所属を明確にするため、明治四年、廃藩置県に際して、これを鹿児島県の所管に編入し、翌五年、琉球王尚泰《しょうたい》を藩王に封じて華族に列せしめ、更に十二年には、清の異議を斥け、琉球藩を廃して沖縄県を置くに至った。この間、かの征台の役に際し、これを機会に琉球をして清と絶縁せしめ、大いに藩政の改革・指導に当ったのであった。

小笠原諸島は、江戸初期、即ち海外発展の盛んな頃、小笠原貞頼《おがさわらさだより》の発見したものである。然るに、鎖国に入って時経るままに、英国人や米国人が、みだりにここに移り住み、やがてその領有を唱えるに至った。さすがに幕府も、事の重大を知り、これが所属に関して、しばしば米国と折衝したが、解決を見るに至らなかった。かくて政府は、なおも交渉を続け、明治八年、遂に米国を始め列国をして、わが版図なることを承認せしめたのである。国境は国家の生命線であり、国歩進展の爪先《つまさき》である。われらは、開国進取の外交の門出を国境の画定に見て、国境の重要性を思い、維新政府の労苦をしのばなければならない。

㊂条約改正

条約もまた、国勢の消長を反映するものである。これを改めこれを正すには、国力の充実を必要とする。ここに政府は、旧幕外交の失態をつぐなうため、欧米列強に対し、苦心惨憺の折衝を続けなければならなかった。しかも、当然の権利を主張する国境の画定に比して、前約《ぜんやく》を改める条約改正の挙が、更に困難であったことは、いうまでもない。

幕府の結んだ通商条約は、関税の自主権なく、又、諸外国の治外法権《ちがいほうけん》を容認して、不平等且つ屈辱的《くつじょくてき》なものであった。随《したが》って、維新後、条約の改正は、朝野を挙げての切実な要求であり、

条約改正会議

もとより政府も、夙《つと》にこれが改正に着手した。即ち政府は、明治四年、岩倉具視一行を欧米に遣わし、各国の視察を兼ねて条約の改訂《かいてい》を提議せしめたが、列国の顧《かえり》みるところとならなかった。その後、改正の要望は年と共に高まり、政府また孜々《しし》として努めたが、その行路は頗《すこぶ》る多難であった。十一年には、外務卿寺島宗則《てらじまむねのり》が税権の回復を企てて成らず、十五年から二十年に亘って、井上馨《いのうえかおる》が試みた治外《ちがい》法権《ほうけん》撤廃の交渉も、遂に実を結ぶに至らなかった。更に、二十一年には外務大臣大隈重信が、二十二年には同青木周蔵《あおきしゅうぞう》が、相次いで折衝に当ったが、それぞれ内外の難問題に遭《そう》遇《ぐう》して、その功を収めることができなかった。

わが外務当局長期の努力を以って、なお事の成らなかったのは、欧米列国が、わが国を見くびり、不遜な優越感とあくなき欲望とを持して、交渉に臨んだからである。畏くも天皇は、この形勢に軫念《しんねん》あらせられ、明治二十五年、伊藤博文・後藤象二郎・副島種臣《そえじまたねおみ》・黒田清隆《くろだきよたか》らに、条約改正調査委員を仰せつけられ、特に勅語を賜《たも》うて、条約改正の成功を促進せしめ給うたのである。

然るに、この間、立憲政体が確立され、法典は整い、軍備や経済力も充実して、わが実力はおのずから海外に発揚され、改正成就の気運また、ようやく濃厚となった。よって外務大臣陸《む》奥宗光《つむねみつ》は、明治二十七年（二五五四）、全権公使青木周蔵をして、先ず英国と折衝せしめ、遂に改正に同意せしめた。あたかも日清戦役が起ってわが国の大勝となり、国威が世界に輝いたので、次いで試みた米・伊・露・独各国との交渉もはかどり、三十年末までに、諸国いずれも改正条約の調印に応じた。かくて新条約は、三十二年から一斉に実施され、ここに先ず治外法権の撤廃を見た。更に、日露戦役によって、わが国際的地位が躍進するや、外務大臣小村寿太《こむらじゅた》郎《ろう》の交渉が功を奏し、明治四十四年（二五七一）、関税自主権をも回復するに至った。

条約改正の顛末《てんまつ》は、まさに維新日本成長の横顔である。われらは、その経緯を学んで、明治外交の苦闘の跡をしのぶとともに、国際問題の処理は、国家の実力によるに非ざれば、解決の道なきものであることを痛感する。しかも、実力なき苦肉の策が悔《く》いを後日に遺すことを、欧化主義の失敗によって教えられるのである。

二　東亜の保全

明治天皇御製

国のためあだなす仇《あだ》はくだくともいつくしむべき事な忘れそ

㈠明治二十七八年戦役

日清・日露の両戦役が東亜保全の聖戦であることは、畏くも明治二十七年八月一日及び三十七年二月十日に下し給うた宣戦の詔書に、拝し奉るところである。即ち、東亜の先覚者たるわが国が、身を以って先ず朝鮮の危急を救い、次いで清・韓の保全に尽くした戦である。アジアを欧米の魔手から救い、東亜に永遠の平和を確立することは、大東亜戦争の使命であるが、かかる興亜の大業は、既に明治の後半に始ったのである。これら両戦役が共に国運を賭《と》しての戦であったこと、もとよりいうまでもない。よくその難局を克服して、わが国の世界的地位が確立されたのであり、国歩の進展に於ける、その意義の重要性には、まさに絶大なものがある。

明治二十七八年の日清戦役は、東亜に対する支那の無自覚に起因する。即ち清が、朝鮮の内政改革に関するわが提言を斥け、東亜安定の楔《くさび》ともいうべき半島の平和を乱し、しかも日清の不和に乗じて、ロシアの勢力がここに喰い入ろうとし、かくて戦が起ったのである。開戦と共に、天皇大纛《だいとう》を広島に進め給い、爾来戦争の終るまで、日夜将兵と労苦を倶《とも》にせられ、親しく軍事を統監《とうかん》あらせられたこと、申すも畏き極みである。将兵の忠誠勇武、連戦連勝の戦況は、思い起すだに感激の新たなるものがあり、国民一般の戦意また頗る強烈であった。憂国の至情は津々浦々に満ち溢れ、老若男女共々に資を献じ、従軍を志願する者が相次いだ。議会も従来の政争を一擲《いってき》し、同年十月、広島で開かれた臨時議会には、当時としては莫大《ばくだい》な軍事費一億五千万円を、僅か五分間で満場一致可決したほどである。大勢《たいせい》早くも定まって清の屈服となり、明治二十八年四月十七日、下関条約の締結を見たのであった。

広島大本営

㈡三国干渉

日清戦役の結果、清の野望は挫《くじ》かれ、朝鮮の独立は確保されて、東亜の紛糾は一先ず解決され、わが国の地位もまた、おのずから高まった。更に、この戦勝を契機《けいき》として、わが国は、軍事に産業に、はた又、文化に、飛躍的な発展を遂げるに至った。国歩の進展に一期を画し、興亜の礎《いしずえ》をここに築いたというも、敢えて過言ではない。

しかし眼を世界に放てば、東亜の独立は、その前途なお遼遠《りょうえん》であった。即ち欧米の跳梁が、日清の紛争を機会に、更に熾烈の度を加えたからであり、それは早くも、三国干渉となって現れたのである。平和克復《こくふく》の詔《みことのり》を拝したのが四月二十一日、三国干渉の起ったのは、その二十三日である。畏くも天皇は、直ちに御前会議《ごぜんかいぎ》を開いて対策を講じ給うたが、内外の情勢に鑑みて遼東《りょうとう》半島の還付《かんぷ》を許容せられ、詔書を渙発して国民の覚悟を諭し給うた。聖旨を奉体して、国民は軽挙を慎《つつし》み、切歯扼腕《せっしやくわん》、臥薪嘗胆《がしんしょうたん》の決意を固めた。聖慮の深遠は申すも畏し、われらは、父祖の無念をしのぶとともに、「日本の遼東半島領有は、東洋平和に害あり」となす、その言《いい》分《ぶん》を心に刻む必要がある。

戦後のわが国は、悲憤の中にも、国力の充実、新版図の経営に努めた。この戦役を契機として、軍備・産業・文化等各方面に、飛躍的な発展を遂げた。しかも、新版図即ち台湾の経営では、なお残る不逞《ふてい》の徒の反乱を鎮め、総督府《そうとくふ》を設けて、新付《しんぷ》の島民をあまねく皇化に浴せしめた。この間、北白川宮能久《きたしらかわのみやよしひさ》親王が、近衛師団の将兵を率いて瘴癘《しょうれい》の山野《さんや》を転戦せられ、御病のため、遂に台南《たいなん》に於いて薨去あらせられたことは、まことに畏き極みであり、やがて台湾が、南進の要衝として重要性を発揮する基は、ここに築かれたのである。更に清の抑圧を脱した朝鮮に対しては、誠意を以って内政の輔導に当り、ロシアの侵迫を阻止《そし》して、よく更生の実を挙げしめた。かくて朝鮮は、明治三十年、国号を韓《かん》と改め、東亜の保全に尽くすこととなったが、これまた、わが戦後経営の一成果に外ならない。

㊂明治三十七八年戦役

三国干渉の中心は、もとより露国であった。露国は、さきにわが国と国境画定の条約を結んで後、南下の鋒《ほこ》を満洲・朝鮮に向けた。その意図は、不凍港《ふとうこう》の獲得に存し、三国干渉また、清に恩をうって旅順《りょじゅん》・大連《だいれん》を己が領有に帰せしめようとするものであった。欧洲に於いて、バルカンに進んで露土戦争《ろとせんそう》を引き起し、又、中央アジアからインド洋に出ようとして、しばしば英国と衝突したのも、すべてこれがためである。

明治三十年代に於ける欧米の東亜侵略に於いて、最も熾烈であったのは露国のそれである。英国は、既にインドを中心に、多数の植民地と莫大な資源を擁して、むしろ守成の地位にあり、米国は、明治三十一年にハワイ及びフィリピンを占め、やがて本格的な侵略に移る準備態勢にあった。しかも露国が、東亜の南下策に主力を注いだのは、日清戦役後に於ける清の衰運に乗じようとしたものである。

清の衰運に乗じて、欧米列強は、それぞれ利権の獲得に狂奔《きょうほん》した。しかも、その中心は明らかに露国であり、他の諸国は、勢力の均衡をあせって、不法にも追随を敢えてした観がある。

悲境の清は、わが明治の新政に範を採って国力の復興を企てたが、これが失敗するや、明治三十二年、かの北清《ほくしん》事変が勃発した。これを機会に、露国は、鉄道守備に名をかりて、しきりに兵を満洲に送り、事変の鎮定後も兵を徹せず、清に迫って密約を結び、満洲占領の野望をあらわにした。

明治三十五年は、シベリア鉄道の開通、日英同盟締結の年である。露国の満洲占領は、東亜の保全、皇国の存立《そんりつ》を危殆《きたい》に瀕《ひん》せしめた。英国また、露国の南下によって、インド並びに在支権益に脅威を感じた。かくて、清・韓両国の領土を保全し、東亜の平和を維持するため、日英同盟の成立を見た。露国は、一時躊躇《ちゅうちょ》の色を見せたが、その後、ますます兵力を増強し、遂に北韓《ほっかん》の地、龍巌浦《りゅうがんぽ》を侵《おか》すに至った。わが政府は、三十六年の八月から半年に亘って、事態の平和的解決に努めたが、露国の不信は募るばかりであった。ここにわが国は、三十七年（二五六四）二月、皇国の防衛、清・韓の保全のため、決然として国交の断絶を通告した。

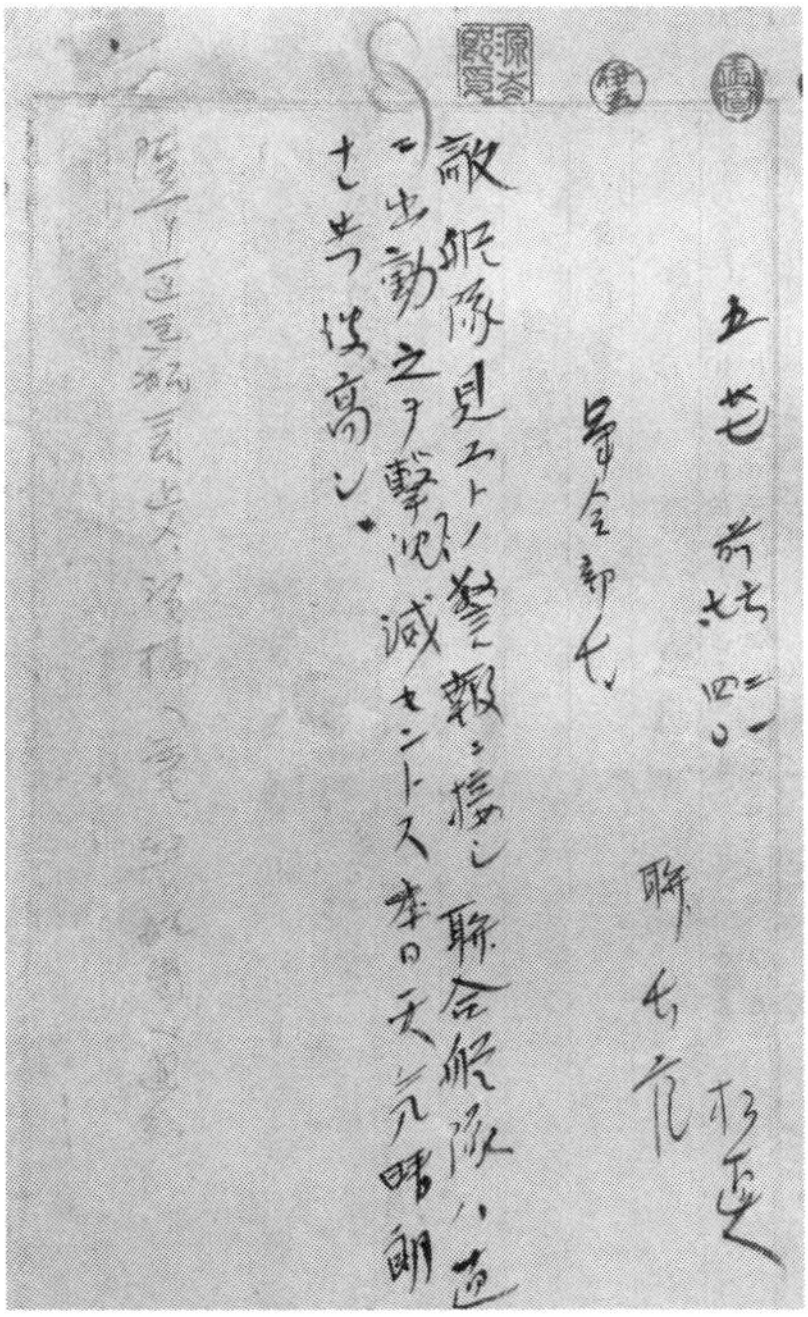
日本海大海戦の火蓋

宣戦の布告と共に、臥薪嘗胆、練りに

練ったわが将兵の勇武は、鮮満《せんまん》の曠野《こうや》に、黄海《こうかい》・日本海に、遺憾《いかん》なく発揮された。連戦連勝破竹《はちく》の進撃、鉄血山形《てっけつさんけい》を改《あらた》むる旅順の攻囲戦《こういせん》等、思い起すだに血湧き肉躍《おど》る感があり、奉天《ほうてん》の大会戦、日本海の大海戦に至っては、兵馬のいななき、艦砲のとどろきを、今さながらに聞く思いがする。かくて大勢が決定するや、講和会議の開催《かいさい》となり、明治三十八年九月五日、ポーツマス条約の調印を了《りょう》した。

日露戦役は、世界の最強国を相手とする戦であり、皇国の興廃は、まさにこの一戦にかかっていたが、御稜威のもと、将兵の忠勇、官民の赤誠は、よく国難を克服し、曠古《こうこ》の大勝を博して、世界の各国を驚嘆せしめた。雌伏《しふく》十年の労苦はここに報いられて、わが国の世界的地位は確立され、清・韓の独立また全《まった》きを得た。永く西力の下に喘《あえ》ぎ来たった東亜の諸国家・諸民族にして、再生の光明《こうみょう》をわが戦勝に仰ぐ者もあった。かくて露国の敗退により、東亜の危機は一先ず去ったが、欧米の東亜侵略は、姿形を変えたばかり

奉天における八大将星

であった。露国の後退に代るもの、それは米・英の跳梁であり、わが国が、東亜の先達として、興亜のために苦闘するのは、むしろこれからである。即ち、欧米諸国特に米・英が、爾来わが威武に恐怖と嫉妬《しっと》を感じ始めたからである。

㊃韓国併合

戦後、政府は、新版図樺太に樺太庁を置いて、行政を掌《つかさど》らしめた。又、関東州《かんとうしゅう》には、都督府《ととくふ》を設けて政務を管轄せしめ、旅順に鎮守府《ちんじゅふ》を置いて、付近一帯の防備に当らしめるとともに、南満洲鉄道を創設して、鉄道・鉱山等の経営に任ぜしめた。しかも、戦後経営の最大なるものは、韓国の併合《へいごう》である。

わが国と半島との関係は、古く神代に発し、歴史を通じて密接不離の間がらにあった。特に維新後、その関係は年と共に緊密の度を加え、日清・日露の両役の如きは、韓国の保護を眼目とする戦であったともいえる。よってわが国は、特にその輔導に留意し、戦後間もなく、日韓協約を結んで韓国を保護国とし、その外交権を収めて他国の覬覦《きゆ》を封《ふう》じ、伊藤博文を統監《とうかん》に任じて保護・指導に当らしめ、更に明治四十年には、協約を拡めて内政の指揮権をも収め、鋭意その改善に努めしめた。しかし、永年党争に累《わずらわ》された弊風《へいふう》は、俄かに改らず、治安の維持も困難な状態であった。かくて韓民の中には、日韓の合邦《ごうほう》を望む者が次第に多くなり、合邦の気運がおのずから熟したので、四十三年（二五七〇）八月、わが国は、時の統監寺内正毅《てらうちまさたけ》をして、韓国併合に関する条約を締結せしめた。

ここに韓国皇帝は、韓民の幸福増進と東亜永遠の平和とのため、一切の統治権を挙げてわが天皇に譲られた。明治天皇これを嘉納《かのう》あらせられ、韓国の旧領を収めて朝鮮と称し、統監を廃して新たに朝鮮総督《ちょうせんそうとく》を置き、一切の政務を統轄せしめ給うとともに、前韓国皇帝・世子《せいし》たちに皇族の礼遇を賜うた。かくて韓国の併合成り、朝鮮は、政治を始め教育・経済その他、万般の施設が急速に改善され、半島の民は、皇国の民として、一視同仁《いっしどうじん》の恵沢《けいたく》に浴することとなった。

この間戦勝によって、わが国勢は著しく発展したが、反面、国民の生活には、浮華軽佻《ふかけいちょう》の風が芽生え、人心弛廃《しはい》の傾向が現れた。畏くも天皇は、かかる風潮にいたく軫念あらせられ、明治四十一年、戊申詔書《ぼしんしょうしょ》を渙発して国民精神の作興を諭し給うた。まことに恐懼の極みである。

国威隆々《りゅうりゅう》として宇内《うだい》に揚るとき、明治四十五年七月、はからずも天皇不予にわたらせられ、都鄙《とひ》こぞり熱誠こめての御平癒の所願《しょがん》も空しく、七月三十日、宝算六十一歳を以って崩御あらせられた。国民の悲悼《ひとう》その極に達し、世界の列国また、御偉業《ごいぎょう》をたたえて悼《いた》み奉った。思えば幕末危急の秋《とき》、御幼沖《ごようちゅう》の御身を以って大統《たいとう》を継がせ給うてより、しろしめす御代はまさに四十六年、御高徳・御鴻業《ごこうぎょう》の数々は算え奉るも畏し、皇威を八紘に宣揚して興亜の礎を築かせられ、皇国未曾有の隆運を導き給うたのである。

第十六　大正の御代

一　欧洲大戦と東亜

大正天皇御製
としどしにわが日の本のさかゆくもいそしむ民のあればなりけり

㈠大正の初世《しょせい》

明治天皇崩御の日、皇太子嘉仁親王《よしひとしんのう》が践祚《せんそ》あらせられた。即ち、大正天皇にましますす。天皇は、一世一元の制によって年号を大正と改め給い、翌日朝見《ちょうけん》の儀を行なわせられ、先皇《せんのう》の御遺業を紹述《しょうじゅつ》し給う御旨を宣べさせられた。

大正四年十一月、即位の大礼を京都の皇宮に挙げさせられ、次いで大嘗祭の御儀を行なわせ給うた。儀礼すべて、明治天皇欽定の登極令《とうきょくれい》によって執り行なわせられ、荘重森厳《そうちょうしんげん》を極めた。

この頃隣邦の支那では、既に清がたおれて、中華民国がこれに代っていた。清は、日露戦役に於けるわが大勝に刺激されて、三たび政治の改革を企て、範をわれに仰いで、多数の留学生を送り来たった。わが国は、清の更生に力を致すとともに、既に友誼《ゆうぎ》を復した露国と提携《ていけい》して、米英勢力の満洲侵入を防いだ。清は、やがて憲政を布こうとして、かえって国内の動揺を招き、漢民族国家の復興を目ざす革命運動をはらむに至った。かくて清は、時局収拾の道なく、遂に明治四十五年に亡び、中華民国がこれに代ったのである。わが国は、翌大正二年十月、袁世凱《えんせいがい》の大総統《だいそうとう》就任によって、中華民国の政情が安定するや、その健全な発達を望んでこれを承認し、列国また、われに続いた。

㈡大戦と東亜

この頃欧州では、列強対峙の形勢がとみに悪化し、大正三年（二五七四）の半ば過ぎ、遂に大戦の勃発を見た。即ち、独・墺《おう》（同盟国）と英・仏・露（協商国）との対立が年と共に尖鋭《せんえい》化《か》して、一触即発《いっしょくそくはつ》の危機をはらみ、欧洲の要衝バルカンの一異変がこれに火を点じて、忽《たちま》ち全欧の大動乱となったのである。しかも、同盟・協商対立の真相が、ドイツの急速な発展に対する英・仏・露三国の嫉妬と畏怖《いふ》にあったこと、及び、日露戦役に於けるわが戦勝が、欧洲情勢に波紋を投じたことは、特に注目に値する。

欧洲大戦に対するわが国の立場を明らかにすることは、更に重要である。戦乱の勃発と共に、わが国は、自主的立場から、事態の進展を注視する旨を中外に声明した。やがてこれに参戦し

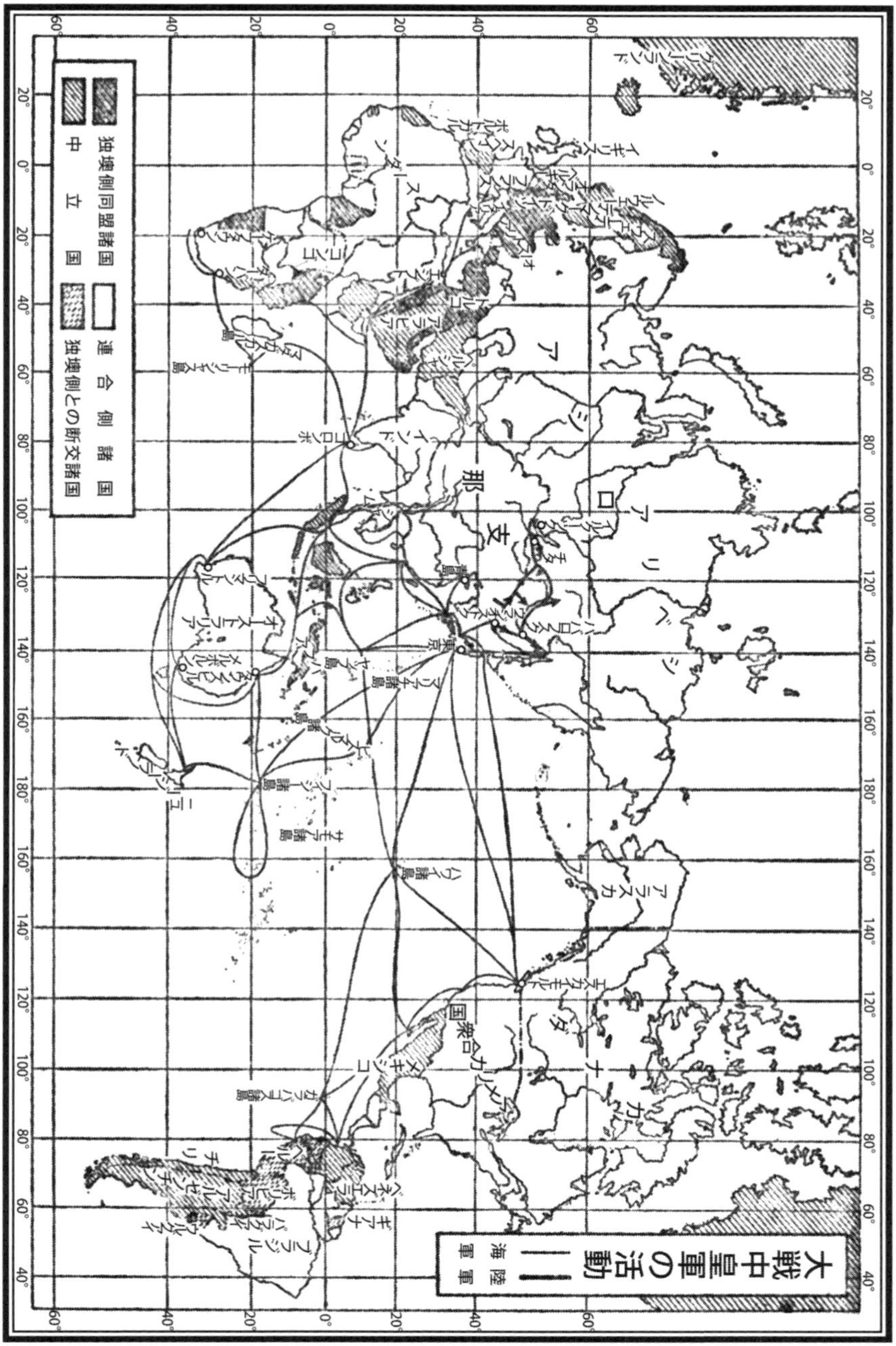
大戦中皇軍の活動
陸軍
海軍
独墺側同盟諸国
中立国
連合側諸国
独墺側との断交諸国

たのは、宣戦の大詔《たいしょう》に拝する如く、日英同盟の信義を重んじ、東洋の平和を確保するためであった。先ず青島《せいとう》を攻略し、又、ドイツ領の南洋群島を占領して、ドイツの東洋撹乱《かくらん》を根絶したことはもとより、後に、海軍をインド洋・地中海に出動せしめたのも、更に陸軍をシベリアに派遣したのも、すべて自主的立場から、東亜の安泰《あんたい》を期するための処置であった。

海軍の南洋進攻

然るに英国は、われに援助を求めながら、わが参戦に異議を唱え、米国と通じて、わが軍事行動に抑制を加えようとした。けだし、その真意は、東亜に於ける英・米の権益が、わが軍事行動によって脅《おびやか》されるなどと猜疑《さいぎ》し、わが活動の自由を拘束しようとしたのである。しかも、欧洲の戦況非《ひ》なるに及んで、しきりに、われに兵力の援助を求めた。すべて、自己本位のふるまいであり、わが国が、終始国土防衛、東亜保全の立場から、これに対処したこと、いうまでもない。

この間、わが政府は、東亜の戦局が一段落を告げると、民国政府と交渉を開始し、懸案の解決、日支親善の増進に努めた。わが求めるところは、世に対支二十一箇条と称せられるもので、その内容は、日支の共存共栄を目的とする経済上の権益、特に満蒙に於けるわが特殊的地位を、条約上の権利として確認せしめようとしたものである。然るにかれは、事実を曲げてこれを欧米各国に宣伝し、又、自国内の反日感情をあおって、極力わが正当な要求を拒んだ。かくて交渉は、一時決裂《けつれつ》に瀕したが、遂に大正四年の半ばに至って、条約の調印を見た。しかも、わが政府は、問題の重要性に鑑み、翌五年、露国と交渉して、満蒙に於けるわが特殊権益を承認せしめ、更に六年には、米国と協定して、わが対支政策の原則に同意せしめた。米国が参戦したのは、その年の事である。

欧洲大戦は、参加国凡そ三十二、参加兵員約六千八百万を算《さん》し、兵火欧洲の天地を蔽《おお》うこと前後五箇年に亘り、戦死傷者約三千三百万、戦費約三千七百億円という空前の記録を残して、大正七年十一月、ドイツの降伏により終止した。ドイツは、戦闘に於いてほぼ優勢裡《り》に終始しながら、経済的窮乏と思想的分裂とのため、敗北を喫《きっ》したのである。

三国際連盟

翌大正八年一月、連合国の全権委員は、パリに集って、ドイツに対する講和条約を議定し、六月、ベルサイユ宮殿に於いて、ドイツとの間に条約の調印を行ない、次いでオーストリア・

ブルガリア・ハンガリー・トルコとの講和条約に調印を了した。

大戦に当り、欧洲に於ける連合国が、その植民地の維持に、或《あるい》は兵站《へいたん》の確保に、後顧《こうこ》の憂いなく交戦を継続し得たのは、ひたすら東亜の護りに任じたわが国の力に負うところが多い。然るに、ベルサイユ会議に於いて、わが国に償《つぐな》われたものは、赤道以北の旧独領南洋群島の委任統治権と膠州湾《こうしゅうわん》の租借権などに過ぎず、赤道以南の広大な旧独領の如き、わが要求を斥け、英国が殆どこれを占めるに至った。しかもこの際、民国は一兵・一艦をすら用いざるに、膠州湾の直接還付を要求し、あまつさえ、さきに締結された、いわゆる対支二十一箇条全部の失効《しっこう》をさえ策した。その背後には、例えば米国の如く、わが国の発展を忌《い》む国々の使嗾《しそう》があったのである。ために、会議は波瀾《はらん》を極めたが、わが公正な主張は遂に貫徹され、民国の要求は敗れ去った。

なお、平和会議に付して、世界平和の確保を名目に、国際連盟の成立を見、わが国は、常任理事国の一として、世界の平和に貢献することとなった。然るに米国は、連盟の提案者でありながら、その態度不信を極めた。これが審議の際、わが国の提出せる人種平等案に、濠洲と共に反対して、遂に否決の運命に陥《おとしい》れたばかりか、自身は連盟に加らず、あたかも、世界の支配者の如くふるまった。しかもかれは、しきりにこれを操り、英国と共に、わが国の発展を阻《はば》もうとするに至ったのである。

二　戦後の内外情勢

㈠ワシントン会議

米国は、大戦の初め、中立を標榜して、通商貿易による巨利を占め、戦後の世界に発言権を確保するため、機を見て戦に加った。まさに、最少の犠牲によって最大の利得を求めようとする魂胆であり、戦後、欧洲諸国の疲弊せるに乗じて、いよいよ世界制覇の野望をあらわにするに至った。独・墺その他の敗戦国に苛酷《かこく》な制裁を加え、その再起困難を見るや、眼を東亜に向けて、ひたすらわが国の興隆を抑圧しようと図った。英国また、既得の植民地を維持するために、これと歩調を共にせざるを得なくなった。大正から昭和《しょうわ》にかけて再三企てられた、海軍軍備縮少会議を始め、種々の国際会議は、実に米・英がその野望を達成しようとする手段に外ならなかった。大西洋の嵐は去っても、太平洋の風浪《ふうろう》は日ごとに高い。

米国が太平洋の支配を狙《ねら》って、わが国に発した第一の矢は、ワシントン会議であった。即ち大正十年（二五八一）十一月、米国の提唱により、日・英・米・仏・伊の五箇国はワシントンに会議を開き、海軍の軍備制限と太平洋並びに東亜に関する諸問題とを討議した。かくて、翌十一年二月に成立を見たのが、海軍軍備制限条約・四国《しかこく》条約及び九国《きゅうかこく》条約である。

海軍軍備制限条約は、日・英・米・仏・伊の五大海軍国が、平和の維持と建艦競争の負担軽減とのために、主力艦の保有噸数と比率などを定めたものである。即ち各国は、爾後十箇年間建艦を休止し、保有すべき主力艦の比率及び噸数を、わが国の三（三十一万五千噸）に対し、米・英はそれぞれ五（五十二万五千噸）、仏伊は一・七五（十七万五千噸）と決した。三・五・五の比率は、既に学んで、われらの夢にも忘れぬところであるが、太平洋の防備よりすれば、この比率は、実に三対十に外ならない。わが国は、国防の安全と守備的戦略から、所要の兵力として、対米・英の比率七割の保有を主張したが、遂に容れられず、別に太平洋島嶼《とうしょ》の防備の現状維持が協定されたので、上記の比率に甘んじたのである。然るに、島嶼の防備制限も、ハワイ諸島・濠洲・ニュージーランド及びシンガポールが、制限から除外されたのであり、そこに、米・英の太平洋支配の意図が存したこと、いうまでもない。

ワシントン会議

四国条約は、日・英・米・仏の四国が、太平洋に領有する島嶼の利権を互に尊重し、紛議の生じた場合、四国の会議によってこれを解決すべきこと、及び、この条約の成立と共に日英同盟を廃棄《はいき》すべきことを定めたものである。かくて、二十年の歴史をもつ日英同盟も、その間、米国の牽制と英国の不信とによって、次第に弱体化していたものの、遂に米国の策謀功を奏して、ここに終末を告げるに至った。九国条約は、上記五箇国に支那・ベルギー・オランダ・ポルトガルを加えて、東亜の問題を協議し、主として支那の領土・主権の尊重、民国政府の育成・強化、支那に於ける各国の機会均等・門戸開放などを約したものである。かくて、わが国は、さきに得た膠州湾の租借権を支那に還付することとなった。この条約は、米国が年来の主張を通したもので、支那に恩をうり、民国人の対米依存の感情を助長して自己の勢力を扶植し、やがては支那の独立を有名無実ならしめようとするものであった。

要するに、ワシントン会議は、米国が東亜侵略の野望を実現するため、巧みに関係各国を誘《いざな》い、条約を以って、わが国を抑圧しようとしたものであり、大正十三年に新移民法を制定して、わが移民を拒否したことと、その意図に於いて相通ずる。まさに、わが国にとって第二の三国干渉であり、劣勢《れっせい》を強《し》いられたわが海軍は、臥薪嘗胆、造艦技術に幾多の創意を加えて、優秀な艦艇を建造し、将兵に猛訓練を施して、一旦の緩急に備えたのである。

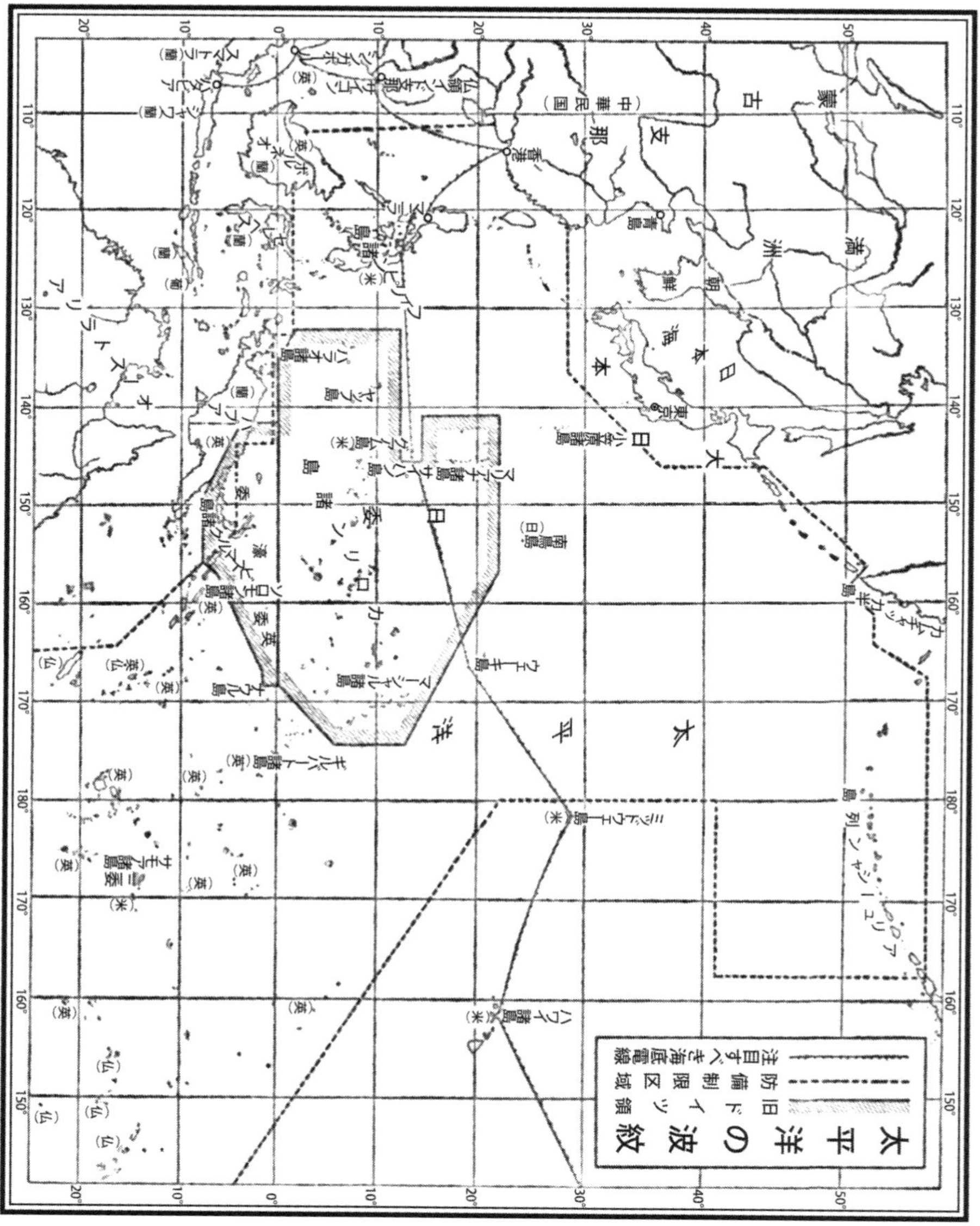
太平洋の波紋
旧ドイツ領
防備制限区域
注目すべき海底電線
蒙古
満洲
支那
中華民国
朝鮮
日本海
日本
大日本
東京
青島
香港
小笠原諸島
南鳥島
カムチャッカ半島
アリューシャン列島
ミッドウェー島
ハワイ諸島
ウェーキ島
太平洋
マリアナ諸島
サイパン島
グアム島
ヤップ島
パラオ諸島
カロリン諸島
委
マーシャル諸島
ギルバート諸島
ナウル島
ソロモン諸島
ビスマルク諸島
濠
サモア諸島
フィリピン諸島
マニラ
仏領インド支那
サイゴン
シンガポール
ボルネオ
セレベス
スマトラ
ジャワ
バタビア
パプア
オーストラリア

㈡戦後の世相

明治の御代の三国干渉には、国を挙げての反発があった。今、大正のワシントン会議に、米・英の跳梁を許したその責めは、一面国民の怠慢《たいまん》に存する。凡そ国際会議は、国家の総力が発揮される一種の戦であるにかかわらず、当時わが国民は、戦勝に酔《よ》うて浮華《ふか》に流れ、不覚にも、米・英の宣伝に乗ぜられて、軽薄な平和思想や自由主義に陥っていたので、これが会議に反映したのである。

わが国は、東亜保全の立場から、欧洲の大戦に深入りすることを避《さ》けたため、戦争の進行と共に、貿易が大いに振るい、莫大な戦時所得に恵まれた。これに伴ない、諸産業の飛躍的発展を来たし、いわゆる成金《なりきん》をさえ生じて、軽佻浮薄《けいちょうふはく》の気また、この間に醸成《じょうせい》された。すべて、国民が光輝《こうき》ある国史を忘れて、近世の欧米が生んだ物質万能の個人主義思想に感染《かんせん》したからである。かかる傾向は、既に明治の後半から芽生えていたが、大戦後、世界の交通がとみに盛んとなるにつれ、いよいよ著しくなって来たのである。

政治もまた、ややもすれば、憲政の本義を忘れて民主主義の色彩を濃くした。教育・学問・芸術等、文化の諸方面に於いても、皇国文化の伝統を忘れ、みだりに欧米の模擬《もぎ》に奔《はし》って、西洋文化の紹介に休む暇《ひま》なき有様であった。

かかる折しも、大正十二年、関東地方に大震火災が起り、国民生活に一大衝動を与えた。心ある者は、これを神々の戒めと見たが、心の備えなき輩《やから》は、更に怯懦《きょうだ》の色を深めた。かくて人心の動揺を来たすや、ここに畏《かしこ》くも国民精神作興の詔書が渙発され、穏健中正《おんけんちゅうせい》の道を尊び、質実剛健《しつじつごうけん》の風を養い、以って国力の振興に努むべき聖諭を拝したのである。

この頃天皇は、不予久しきにわたらせられ、皇太子裕仁《ひろひと》親王が、大正十年十一月、摂政の任に就かせ給うた。然るに、御病は次第に重く、億兆ひたすら御平癒を祈り奉ったが、十五年十二月二十五日、宝算四十八歳を以って、遂に崩御あらせられた。天皇は、内外多事の際、明治天皇の御遺業を承《う》けさせられ、内に民草をいつくしみ給うて、国民精神の作興に御心を用いさせられ、外には世界の動静に応じて、国威の発揚を図らしめ給うた。殊《こと》に欧洲の動乱に際し、よく東亜の保全を固めさせ給うた御鴻業は、国民のひとしく仰ぎ奉るところである。

第十七　昭和の宏謨《こうぼ》

御　製

いそ崎にたゆまずよするあら波を凌ぐいはほの力をぞおもふ

一　満洲事変の意義

㈠昭和の初世《しょせい》

大正天皇崩御の日、今上天皇、践祚《せんそ》あらせられた。天皇陛下は、大正天皇の第一皇子にまし まし、明治三十四年、東亜の風雲急を告げる頃御降誕《ごこうたん》になり、大正五年、あたかも欧洲の動乱酣《たけなわ》なる際、皇太子に立たせられ、更に大正十年、太平洋の風浪ようやく高き時に、摂政の重任に就かせ給うた。践祚と共に年号を昭和と改められ、次いで文武百官《ぶんぶひゃっかん》を召して、朝見の儀を行なわせられた。この時、畏《かしこ》くも勅語を賜《たま》い、質実を尚《たっと》び創造につとめ、挙国一体、ますます国家の基礎を固めるとともに、一視同仁の化《か》を及《およぼ》し、四海同胞《どうほう》の交わりを厚くすべきことを諭し給うた。

諒闇《りょうあん》終って昭和三年十一月、京都の皇宮に即位の大礼を挙げさせられ、紫宸殿の御儀には、重ねて優渥《ゆうあく》なる勅語を賜い、国史の成跡《せいせき》をしのび給うて、国運の隆昌、世界の平和を望ませられた。登極《とうきょく》の大典を仰いで、万民ひとしく宝祚の無窮を寿《ことほ》ぎ、聖旨を奉体して、宏謨翼賛の決意を固めたのである。

皇威隆々として昭和の御代の開け行く時、欧米の列強は、万邦協和のわが態度を無視して、依然わが国に対する圧迫を続けた。米国は、奸策《かんさく》を用いて支那を操り、英国は、ひそかにシンガポールの武備を強化し、相携《たずさ》えて東亜を乱し、あくまでわが発展を抑えようとした。米・英のかかる企図《きと》は、一面、軍備縮少の提案を以って継続された。昭和三年には、米国の主唱《しゅしょう》によってジュネーブ会議が開かれ、これが決裂に終るや、更に五年、英国の主唱によるロンドン会議が催された。ここに再び、わが国は、正論空しく敗れて、補助艦また七割の劣勢を忍《しの》ばなければならなかったのである。

㈡満洲事変

隣邦支那では、昭和二年に、蔣介石《しょうかいせき》が南京《なんきん》に政府を立て、翌三年に北伐《ほくばつ》を完了するや、多年の内訌《ないこう》はようやく除かれ、ほぼ国内の統一を見た。ここに蔣介石は、米・英の支援を恃《たの》んで、北清事変以来の排外思想を排日の一点に集中し、以って国内統一の強化と己が地位の確保とを図った。かくて、東亜の善隣あたかも宿敵のかたちとなり、支那の官民は、在留邦人の圧迫、日貨の排斥、わが在支権益の蹂躙《じゅうりん》等、数々の不法を重ねた。しかも、その暴挙が満洲に及び、日清・日露の両役を始め対支条約によって得た、わが権益を侵すに至って、昭和六年（二五九一）九月、遂に満洲事変の勃発となった。

事変当初、わが国は、不拡大方針を持して、支部の善処を要求したが、かれはあくまでわが寛容を侮《あなど》り、国際連盟に訴《うった》えて、欧米の干渉を引き起そうとした。ここにわが国は、敢然《かんぜん》立って膺懲《ようちょう》の軍を催し、忽《たちま》ち支那軍を満洲各地から一掃した。しかも、事変が上海に波及するや、翌七年二月、ここにも軍を派遣して、敵の暴戻《ぼうれい》を制し、同年五月、日支停戦協定の成立と共に兵を徹した。上海は列国権益の輻湊地《ふくそうち》であり、支那がここに事を構《かま》えた意図は、説かずしておのずから明白である。

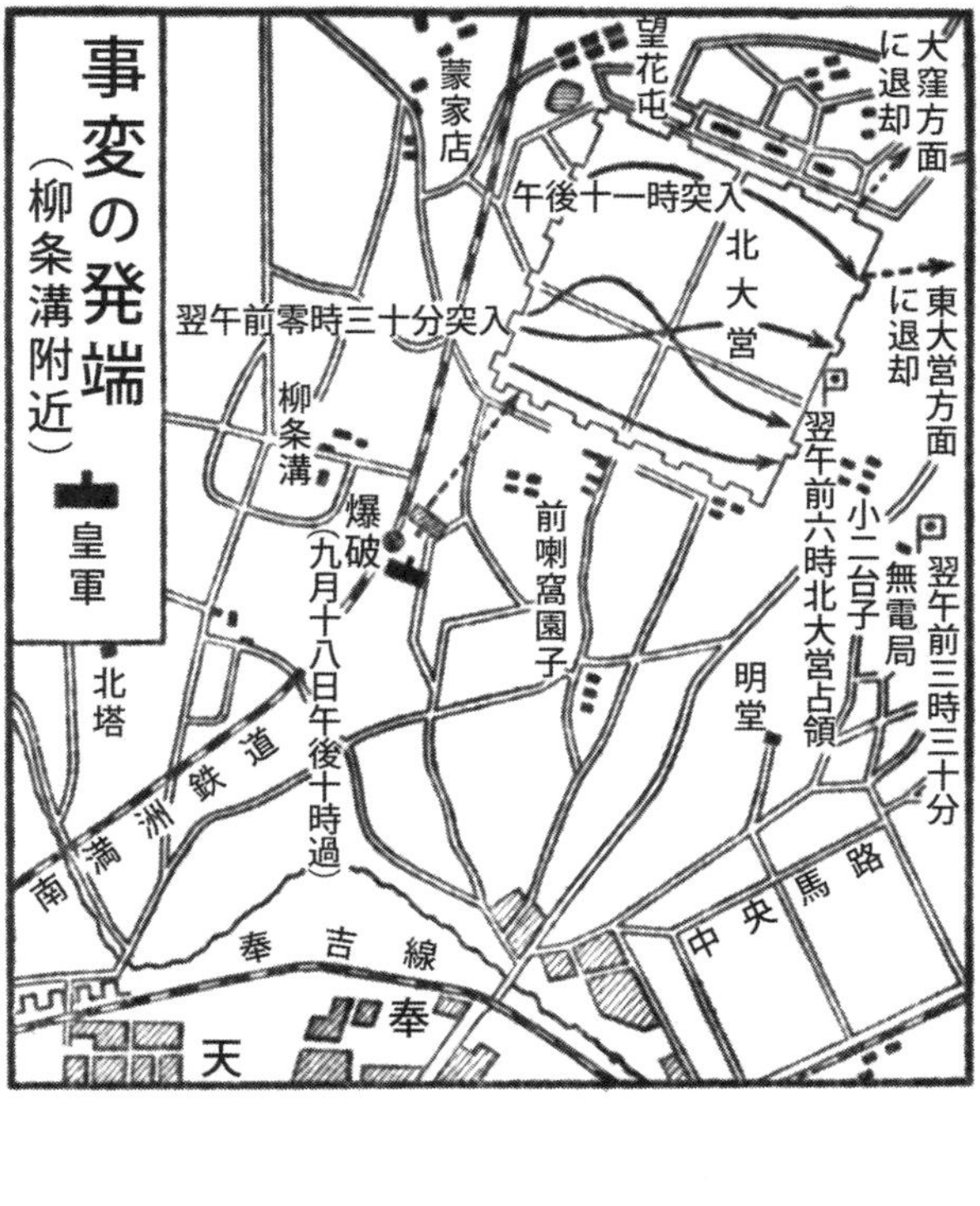

満洲事変は、一見その規模小なりとはいえ、単なる日支のもつれ、東亜一局の戦ではなかった。支那の背後には、国際連盟があり、米・英の策謀があった。随《したが》って、わが国が支那の暴戻に対し、決然として立ったことは、まさに米・英の世界制覇、いわゆるベルサイユ体制に対する、最初の挑戦《ちょうせん》でもあった。かくて、この重大事変を契機として、皇国の伝統は甦《よみがえ》り、東亜に新生面が開かれ、世界の旧秩序は揺らぎ始めた。満洲事変を大東亜建設の端緒となすも、敢えて当《とう》を失するものではない。

㊂興亜の黎明

興亜の黎明に輝くものは、満洲国の成立である。皇軍の威武満洲の醜草《しこぐさ》を払うや、多年その重圧に喘いだ三千万の住民は、これを天与の機会として、王道楽土の建設に着手した。かくて昭和七年三月、早くも満洲国の建設を果し、溥儀《ふぎ》執政を元首に戴《いただ》き、首都を新京《しんきょう》に奠《さだ》めた。わが国は、東亜保全の道が開けたのを喜び、率先これを承認し、日満議定書の調印を了《お》え、その健全な発達のために、共同防衛と輔導とを約した。

その後満洲国は、着々治績を挙げ、やがて昭和九年三月には、帝政を布き、執政を皇帝に推《すい》戴《たい》し、年号を康徳《こうとく》と定めた。かくて、国歩の進展は更に堅実となり、日満一体・一徳一心の実も挙り、天照大神を御祭神《ごさいじん》とする建国神廟《しんびょう》の創建をさえ見るに至った。思えば、日清・日露の

国際連盟の離脱

両役以来、満洲の安泰《あんたい》のために、孜々《しし》として努めたわが苦心の経綸が、ここにその実を結んだのである。

興亜の大業を進めるもの、もとよりそれは、わが国である。しかも、わが国民をして、欧米追随の弊を脱し、自主独往の精神を回復せしめたものもまた、満洲事変であった。これを機会として、内政・外交を始め経済・文化等、国民生活のあらゆる部面に、真剣な反省が加えられるに至ったのである。

かかる国民的自覚は、先ず外交の刷新となって現れ、追随外交は一転して、興亜外交へと移った。しかもその第一歩は、国際連盟の離脱であった。内に米・英の野望を蔵して、満洲事変を見守っていた連盟は、果してわが正義、自衛の行為を認めず、満洲国を否定するが如き態度に出た。よってわが国は、昭和八年三月、断然連盟を離脱して、一路所信に邁進《まいしん》することとなった。この時、畏くも天皇陛下は、詔書を渙発あらせられ、満洲国を擁護して、東亜の安定を確立し、真の世界平和に貢献すべきことを諭し給うた。聖旨を奉体して、国民の士気いよいよ揚り、自主独往の決意は、更に固められた。しかも、特筆すべきこの年の十二月二十三日、更にわれらは、国を挙げての喜びの中に、皇太子継宮明仁《つぐのみやあきひと》親王の御降誕を仰ぎ奉ったのである。

米・英の跳梁に放たれた第二の矢は、海軍軍備制限条約の廃棄であった。隠忍《いんにん》自重十年に余り、今や独往の道を歩むわが国にとって、米・英本位の条約は、もとより堪え難きものであった。よってわが国は、昭和九年、米国に対し、その満了期限たる昭和十一年十二月を以って条約を廃棄すべきことを通告した。米・英は、なお執拗《しつよう》にも、翌十年、わが国を誘い仏・伊を加えて、再びロンドンに軍備制限の会議を開いた。わが国は、堂々これに参加し、公正な主張の通らざるを見るや、国防自主の立場から、敢然としてこの会議をも離脱し、皇国の威信を示したのである。

外交の刷新と共に、国防また、高度国防国家体制の確立を目ざして、着々強化された。内政に於いては、政党政治の弊が除かれて、万民翼賛の新体制樹立の気運が興り、経済また、自由主義経済から次第に統制経済へと移った。その他、教育・学問を始め宗教・文学・芸術等、文化のあらゆる部面《ぶめん》に、日本的自覚が高まった。かくてわが国が、伝統に目ざめて諸事刷新の歩みを進めるところに、興亜の曙光《しょこう》は、更にその輝きを増したのである。

二　大東亜戦争の使命

㈠支那事変

満洲事変以来、わが国に対する米・英の策謀は、いよいよ露骨《ろこつ》となった。或《あるい》は国際連盟を動かし、或は九国条約をかざして、興亜の大業を妨げるとともに、蔣介石に財政上の援助を与え、更に武器をも提供して、これを排日から抗日へと導き、しきりに東亜の攪乱を図った。

かくて日支の関係は、時と共に尖鋭化し、昭和十二年（二五九七）七月七日、北京郊外、盧《ろ》溝橋畔《こうきょうはん》、支那軍の不法射撃が導火線となって、遂に支那事変の勃発を見た。わが国は、東亜の安泰を念ずるが故に、再び隠忍自重、不拡大の方針を採った。これが、かえって支那を思いあがらしめる結果となり、その暴戻は日々に募った。ここに、暴支膺懲《ぼうしようちょう》の軍が催され、皇軍は、堂々正義の陣を支那大陸に進めた。

皇軍一たび戈《ほこ》を取るや、その忠誠勇武は、朝《あした》に一城を抜き、夕《ゆうべ》に一郭を陥れて、早くも同年十二月、首都南京を攻略し、蔣介石政府を重慶《じゅうけい》に遁走《とんそう》せしめた。年を重ねて、わが戦果は、ますます拡大され、武昌《ぶしょう》・漢口《かんこう》・広東《かんとん》等、全支の要衝は、相次いで皇軍の占拠するところとなり、海軍の沿岸封鎖と相俟って、重慶政府を全く一地方政権の地位に陥れた。この間皇軍は、恩威《おんい》並びに進めて、占領地の治安を確保し、且つこれが復興に努めた。事変勃発一周年の当日、畏くも天皇陛下は、勅語を賜い、陸・海将士の力闘と国民の努力とを嘉尚《かしょう》あらせられるとともに、日支の提携によって、速《すみや》かに東亜の安定、世界の平和を実現すべき旨を諭させ給うた。聖旨を奉体して、政府は、明治節の佳《よ》き日に、事変処理の方針を中外に声明し、支那の反省を促した。

　わが誠意に感じ、和平救国の志を固めた民国人は、各地に新政権を興し、これが素地となって、昭和十五年三月、汪精衛《おうせいえい》を首班とする新国民政府が、南京に樹立されるに至った。わが国は、新政府の誕生を喜び、同年十一月、これと日華基本条約を結び、相携えて東亜新秩序の建設に邁進するため、共同防共・経済提携の実を挙げることを約した。同時に、日満華共同宣言が発せられ、満・支両国の相互承認、三国の互助連環《ごじょれんかん》が声明されるや、ここに興亜の大業は、更にその一歩を進めたのである。しかもなお、重慶政府は四川《しせん》の奥に地の利を占め、米・英等の支援を恃《たの》んで、

中華民国の更新

徒らに抗戦を続けた。それも、やがては自主性を失い、不覚にも米英の走狗《そうく》と化し、東洋制覇の犠牲に供せられるに至ったのである。

㈡東亜と欧洲

日満華三国の提携が成立したのは、あたかも紀元二千六百年、慶祝の菊も名残《なごり》の香を放つ、十一月の末日であった。しかもこの年、去る九月、日独伊三国の同盟が成り、同じく世界の浄化を目ざす枢軸体制が出現した。

ドイツは、さきの大戦に敗れて、一時国力の衰退を見たが、ヒトラーの指導宜しきを得て、僅か二十年の間に急速な復興を遂げ、民族国家の建設を目ざして、ベルサイユ体制の打破を図った。イタリアまた、大ローマ帝国の復活を理想として、欧洲新秩序の建設に、ドイツと歩調を合わせた。然るに、英・米等の諸国は、己が地位の失墜を恐れて、事ごとにこれら両国に圧迫を加えた。かくて昭和十四年九月、ドイツとポーランドとの間に戦端が開かれるや、英・仏両国は、ドイツの再起を挫くため、直ちにこれに宣戦し、ここに再び欧洲大戦の勃発を見た。しかもドイツは、夙《つと》に整備せる総力戦体制の面目を発揮して、ポーランド・オランダ・ベルギーを一挙に制圧し、やがてフランスをも屈服せしめ、その間、イタリアの参戦を得て、意気いよいよ揚ったのであった。

わが国と独・伊両国とは、支那事変の勃発前後から、防共協定を結んで友好の関係にあり、又、米英の横暴に悩む同じ立場に置かれていた。かくて昭和十五年に入るや、世界の情勢は、東亜と欧洲との関係を更に緊密ならしめるに至り、ここに三国条約の締結、同盟関係の成立を見たのである。この条約は、わが国と独・伊両国が、それぞれ大東亜と欧洲とに於ける新秩序の建設に対して、互に指導的地位を承認・尊重するとともに、盟約《めいやく》国が新たに第三国の攻撃を受けた場合、三国は、あらゆる政治的・経済的・軍事的方法によって、相互に援助すべきことを約したものである。

畏くも天皇陛下は、条約の成立と共に、詔書を渙発あらせられ、わが盟約の趣旨が、速かに禍乱《からん》を鎮め、万邦をして各々《おのおの》その所を得しめるにあることを明らかにせられ、又、ますます国体観念を明徴《めいちょう》にし、深謀遠慮・協心戮力《りくりょく》、以って時艱《じかん》を克服すべきことを諭し給うた。ここに、わが八紘為宇の大精神は、燦《さん》として中外に輝き、やがて、ハンガリー・ルーマニア・ブルガリア等が相次いで同盟に加るに及び、枢軸の陣営は、いよいよ強固の度を増すに至った。

㊂大東亜戦争

世界制覇の野望を抱《いだ》く米国は、昭和十六年に入って、いよいよその本性《ほんしょう》を現した。既に東に西に武器をひさいで、支那事変の解決を阻み、欧洲の禍乱を助長したかれは、数多《あまた》人命を損傷して憚《はばか》らず、巨利を博してなお飽《あ》かず、更に参戦の機をうかがうに至った。殊《こと》に、英国の退勢と独・ソの開戦を自己に有利と見るや、その東洋制覇の非望は、とみに露骨の度を加えた。わが国に対する幾多の敵性行為は、まさに戦を宣するに等しく、正面切っての戦よりも、むしろ悪辣《あくらつ》なものがあった。既に昭和十四年、突如通商条約を廃棄してわが生存を脅し、その後、英国・和蘭等と結んで、ますます包囲態勢を強化し、しきりに武備を増強して、われに挑戦的態度を示した。しかも、泰《タイ》・仏印《ふついん》等に迫って対日断交を強要し、わが国と独・伊との離間策をも講ずるに至り、その非道は、まさに絶頂に達した。

この間、わが国は、世界の平和を望むが故に、昭和十六年の春以来、隠忍八箇月、誠意を傾け条理を尽くして、米国との折衝を続けた。しかし、かれは毫も協調の態度を示さず、徒らに交渉を滞らせて、その間ひそかに戦備を整え、遂にわれを屈服せしめようとした。ここに、東亜の安定、血を流し肉を削ったわが積年の努力は、すべて水泡《すいほう》に帰しようとし、皇国自体の存立また危殆に瀕した。窮通《きゅうつう》の道は、ただ乾坤一擲《けんこんいってき》の戦あるのみである。

昭和十六年十二月八日、遂に米国及び英国に対する宣戦の大詔《たいしょう》は降《くだ》った。忍びに忍んだわが陸・海軍の精鋭は、間髪《かんはつ》を容れず、史上類なき雄渾《ゆうこん》な大作戦を展開し、奇襲・正攻打ち交えて、忽ち敵の要衝・堅塁《けんるい》を砕き、大艦・巨船を葬《ほうむ》った。赫々《かくかく》たる緒戦の戦果、鬼神も避ける数々の武勲に就いては、さきにも学び、更に言い継ぎ聞き伝えて、胸底《きょうてい》深く刻まれている。

大東亜戦争の勃発と共に、盟邦独・伊の両国も、直ちに米国に宣戦し、三国は、最後の勝利を目ざして、更に盟約を固めた。しかも皇国の威武東亜の天地に輝くや、泰国は欣然《きんぜん》われと攻守同盟を結び、仏印また、共同防衛の強化を約した。更に中華民国は、日華同盟条約を結んで、同生共死の誓いを宣し、ビルマ・フィリピンは、独立の栄誉をかち得た。かくて東亜四百年忍従の歴史は、ここに面目を一新し、アジアの諸国家・諸民族は、わが宏謨を仰いで、各々その堵《と》に安《やす》んじ、その所を得つつある。昭和十八年十一月、東京に開かれた大東亜会議は、これを如実に示すもの、まさに大東亜復興の縮図であった。しかもその共同宣言は、わが八紘為宇の大精神に基づき、今次聖戦の目的と世界平和建設の具体的方法とを昭示せる画期的なものであった。

しかし、すべては昨今の出来事である。大東亜戦

宣戦の大詔を拝して

争に勝ち抜くことによってのみ、これが歴史として確乎不動のものとなる。しかも、その後の戦局は、東に西に苛烈を極め、特に最近の形勢は頗《すこぶ》る重大である。今次の戦争が起死回生の戦である以上、前途なお困難を極めることは、もとよりである。戦況の一進一退は戦の常であり、意気消沈《しょうちん》は禁物である。台湾沖の航空戦に、フィリピン沖の海戦に、既に驕敵《きょうてき》破砕《はさい》の一撃は加えられた。承詔必謹《しょうしょうひっきん》、最善の努力を尽くせば、正しき者は必ず勝つ。

天皇陛下におかせられては、昭和十七年十二月十二日、伊勢の神宮に御親拝《ごしんぱい》になり、皇祖天照大神の大御前《おおきおまえ》に、開戦以来の赫々たる戦果を奉告《ほうこく》あらせられ、併せて戦勝を祈らせ給うた。戦局の推移に寄せさせ給う大御心のほど、仰ぐも畏き極みである。われら一億国民は、皇国今日の大使命を自覚し、この一戦に一切を捧げて、最後の勝利を獲得し、速かに宸襟《しんきん》を安んじ奉らなければならない。正行《まさつら》出陣の心に学んで、先ず今日の務めに勇往邁進《ゆうおうまいしん》すべきであり、重ねて国史を修めた意義もまた、ここに存する。

君が代はいはほと共に動かねばくだけてかへれ沖つしら浪

伴林光平《ともばやしみつひら》

終

内外対照年表

御代	紀元	年号	主要事歴	東亜及び世界
神武天皇	元	元年	御即位	
孝霊天皇	四四〇	七十年		秦、支那を統一す
孝元天皇	四五九	十三年		漢の高祖、位に即く
崇神天皇	五六九	六年	神器の奉遷	新羅の建国（六〇四）
同	五七三	十年	四道将軍の御派遣	高句麗の建国（六二四）
垂仁天皇	六五六	二十五年	皇大神宮の御鎮座	百済の建国（六四三）
景行天皇	七七〇	四十年	日本武尊の御東征	
成務天皇	七九五	五年	地方政治の整備	
仲哀天皇	八六〇	九年	神功皇后の御外征	
応神天皇	九四五	八十五年	王仁、論語・千字文を献ず	漢（後漢）亡ぶ（八八〇）
仁徳天皇	九七三	元年	難波遷都	
允恭天皇	一〇七五	四年	盟神探湯《くがたち》を行なわしめ給う	
雄略天皇	一一三八	二十二年	豊受大神宮《とようけだいじんぐう》の御創建	
欽明天皇	一二一二	十三年	仏教の伝来	

崇峻天皇	一二四九	二年		隋、支那を統一す
推古天皇	一二六四	十二年	十七条憲法の御制定	
同	一二七八	二十六年	安芸国《あきのくに》に造船を命じ給う	隋亡び唐興る
孝徳天皇	一三〇五	大化《たいか》元年	改新の政治始る	
天智天皇	一三二八	七年	越国《こしのくに》、燃土・燃水を献ず	高句麗亡ぶ
文武天皇	一三六一	大宝《たいほう》元年	大宝律令成る	
元明天皇	一三七〇	和銅《わどう》三年	平城遷都	渤海の建国（一三七三）
聖武天皇	一三八八	神亀《じんき》五年	渤海の朝貢始る	
孝謙天皇	一四一二	天平勝宝《てんぴょうしょうほう》四年	大仏開眼	唐に大乱起る（一四一五）
桓武天皇	一四五四	延暦《えんりゃく》十三年	平安遷都	
淳和天皇	一四八七	天長《てんちょう》四年	経国集の撰集	英国の起原（一四八八）
清和天皇	一五二二	貞観《じょうがん》四年	真如親王の御入唐	露国の起原
同	一五三〇	同　十二年		独・仏・伊三国の起原
宇多天皇	一五五四	寛平《かんぴょう》六年	遣唐使の停止	
醍醐天皇	一五六五	延喜《えんぎ》五年	古今和歌集の撰進	唐亡ぶ（一五六七）
同	一五八七	延長《えんちょう》五年	延喜式の撰進	渤海亡ぶ（一五八六）
朱雀天皇	一五九九	天慶《てんぎょう》二年	平将門・藤原純友の反乱	新羅亡ぶ（一五九五）
村上天皇	一六二〇	天徳《てんとく》四年		宋興る

後一条天皇	一六七九	寛《かん》仁《にん》三年	刀伊来寇の撃攘	
後三条天皇	一七二九	延《えん》久《きゅう》元年	記録所を設け給う	
堀河天皇	一七四六	応《おう》徳《とく》三年	院政の開始	
後白河天皇	一八一六	保《ほう》元《げん》元年	保元の乱	
後鳥羽天皇	一八四五	文《ぶん》治《じ》元年	守護・地頭の設置	
土御門天皇	一八六六	建《けん》永《えい》元年		成吉思汗の蒙古統一
仲恭天皇	一八八一	承《じょう》久《きゅう》三年	承久の変	
後宇多天皇	一九三四	文《ぶん》永《えい》十一年	文永の役	宋（南宋）亡ぶ（一九三六）
同	一九四一	弘《こう》安《あん》四年	弘安の役	
後醍醐天皇	一九九三	元《げん》弘《こう》三年	中興の政治始る	
後村上天皇	一九九九	延《えん》元《げん》四年	親房、神皇正統記を著す	英・仏の百年戦争始る
長慶天皇	二〇四一	弘《こう》和《わ》元年	新葉和歌集の撰進	元亡び明興る（二〇二八）
後亀山天皇	二〇五二	元《げん》中《ちゅう》九年	京都還幸	高麗亡び李氏朝鮮興る
後土御門天皇	二一二七	応《おう》仁《にん》元年	応仁の乱起る	
同	二一五八	明《めい》応《おう》七年		バスコ・ダ・ガマ、インドに達す
後奈良天皇	二二〇三	天《てん》文《ぶん》十二年	欧人渡来の始り	
同	二二〇九	同十八年	天主教の伝来	
正親町天皇	二二二八	永《えい》禄《ろく》十一年	織田信長の上洛	

正親町天皇	二二三三	天《てん》正《しょう》元年	室町幕府の滅亡	
後陽成天皇	二二四八	同 十六年	聚楽第行幸	スペインの無敵艦隊敗る
同	二二五〇	同 十八年	豊臣秀吉の海内平定	
同	二二五二	文《ぶん》禄《ろく》元年	朝鮮の役始まる　朱印制度の創始	
同	二二六〇	慶《けい》長《ちょう》五年	関原の戦	英国東インド会社の設立
同	二二六三	同 八年	江戸幕府の開設	
後水尾天皇	二二七五	元《げん》和《な》元年	幕府諸法度を定む	
同	二二七九	同 五年		和蘭バタビアに総督を置く
同	二二八八	寛《かん》永《えい》五年	浜田弥兵衛蘭人を懲《こ》らす	
明正天皇	二二九五	同 十二年	幕府の職制大成す	
同	二二九九	同 十六年	鎖国策の完成	
後光明天皇	二三〇五	正《しょう》保《ほう》二年	池田光政熊沢了介を招く	明滅び清興る（二三〇四）
後西天皇	二三一七	明《めい》暦《れき》三年	大日本史の編纂始る	
霊元天皇	二三四四	貞《じょう》享《きょう》元年	安井算哲新暦を撰《せん》す	
東山天皇	二三四七	同 四年	大嘗祭御復興	ネルチンスク条約（二三四九）
同	二三六八	宝《ほう》永《えい》五年	関孝和没す	大英帝国の成立（二三六七）
中御門天皇	二三八〇	享《きょう》保《ほう》五年	吉宗洋書輸入の禁を緩む	
桜町天皇	二四〇〇	元《げん》文《ぶん》五年	新嘗祭御復興	

桃園天皇	二四一九	宝《ほう》暦《れき》九年	竹内式部幕府に罪《つみ》せらる	
後桜町天皇	二四二七	明《めい》和《わ》四年	大弐・右門幕府に罪せらる	この頃蒸気機関発明さる
後桃園天皇	二四三六	安《あん》永《えい》五年		アメリカ合衆国の独立宣言
光格天皇	二四五二	寛《かん》政《せい》四年	露国使節根室に来たる	
同	二四五九	同　十一年	幕府東蝦夷地を直轄とす	ナポレオンの独裁始る
同	二四六八	文《ぶん》化《か》五年	英艦長崎港を侵す	
仁孝天皇	二四八五	文《ぶん》政《せい》八年	幕府外国船の撃攘を令す	
同	二四八九	同　十二年	松平定信・近藤重蔵《じゅうぞう》没す	濠洲英領となる
同	二五〇二	天《てん》保《ぽう》十三年	外国船撃攘令の撤回	阿片戦争終る
孝明天皇	二五一三	嘉《か》永《えい》六年	ペリー浦賀に来たる	長髪賊南京を占《し》む
同	二五一八	安《あん》政《せい》五年	幕府通商条約に調印す	ムガール帝国亡ぶ
同	二五二〇	万《まん》延《えん》元年	桜田門外の変	露国沿海州を収む
同	二五二一	文《ぶん》久《きゅう》元年	和宮親子内親王の御降嫁《ごこうか》	米国に南北戦争起る
同	二五二三	同　三年	薩長二藩英米の艦船と戦う	
明治天皇	二五二七	慶《けい》応《おう》三年	大政奉還　王政復古	仏国カンボジアを保護国とす
同	二五二八	明《めい》治《じ》元年	五箇条の御誓文	
同	二五二九	同　二年	版籍奉還	スエズ運河の開通
同	二五三一	同　四年	廃藩置県	ドイツの統一完成す

明治天皇	二五三三	明治六年	徴兵令の発布	
同	二五三七	同 十年	西南の役	英国女王インド皇帝を称す
同	二五四二	同 十五年	軍人勅諭下賜《かし》	独墺伊三国同盟（二五四三）
同	二五四五	同 十八年	内閣制度の創設	英国ビルマを併合す（二五四六）
同	二五四九	同 二十二年	帝国憲法発布せらる	
同	二五五〇	同 二十三年	教育勅語下賜	露仏同盟成る（二五五一）
同	二五五四	同 二十七年	日清戦役の勃発	
同	二五五五	同 二十八年	三国干渉	英露協商成る
同	二五五八	同 三十一年	シャムと通商条約を結ぶ	米国ハワイ・フィリピンを収む
同	二五五九	同 三十二年	改正条約の実施	清に義《ぎ》和《わ》団《だん》匪《ぴ》起る
同	二五六二	同 三十五年	日英同盟の締結	シベリア鉄道の完成
同	二五六四	同 三十七年	日露戦役の勃発	
同	二五七〇	同 四十三年	韓国併合	
同	二五七一	同 四十四年	条約改正の完成	南支に革命軍起る
大正天皇	二五七四	大《たい》正《しょう》三年	対独宣戦	第一次欧州大戦の勃発
同	二五七八	同 七年	シベリア出兵	
同	二五八一	同 十年	ワシントン会議の開会	
同	二五八三	同 十二年	関東に大震火災起る	米国排日移民法実施（二五八四）

今上天皇	二五八七	昭《しょう》和《わ》二年	ジュネーブ軍縮会議	
同	二五八八	同　三年	即位の礼を挙げさせらる	中華民国国民政府の成立
同	二五九〇	同　五年	ロンドン軍縮会議	
同	二五九一	同　六年	満洲事変の勃発	
同	二五九二	同　七年	日満議定書の調印	満洲国の建国
同	二五九三	同　八年	国際連盟より離脱す	ナチス独逸の成立
同	二五九四	同　九年	軍縮条約の破棄通告	満洲国帝国となる
同	二五九六	同　十一年	ロンドン会議の脱退	支那に西安事件起る
同	二五九七	同　十二年	支那事変の勃発	独墺の合邦成る（二五九八）
同	二五九九	同　十四年	青少年学徒に勅語を賜わる	第二次欧洲大戦の勃発
同	二六〇〇	同　十五年	日独伊三国協定成る	中華民国の更新
同	二六〇一	同　十六年	対米英宣戦	独ソ開戦　独伊の対米宣戦
同	二六〇二	同　十七年	神宮御親拝戦勝を祈らせ給う	
同	二六〇三	同　十八年	大東亜共同宣言の発表	

用語説明

青人草《あおひとぐさ》　民を草にたとえた語
乾霊《あまつかみ》　高天原の神々
安撫《あんぶ》　安心させなだめること
移御《いぎょ》　天皇が他所へ移る意の尊敬語
安《いずく》んぞ　どうして
斎《いつ》く　敬って大切に世話をする
一視同仁《いっしどうじん》　全ての人を平等に愛すること
一擲《いってき》　一度に全てを投げ捨てること
一天万乗《いってんばんじょう》の君《きみ》　天皇
稜威《いつ》の道別《ちわき》　威風堂々と道を押し分けて進むこと
威服《いふく》　威力を示して服従させること
威武《いぶ》　権威と武力
斎蔵《いみくら》　朝廷の祭祀に用いる神物・官物を納めた蔵
遺烈《いれつ》　先人が残した立派な功績
殷賑《いんしん》　賑やかで活気があること

院宣《いんぜん》　天皇の詔勅に相当する公文書
宇内混同《うだいこんどう》　世界統一
うまし　すばらしい
馬揃《うまぞろ》え　軍馬を集めて優越を競う武家の行事
羽翼《うよく》　助けること
叡旨《えいし》　天皇のお考え
衛戍《えいじゅ》　軍隊が一つの地に長く駐屯すること
叡慮《えいりょ》　天皇のお考え
衛府《えふ》　宮中の警衛をつかさどる部隊
煙波《えんぱ》　もやの立ちこめた水面
横死《おうし》　不慮の死
汪精衛《おうせいえい》　汪兆銘《ちょうめい》
大八洲《おおやしま》　日本の古称
おく能《あた》わざる　せずにいられない
億兆《おくちょう》　臣民
恢弘《かいこう》　事業や制度などを世に広めること
海内《かいだい》　国内

回天《かいてん》　世の情勢を一変させること
家学《かがく》　特定の家で代々伝えられてきた学問
角逐《かくちく》　競り合うこと
畏《かしこ》**くも**　恐れ多くも
嘉賞《かしょう》　よいとして褒めたたえること
臥薪嘗胆《がしんしょうたん》　復讐を心に誓い日々辛苦すること
寡勢《かぜい》　わずかな軍勢
確乎不動《かっこふどう》　しっかりして揺るぎのないさま
確乎不抜《かっこふばつ》　意志がしっかりして動じないこと
嘉納《かのう》　目上の者が進言を喜んで聞き入れること
画幅《がふく》　絵の掛け軸
壁書《かべがき》　布告や掟などを壁にはりつけた文書
禍乱《からん》　世の乱れ
家例《かれい》　その家に代々伝わるしきたり
奸策《かんさく》　わるだくみ
漢土《かんど》　中国のこと
神《かん》**ながらの道**《みち》　神道

渙発《かんぱつ》　詔勅を広く発布すること
感奮《かんぷん》　感動して奮い立つこと
涵養《かんよう》　ゆっくりと育てること
歓《かん》**を尽**《つ》**くす**　十分に楽しむ
気宇《きう》　気構え
御《きこしめ》**す**　造る
危殆《きたい》　非常に危険なこと
覬覦《きゆ》　身分不相応なことをうかがい狙うこと
休戚《きゅうせき》　幸不幸
窮通《きゅうつう》　願望などを成し遂げること
糾問《きゅうもん》　罪を厳しく問いただすこと
御宇《ぎょう》　御代
教化《きょうか》　教え導き、善に向かわせること
教学《きょうがく》　教育と学問
恐懼《きょうく》　おそれいってかしこまること
驕奢《きょうしゃ》　驕っていて贅沢なこと
怯懦《きょうだ》　臆病なこと

驕敵《きょうてき》　思い上がった敵
驕慢《きょうまん》　驕《おご》り高ぶり人を見下し、勝手なことをする
揆《き》を一《いつ》にする　同じやり方をする
禁闕《きんけつ》　皇居の門
金枝玉葉《きんしぎょくよう》　皇族
欣然《きんぜん》　喜ぶさま
欽定《きんてい》　君主の命により制定すること
襟度《きんど》　度量
禁裏《きんり》　皇居、禁廷
盟神探湯《くがたち》　古代に行われた神判
供御《くご》　貴人の食膳
くさぐさ　様々
蔵人所《くろうどどころ》　天皇の家政機関
経国済世《けいこくさいせい》　国を治め、世を救うこと
経世《けいせい》　世を治めること
恵沢《けいたく》　恩恵
軽佻浮薄《けいちょうふはく》　軽はずみで浮ついていること

経綸《けいりん》　国家の秩序を整え、治めること
検非違使《けびいし》　京の巡検と盗賊等の追捕にあたる官職
拳々服膺《けんけんふくよう》　心に留めて忘れないこと
顕職《けんしょく》　地位の高い官職
捲土重来《けんどちょうらい》　一度戦に負けた者が勢いを盛り返し再び攻めてくること
建白《けんぱく》　政府などに自分の意見を申し立てること
権門勢家《けんもんせいか》　権力や勢力のある家柄
顕揚《けんよう》　功績などをたたえて世間に広めること
宏遠《こうえん》　広く奥深いこと
皇基《こうき》　天皇が統治する国の基礎
薨去《こうきょ》　親王または三位《さんみ》以上の者が亡くなること
鴻業《こうぎょう》　大きな事業
後顧《こうこ》　あとの心配
曠古《こうこ》　前代未聞
嚆矢《こうし》　物事の初め
宏壮《こうそう》　建物などが広くて立派なさま

皇沢《こうたく》　皇恩
宏謨《こうぼ》　広大な計画
興隆《こうりゅう》　勢いが盛んになり栄えること
古往《こおう》　昔
戸口《ここう》　戸数と人口
言挙《ことあげ》　言葉に出して論ずること
古文辞学《こぶんじがく》　荻生徂徠の唱えた儒学
御料所《ごりょうしょ》　皇室の所有地
固陋《ころう》　古い物に固執し新しい物を受容しないこと
采地《さいち》　領地
作興《さっこう》　奮い立たせること
蹉跌《さてつ》　挫折
弑《しい》**する**　目下の者が目上の者を殺す
時運《じうん》　時の運命
時艱《じかん》　その時代の当面している難題
時宜《じぎ》　時がちょうどよいこと
伺候《しこう》　貴人のそばで仕えること

醜草《しこぐさ》　悪者
孜々《しし》　熱心に励むさま
自若《じじゃく》　大事に直面しても慌てたりしないさま
旨趣《ししゅ》　その目的や意味・内容
諮詢《しじゅん》　参考として他の機関に意見を求めること
使嗾《しそう》　けしかけること
実践躬行《じっせんきゅうこう》　理論などを自身の力で実行すること
師表《しひょう》　世の人の模範となる人
雌伏《しふく》　力を養いながら、活躍の機会を待つこと
奢侈《しゃし》　度をこえて贅沢なこと
衆寡敵《しゅうかてき》**せず**　少数では多数にとても勝てない
周旋《しゅうせん》　処理するために動き回ること
宿望《しゅくぼう》　前々からの念願
醇化《じゅんか》　余分なものを除き、純粋なものにすること
順逆《じゅんぎゃく》　道理に従うことと背くこと
峻厳《しゅんげん》　非常に厳しいこと
淳風《じゅんぷう》　人情のある風習

償金《しょうきん》　賠償金
上古《じょうこ》　大化の改新の頃までの時代区分
常侍《じょうじ》　常に傍にいて奉仕すること
情実《じょうじつ》　個人的感情で公正な扱いができない関係
昭々《しょうしょう》　明るく輝くさま
上表《じょうひょう》　意見書を君主に奉ること
従容《しょうよう》　ゆったりと落ち着いているさま
瘴癘《しょうれい》　風土病
曙光《しょこう》　前途に見えはじめた明るいきざし
爾来《じらい》　それ以来
しろしめす　お治めになる
宸翰《しんかん》　天皇自筆の文書
振起《しんき》　盛んにすること
宸襟《しんきん》　天皇のお心
森厳《しんげん》　厳粛でおごそかなさま
親祭《しんさい》　天皇が自ら神を祭ること
親裁《しんさい》　天皇がみずから裁決を下すこと

振作《しんさく》　物事を盛んにすること
振粛《しんしゅく》　緩んだ気風を奮い起こして引き締めること
縉紳《しんしん》　官位の高い人のこと
人臣《じんしん》　臣下
人心弛廃《じんしんしはい》　人々の心がゆるみすたれること
親征《しんせい》　天子みずから征伐に出ること
新生面《しんせいめん》　新しく発展すべき方面
親疎《しんそ》　親しい間柄と親しくない間柄
軫念《しんねん》　天皇が心を痛められること
宸筆《しんぴつ》　天皇の自筆
新付《しんぷ》　新しく戸籍に登録すること
神慮《しんりょ》　神の御心《みこころ》
親臨《しんりん》　貴人自らその場に出向くこと
枢機《すうき》　重要な政務
すべけんや　できようか
世局《せいきょく》　世の成り行き
成典《せいてん》　成文の法典

西辺南陲《せいへんなんすい》　西の果て、南の果て
勢望《せいぼう》　勢力と人望
赤誠《せきせい》　ひたすら真心で接する心
世態《せたい》　世の中のありさま
摂家将軍《せっけしょうぐん》　九条家から迎えられた鎌倉幕府将軍
切歯扼腕《せっしやくわん》　とても悔しがったり怒ったりすること
世道人心《せどうじんしん》　世の中の道徳とそれを守る人々の心
遷延《せんえん》　長引くこと
千古不滅《せんこふめつ》　いつまでも価値を失わないこと
僭上《せんじょう》　分をわきまえない行いをすること
践祚《せんそ》　皇位継承
宣命《せんみょう》　天皇の命を伝える文書
闡明《せんめい》　不明瞭なものを、明らかにすること
宣揚《せんよう》　広く世の中に示すこと
創唱《そうしょう》　最初に唱えること
奏請《そうせい》　天皇に奏上して裁可を求めること
壮丁《そうてい》　成年に達した男子
壮図《そうと》　規模が非常に大きい計画
素志《そし》　平素抱いている志
率先垂範《そっせんすいはん》　先頭に立ち、模範を示すこと
尊皇斥覇《そんのうせきは》　天皇を尊び、覇道を斥けること
大統《たいとう》　皇統
他日雄飛《たじつゆうひ》　将来大きな志をいだいて勢い盛んに活躍すること
恃む《たの》　当てにする
玉垣《たまがき》　神社に巡らした垣
民草《たみぐさ》　青人草に同じ
段別《だんべつ》　田畑の面積
知行合一《ちぎょうごういつ》　知識と行為は一体であるという考え
治績《ちせき》　国をよく治めた功績
弛張《ちちょう》　寛大にすることと厳格にすること
忠孝節義《ちゅうこうせつぎ》　忠義、孝行、節操、道義
駐箚《ちゅうさつ》　役人が外国に派遣され滞在すること
柱石《ちゅうせき》　国家などを支える中心人物

朝儀《ちょうぎ》　朝廷が行う儀式
聴許《ちょうきょ》　訴えを聞き入れて許すこと
朝見《ちょうけん》　臣下が参内して天子に拝謁すること
肇国《ちょうこく》　建国
重畳《ちょうじょう》　幾重にも重なること
徴《ちょう》する　召す、または照らし合わせる
勅封《ちょくふう》　蔵などを勅命によって封印すること
道別《ちわき》　進路を開くこと
椿事《ちんじ》　思いがけない重大な出来事
鎮撫《ちんぶ》　乱を鎮め民を安心させること
夙《つと》に　ずっと以前から
殿宇《でんう》　立派な建物
典雅《てんが》　整っていて上品なさま
天下布武《てんかふぶ》　信長の天下統一の決意表明
天業《てんぎょう》　天皇の国を治める事業
典憲《てんけん》　皇室典範と憲法
天壌無窮《てんじょうむきゅう》　天地とともに永遠に続くこと

天神地祇《てんしんちぎ》　天の神と地の神
典籍《てんせき》　書物
奠都《てんと》　都をその地に定めること
天皇大纛《てんのうたいとう》　大本営
転封《てんぷう》　大名の配置替え
堂宇《どうう》　堂の建物
東宮《とうぐう》　皇太子
登遐《とうか》　崩御
等閑《とうかん》　なおざり
登極《とうきょく》　即位
東山《とうさん》　主に山梨・長野・岐阜三県の総称
藤氏《とうし》　藤原氏
同治中興《どうちちゅうこう》　内憂外患が治まり、政治の安定が一時的に回復したこと
図南《となん》　南に向かって発展しようとすること
堵《と》に安《やす》んずる　人々が住居に安心して住む
都鄙《とひ》　都会と田舎

とりひしぐ　押しつぶす

内訌《ないこう》　内紛

内憂外患《ないゆうがいかん》　国内の心配事と外国から受ける心配事

南溟《なんめい》　南方の大海

発輦《はつれん》　天皇の車の御出発

馬匹《ばひつ》　馬のこと

万機《ばんき》　政治上の多くの重要な事柄

頒賜《はんし》　品物を分かち賜ること

備荒貯蓄《びこうちょちく》　凶作に備え貯蓄すること

一入《ひとしお》　いっそう

鄙《ひな》　都から離れた土地

黽勉《びんべん》　励みつとめること

風教《ふうきょう》　徳によって人々を教え導くこと

風尚《ふうしょう》　気高いこと

浮華《ふか》　うわべばかり華やかで中身のないこと

輻湊《ふくそう》　方々からいろいろな物が集まること

扶植《ふしょく》　勢力を植えつけること

舟師《ふないくさ》　水軍

不如意《ふにょい》　経済状態が苦しいこと

部面《ぶめん》　物事を幾つかに分けた一つの部分

不予《ふよ》　天皇、貴人の病気

扶翼《ふよく》　助け守ること

文運《ぶんうん》　文化が発展しようとする気運

文弱《ぶんじゃく》　学問や芸事にばかりふけって弱々しいこと

兵馬倥偬《へいばこうそう》　戦争でせわしく忙しいこと

宝算《ほうさん》　天皇を敬ってその年齢をいう語

暴支膺懲《ぼうしようちょう》　「横暴な支那を懲らしめよ」の意

奉幣《ほうへい》　神前に幣帛《へいはく》を捧げること

暴戻《ぼうれい》　荒々しく道理に背く行為をすること

牧《ぼく》**する**　人民をやしないおさめる

輔導《ほどう》　正しい方向に進むよう導くこと

輔弼《ほひつ》　大日本帝国憲法の下、天皇の大権行使に大臣が行う助言

歩武《ほぶ》　あゆみ

蒔絵《まきえ》　日本独自の漆工芸技法

全《まった》**からしめる**　完全なものにする

全《まった》**き**　完全で欠けたところがないこと

まにまに　ままに

御稜威《みいつ》　天皇の威光

皇国《みくに》**まなび**　日本の古典を研究する学問

みそなわす　「見る」の尊敬語

御霊代《みたましろ》　御神体

無窮《むきゅう》　永遠

明徴《めいちょう》　証拠に照らして明らかにすること

安《やす》**んじる**　満足する、安心させる

優渥《ゆうあく》　恵み深いこと

友誼《ゆうぎ》　友達のよしみ

雄健《ゆうけん》　力強く勢いのよいこと

雄渾《ゆうこん》　雄大で勢いがあること

有職故実《ゆうそくこじつ》　古来の儀式・礼法に関する学問

雄図《ゆうと》　雄大な計画

斎庭《ゆにわ》　祓い清めた場所

要害《ようがい》　守りに有利な場所

幼冲《ようちゅう》　幼少

翼賛《よくさん》　天皇を補佐して政治を行うこと

嘉《よ》**みする**　ほめる

宜《よろ》**しきを得**《え》**る**　ちょうどよい程度である

輿論《よろん》　天下の公論

戮力《りくりょく》　力を合わせること

龍顔《りゅうがん》　天子の顔

隆昌《りゅうしょう》　勢いの盛んなこと

諒闇《りょうあん》　天皇が父母の崩御にあたり服する喪の期間

遼遠《りょうえん》　遙かに遠いこと

寥々《りょうりょう》　数の少ないさま

隣保《りんぽ》　隣近所の人々

黎明《れいめい》　新しい文化などが始まろうとする時

牢固《ろうこ》　しっかりして堅固なさま

陋習《ろうしゅう》　悪い習慣

「復刻版　高等科国史」解説

神国という理念

三浦小太郎（評論家）

昭和十六（一九四一）年三月一日に、勅令第百四十八号として公布された「国民学校令」によって、わが国の初等教育機関である小学校は「国民学校」に改められた。本書は、この国民学校高等科において使われる予定であった高等科国史教科書の復刻である。

しかし本書は、実は復刊というより、初めての発行と言った方がふさわしい。昭和十九年七月、発行されたこの『高等科国史』上巻は、その後の勤労動員令の本格化によっておそらくほとんど活用されることはなく、翌二十年の総動員令、そして大東亜戦争敗戦という時代の推移の中、下巻は発行すらされなかったのである。『高等科国史』は、この令和三年、執筆後七十六年の時を経て、初めて世に出ることになったのだ。

神国という理念について（一）　国防意識への覚醒

『高等科国史』は、まず神代《かみよ》の時代、天照大神から「国史」を始める。この「神代の時代」は五頁ほどで終わるが、「国史」冒頭の文章、そして14頁に引用される源経信《みなもとのつねのぶ》の歌、「八紘為宇《はっこういう》」の章の冒頭に置かれた明治天皇の御製《ぎょせい》が、本書の精神を端的に伝えている。

神路山のふもと、御裳濯川《みもすそがわ》のほとりに、神鎮まります皇大神宮の御前《おんまえ》にぬかづくとき、思いは遠く神代の古に馳せる。（10頁）

君が代はつきじとぞ思ふ神風やみもすそ川のすまむ限《かぎり》は　源経信（14頁）

明治天皇御製
橿原の宮のおきてにもとづきてわが日本《ひのもと》の国をたもたむ（15頁）

皇大神宮とは伊勢神宮内宮であり、日本書紀によれば、天照大神の鎮座地を探して旅をしていた倭《やまと》姫命《ひめのみこと》が、神託をうけ、伊勢こそふさわしいと定めた。

この神風の伊勢の国は常世《とこよ》の浪の重浪《しきなみ》帰《よ》する国なり。傍国《かたくに》の可怜《うまし》国なり。この国に居《お》らむとおもふ。（『日本書紀』）

「御裳濯川（御裳裾川）」とは、この時倭姫命が、その裳裾《もすそ》の汚れをその川で濯《すす》いで清めたという伝承から来ている。そして明治天皇の御製は、この神代の世界の精神と、それに連なる宮中祭祀こそがわが国の根源であることを詠《うた》われたものである。現代と古代との精神的連結こそが、この『高等科国史』の基本理念であり、だからこそ年代における数字表現はすべて皇紀によって記される。本書を貫くものは、いわゆる「皇国史観」であり、日本は「神国」なのだ。そして、この理念が強く表れているのが、本書の元寇、特に弘安の役についての記述である。

元は、弘安四年（一九四一）、軍兵十四万・艦船四千四百隻の大軍を東路・江南の二軍に分ち、相前後して出動せしめた。先ず東路軍が、対馬・壱岐を経て博多湾に迫るや、わが将兵は、防塁によって堅く敵の上陸をはばみ、且つ志賀島に出撃して敵を破った。殊に河野通有・菊池武房・竹崎季長《たけざきすえなが》らの奮戦めざましく、軽舟を操って敵船に乗り込み、敵将を捕らえ、船を焼き、大いに敵の心胆を寒からしめた。

やがて、江南軍が平戸島に到着し、東路軍と共に、鷹島に集結するに及んで戦はまさに最高潮に達した。しかも、わが武士・庶民一体の忠誠勇武は、再び神明に通じて、暴風がまき起り、博多の海は怒濤山の如く、敵艦殆ど覆没し、敵兵また多く溺死した。（中略）かくて、弘安の役もまた、わが国の完勝に終り、元の野望は、再び挫かれたのである。（99頁）

空前の国難をよく打開することのできたのは、御稜威《みいつ》のもと、士民がひとしく神国の自覚に立っ

て、上下《しょうか》一体、これに当ったからである。(100頁)

さらに100頁には、亀山上皇の「敵国降伏」の宸書《しんしょ》が引用され、僧侶・東巌慧安《とうがんえあん》の「すゑの世の末の末までわが国はよろづのくにゝすぐれたる国」、また春日若宮《かすがのわかみや》神官・中臣祐春《なかとみすけはる》の「西の海よせくるなみもこゝろせよ神のまもれるやまと島根ぞ」などの歌が「共にわが国が神国であるとの信念」として紹介される。

このような記述を読むとき、本書は大東亜戦争中、しかも戦局が悪化している中で書かれたものであることを忘れてはならない。本書では、元は三度目の日本侵略の野望を捨てず、日本側も「戦時態勢」を維持していたこと、「元使最初の来朝以来、実に三十年の長期に亘って、非常時が続」き、「敵は、世界第一の強国を以って任ずる元である」ことが強調されている。この記述は明らかにアメリカを中心とした連合軍をも意識したものであり、迎え撃つ国民に対し覚悟を呼び掛けるものでもあった。

この間に於けるわが負担は、精神的にも物質的にも、容易ならざるものがあった。しかも国民は、国防の重要性を認識して、終始一貫、よく職域奉公の誠を致したのであり、かかる堅忍持久の精神があって、始めて神州不敗の伝統を護持することができたのである。(102頁)

戦時下ということを離れても、果たしてここに書かれた姿勢や意識は、現代の私たちと全く無縁のもの、時代遅れのものと言い切れるのだろうか。神州不滅とか神国とかの言葉をわきに置けば、現在私たちは、中国の覇権主義の脅威やテロ国家北朝鮮によってもたらされている「非常時」に直面している。少なくともわが国の領海である尖閣列島近海にて中国船が堂々と領海侵犯を行い、北朝鮮が国民を拉致したまま帰さず、良かれ悪しかれ国防を米軍との協力関係にゆだねていながら、集団的安全保障体制の確立や憲法改正すら行えない状態は、「非常時」以外の何ものでもないであろう。

さらに、例えば次のような『高等科国史』の記述は、近代国家の領土概念として全く正当なものなのだが、果たして現在の日本政府はこの姿勢を貫けているのだろうか。

小笠原諸島は、江戸初期、即ち海外発展の盛んな頃、小笠原貞頼の発見したものである。然るに、鎖国に入って時経るままに、英国人や米国人が、みだりにここに移り住み、やがてその領有を唱えるに至った。さすがに幕府も、事の重大を知り、これが所属に関して、しばしば米国と折衝したが、解決を見るに至らなかった。かくて政府は、なおも交渉を続け、明治八年、遂に米国を始め列国をして、わが版図《はんと》なることを承認せしめたのである。国境は国家の生命線であり、国歩進展の爪先である。われらは、開国進取の外交の門出を国境の画定に見て、国境の重要性を思い、維新政府の労苦をしのばなければならない。（224頁）

そして、神国という理念を、国難時の防衛意識、民族意識の高揚として言い換えるならば、イギリスの愛国者にして社会主義知識人（この言葉は彼にこそふさわしい）ジョージ・オーウェルが、第二次大戦中に書いた次の文章は、ある意味イギリスやロシアの「神国」理念に他ならない。

この一年間（第二次世界大戦勃発から一年）イギリスが何とか踏みとどまってこられたのはどうしてか。よりよい未来にばくぜんと思いをはせて、ということもおそらく少しはあるだろうが、しかし何よりも、愛国心という古色蒼然たる感情、つまり自分たちが外国人よりも優れているのだというイギリス国民に深くしみ込んだ感情のおかげなのだ。

同様に、ロシア人がドイツ軍の侵入に対してそれこそ猛虎のごとく戦っているのはなぜなのか。かすかに記憶に残っている程度のユートピア的社会主義の理想のため、ということも少しはあるかもしれないのだが、しかし何よりもそれは『聖なるロシア』（『祖国の神聖な土地』等々）——これをスターリンがほんの少し形を変えて復活させたわけだが——を守るためなのである。

世界を実際に形づくっているエネルギーは、民族の誇り、指導者崇拝、信仰心、好戦感情といった感情から発しているのにそれを進歩的知識人たちは、時代錯誤的な感情だとして頭から否定してしまう。（オーウェル『ウェルズ・ヒトラー・世界国家』）

オーウェルは、第一次大戦後、約二十年にわたってイギリス左翼知識人は、イギリス庶民の愛国心を叩き潰すことを狙い続けてきたが、それがもしうまくいっていたら、今頃はロンドンの街頭をナチスの親衛隊がパレードすることになっていただろうと皮肉っている。そして、世界を支配しているエネルギーについてのオーウェルの指摘は、現代社会において、不吉なほど再現されていると言えるだろう。アメリカの「自由民主主義を守る指導者」「世界の警察官」あるいは「アメリカ・ファースト」の姿勢も含めて、ロシア、中国などの諸大国は「我が国は神国である」という理念に今も根差しているのではないだろうか。

神国という理念について（二）　開かれた「神の国」

この「神国」という理念が最悪の展開を見せるのは、差別主義や極端な原理主義思想に堕した場合であり、現在国際社会はその危機にも直面している。「私の信ずる神を受け入れない相手に対しては、あらゆる暴力が肯定される」という思想や行動が現実に生じているのだ。しかし、実は日本の「神国」理念は、本来そのような危険性とは最も遠いところから生まれてきたのである。

歴史学者・神田千里《かんだちさと》の研究によれば、外国からくる災いから日本を神々が守護するという「神国」意識は、中世には民衆レベルで広がっており、疫病や天災に対しても含め、伊勢の神は非常時に日本人のすがる神として存在していた。これは元寇とも密接な関係があり、神田はその一例として、一四七三年五月に疫病が発生した際、興福寺の僧侶たちは神々への捧げものを行い「冥土より、蒙古の牛ぞ来りける、浜吹き流せ、伊勢の神風」と詠った事例を挙げている。疫病を「蒙古の牛」と譬《たと》えたのである。

さらに神田は、戦国時代の武将にも、この神国理念が受け入れられていたことを指摘する。武将たちは「神は正直なものを加護する」という信条から、困難に直面しては常に正直であるべきだと考えた。ある武士は、京都にて仕えていた主君から離れ、故郷に戻る際の決意をこう記している。

日本は神国だからと自分に言い聞かせ、心を正直に保ち、神仏を信ずる心を頼りに三十八歳の時国に帰り、命を捨てて名を重んじて何度かの忠義を行った。(神田千里『島原の乱』)

戦国乱世の時代に何と素朴な感情か、と思うのはおそらく現代人の傲慢さなのだ。戦乱に明け暮れた下克上の世であったからこそ、逆に本来日本は神国であり、神は正しきものを助けるのだという思想が必要とされたのである。

また、北条早雲の著したものと伝えられる『早雲寺殿廿一箇条』より、神田は次の言葉を紹介している。

(神仏に対してどのような心掛けで臨めばよいかと言えば) まず何よりも正直な心を保ち、目上のものは敬い目下のものには慈悲を持ち、嘘偽りのない気持ちが仏や目に見えない天意に通じるのである。この気持ちがあれば、あえて祈祷をせずとも神の加護があるし、祈祷をしても内面の心意が邪ならば、天道に見放される。（神田千里『戦国の宗教』）

ここで早雲が引用する「天道」こそが、神道意識と一体の観念であったと神田は指摘している。神田は以下の四点にこの「天道」観念は特徴づけられると分析するが、ここでは多少私の解釈も混ぜつつ紹介する。まず第一に「天道に見放される」という言葉にあるように、人間の運命は天道により決定される。第二に、仏と天意、つまり神仏と天道は直結している。第三には、目上の者への敬意と部下への慈悲という、世俗道徳並びに秩序意識とも天道は結びつく。第四には、祈祷などの外面の行為よりも、内面の真摯《しんし》な倫理こそが天道に通じるとする。

私はこの天道思想に、戦国時代の戦闘者たちの精神の倫理を見る。そして、その運命感や、内面の倫理を形式よりも尊ぶ姿勢には、どこかプロテスタンティズムに通じるものを感じさせるが、ここにはキリスト教的な一神教の要素はない。当時の戦国大名も庶民も、「天道」は、まさにそのまま「天の道」、太陽、月、星などの天体の運行の中に実現しているものと考えていた。永遠に変わらず規則正しく運行する天体こそが、正しき道と摂理を表しているのだ。ここから、太陽や月などへの自然信仰が仏教や神道とも結びつき、天道はすべての神仏を天道は包括しているのだから、各々の宗派の優越を競うことは間違いであり、自らの信仰を他者に強制すべきではないという姿勢もまた生まれた。

この意味では、日本における伝統的な「神国」理念には、原理主義的な他宗教、他文化への排撃はもともと見られなかったことがわかる（一向一揆の問題についてはここでは触れない）。もともと日本は「神の国」であると共に、天道に従うものである限り、いかなる信仰や文化に関しても開かれた国であった。

この日本の美点について『高等科国史』が最も美しく体現しているのが、聖徳太子であり、太子の仏教伝来の時代に対する姿勢である。本書は仏教伝来を、神代の時代から古代社会を支えてきた伝統的秩序の崩壊期における出来事としてとらえている。

人口が増えると、氏（同じ血統からなり同一の祖先神をまつる氏族：三浦）は次第に大きくなり、やがて分裂が起り、新しい帰化人の氏なども加って、血統はだんだんまぎれやすくなって来た。（中略）しかも、朝政・軍事を掌《つかさど》る大臣・大連等の重臣が、慢心を生じ綱紀を乱すに至って、憂うべき事態を生じた。（中略）中でも、大臣の蘇我氏は（中略）次第にその勢威を伸し、海外の知識や文物に溺れて、道を誤るに至り、これを憂える大連の物部氏と対立して、ますます朝政を乱した。（34頁）

かくては、善悪の応報、未来の安心を説く仏教が、世人の心をとらえるのも、自然の成り行きであった。もとより、仏教は外来の教えであるから、その利害は、これを受け入れる国民の態度によって定まることであり、蘇我氏の如きは、ただ徒らに信じて、道を踏み誤ったのである。そこで、仏教の信仰に正しい方向を確立することが大切であり、それをお示しになったのが、実に

聖徳太子であらせられる。（37頁）

「外来思想」を無原則に受け入れることが、わが国の「神国」たる伝統、言葉を変えれば「国体」や「国家的アイデンティティ」を失わせるという批判は、本書において、特に明治維新後の近代化に対する批判としても行われている。例えば大正時代は、第一次世界大戦後の莫大な戦時所得により「いわゆる成金さえ生じて、軽佻浮薄の気また、この間に醸成された」と批判され、その原因は「国民が光輝ある国史を忘れて、近世の欧米が生んだ物質万能の個人主義思想に感染したから」とされる。同時に「教育・学問・芸術等、文化の諸方面に於いて」も「皇国文化の伝統を忘れ、みだりに欧米の模擬に奔《はし》って、西洋文化の紹介に休む暇なき有様」（245頁）と指弾される。この姿勢は本質的に、仏教伝来当時の古代社会に対する批判と変わらない。わが国が外来思想・文化への崇拝に陥り、本来守るべき伝統的価値観を失うことが、外国からの侵略以上に重大な危機をもたらすのだ。

そして、外来思想を受け入れると同時に、わが国の価値観を守り抜き、危機を克服するための政治的、思想的規範として、本書は聖徳太子の定めた「憲法十七条」を挙げている。

先ず第一条には、和の大切なことを、第二条には、仏法の尊ぶべきことをお説きになり、仏教の信仰を通して、当時最も必要とされた和の実現を図らせ給うとともに、第三条には、「承詔必謹《ひっきん》」のことをお諭しになって、天皇の大権、君臣の分を明らかにし給うた。（38頁）

この聖徳太子の偉業への評価は、亀井勝一郎の『大和古寺風物誌』の記述とも共鳴するものがある。

第一条の「以和為貴」の一句の背後には、（中略）蘇我氏の専横や同族間の絶えざる争いがあり、おそらく太子の切なる祈念であったのであろう。（中略）実に当然の教《おしえ》であるが、かく述べられた太子の心底には、醜怪な政争や人間の無残な慾念《よくねん》が、地獄絵のごとく映じていたのでもあろうか。「以和為貴」の一語にこもる万感の思いを推察しなければならぬ。書紀に接した人はこの言葉が血涙をもってかかれたことを悟るであろう。

さればこそ第二条において信仰の問題を示されたのである。（中略）この第二条で最も大切な一句は、冒頭の「篤敬三宝《とっけいさんぽう》」である。太子は「篤く三宝を敬《うやま》へ」と仰せられたけれど、「必ず三宝を信ぜよ」とは云われなかったのである。若《も》し律法において、一信仰を強制し、仏法を必ず信ぜよとしたならばどうであろうか。信仰はその自発性を失い、或《あるい》は政治的党派性を帯びるであろう。（中略）然るに太子は「必信」でなく「篤敬」という文字を用いて、信仰をあくまで国民の自発的な求道心《ぐどうしん》におかれたのであった。（中略）第三条、即《すなわ》ち、詔勅に対するときは「承詔必謹」と、はじめて「必ず」という言葉を用いておらるる。（中略）至高の権威を、詔勅におかんとしたのが太子だったのである。（中略）一言で云うならば、勢力ある氏族の専横を深く危惧《きぐ》された上での決断であった。（中略）太子は日々この（蘇我氏という外戚の専横と暴虐という）危機の上に政事を執られたのである。武力による抑圧が、再び同族間の流血の惨事をもたらすであろうことは、太子の最も憂えられたところと拝察さるる。（亀井勝一郎『大和古寺風物誌』）

この聖徳太子の姿は、内外の国難に際し、理想主義を抱きつつ、その理想が原理主義や、排他的、独善的なものに陥らぬよう配慮し、武力ではなく、皇室の権威、それも詔勅という言葉の権威によって秩序をもたらそうとする哲人政治家である。優れた外来文化や信仰を素直に新たな価値として受け止め、国民に受容を求めつつ、同時にその価値観を強制してはならないとする姿勢と、欧米によるキリスト教布教が、アジア・アフリカにおいて、どれほど暴力的な虐殺や他文化の絶滅の上に行われたかを比較するとき、日本の「神国」「天道」の理念がはるかに平和的なものであることは明らかだ。

また本書においては、聖徳太子は優れた外交官としても評価されている。遣隋使の派遣を、当時の朝鮮半島における新羅の勢力を隋の圧力によって平和的に鎮めることにその目的があったという本書の記述は、「日出処の天子」の言葉にのみこだわる太子解釈よりもむしろ客観的である。この理想主義と現実主義の間で危ういバランスを取りつつ、その人格と言葉の力で政治を執り行った太子没後、御子の山背大兄王《やましろのおおえのおう》が蘇我入鹿に滅ぼされたとき、最後に「われ一身のために、民草をそこなうのは、わが本意でない」と自害する姿は哀切な感動を呼ぶ。「神国」という言葉への反発ですべてを否定する前に、せめて、以上のような歴史や思考を踏まえた上で、先人たちの思想の歩みを読み取らねばならないはずだ。

大東亜戦争と戦士たちの「覚悟」

実際に授業で使われることはほぼなかったとはいえ、『高等科国史』は、大東亜戦争の最中、将来は戦場に赴くかもしれない子供たちのために書かれた。例えば豊臣秀吉による文禄の役、慶長の役は「燃えさかる国民の海外発展心を代表」した「東亜経綸の大事業」(144頁)であり、その目的は「東亜の諸国が、わが国を中心に有無相通じ相睦《むつ》ぶ、いわば東亜共栄の交易圏を確立することにあった」(145頁)と述べられている。これを、大東亜戦争と秀吉の朝鮮出兵を同一の次元で語る途方もない歴史の歪曲と批判するのはたやすいが、朝鮮出兵や明征服を目指した秀吉の行動を、耄碌《もうろく》した独裁者の誇大妄想とみなすよりは、よほど事実に近い解釈なのだ。

秀吉は天下統一以前の段階から、既に大陸派兵を語っており、その理由は様々に推察されている。だが、そこには秀吉なりの国際秩序再編の企てがあったことはほぼ確実であり、明を中心とした東アジアの華夷秩序と、イエズス会に象徴される西欧からの侵略との双方を秀吉なりに乗り越えようとしたものである。これは、日清・日露戦争から大東亜戦争に至るわが国の近現代史と決して無縁のものではない。しかし、ここではその問題をこれ以上論ずるのは控え、大東亜戦争に対する『高等科国史』の記述を見ていく。

昭和十六年十二月八日、遂に米国及び英国に対する宣戦の大詔《たいしょう》は降《くだ》った。忍びに忍んだわが陸・海軍の精鋭は、間髪を容れず、史上類なき雄渾《ゆうこん》な大作戦を展開し、奇襲・正攻打ち交えて、忽ち敵の要衝・堅塁を砕き、大艦・巨船を葬った。(257頁)

大東亜戦争の勃発と共に、盟邦独・伊の両国も、直ちに米国に宣戦し、三国は、最後の勝利を目ざして、更に盟約を固めた。しかも皇国の威武東亜の天地に輝くや、泰国《タイ》は欣然われと攻守同盟を結び、仏印また、共同防衛の強化を約した。更に中華民国は、日華同盟条約を結んで、同生共死の誓いを宣し、ビルマ・フィリピンは、独立の栄誉をかち得た。かくて東亜四百年忍従の歴史は、ここに面目を一新し、アジアの諸国家・諸民族は、わが宏謨《こうぼ》を仰いで、各々その堵《と》に安《やす》んじ、その所を得つつある。昭和十八年十一月、東京に開かれた大東亜会議は、これを如実に示すもの、まさに大東亜復興の縮図であった。(258頁)

ここでの大東亜戦争初期の戦果、この戦争のアジアにおける意義についての記述は決して間違いではない。しかし、昭和十九年という時代に、現実に戦局が不利であることは、教師はもとより、疎開や動員令のかかっている生徒たちにもわかっていたはずである。実はこの国史教科書は、そのことを隠してはいないのだ。新聞が大戦果を宣伝していたのとは逆で、本書を執筆した著者たちは、子供たちに嘘をつくことはできなかった。

その後の戦局は、東に西に苛烈を極め、特に最近の形勢は頗る重大である。今次の戦争が起死回生の戦である以上、前途なお困難を極めることは、もとよりである。戦況の一進一退は戦の常であり、意気消沈は禁物である。台湾沖の航空戦に、フィリピン沖の海戦に、既に驕敵破砕《きょうてきはさい》の一撃は加えられた。承詔必謹、最善の努力を尽くせば、正しき者は必ず勝つ。

そして、『高等科国史』はこう結ばれる。

われら一億国民は、皇国今日の大使命を自覚し、この一戦に一切を捧げて、最後の勝利を獲得し、速かに宸襟《しんきん》を安《やす》んじ奉らなければならない。正行《まさつら》出陣の心に学んで、先ず今日の務めに勇往邁進すべきであり、重ねて国史を修めた意義もまた、ここに存する。（259頁）

「驕敵破砕の一撃」とは神風特攻隊のことと思われる。このような授業をせねばならなかった教師たち、また、その教えを受け、闘いに赴いた生徒たちについて、戦後日本は誤った軍国主義教育として、時には兵士たちの死を無駄死のように誹謗した時期があった。いや、今も本質的には言論状況の主体は変わっていない。

だが、「神国日本」という理念に、また「アジア解放」という政治的行為に、己の命を懸ける覚悟を選択し、それを実践した人々のことを、私たちは軽々しく裁断できるはずはない。そのことをよく理解していた思想家の一人、小林秀雄は、日中戦争の時代から戦後に至るまで、一貫して次のように述べてきた。

歴史の最大の教訓は、将来に関する予見を妄信せず、現在だけに精力的な愛着を持った人だけがまさしく歴史を創ってきたという事を学ぶ処にあるのだ。過去の時代の歴史的限界性というものを認めるのはよい。併しその歴史的限界性にも拘わらず、その時代の人々が、いかにその時代のたった今を生き抜いたかに対する尊敬の念を忘れては駄目である。この尊敬の念のない処には歴史の形骸があるばかりだ。（小林秀雄『戦争について』）

特攻隊というと、批評家はたいへん観念的に批評しますね。悪い政治の犠牲者という公式を使って。特攻隊で飛び立つときの青年の心持になってみるという想像力は省略するのです。その人の身になってみるというのが、実は批評の極意ですがね。（小林秀雄『人間の建設』）

この『高等科国史』は、日本が神国として戦った時代の理念を引き受けた歴史的な著作である。私たちは、この時代に生き、戦い、死んでいった人々への想像力を抱きつつ本書を読むことが、歴史に敬意を払い、「その人の身になってみる」ことではないだろうか。そこからは、新しい「神国」を創造する試み、国家エゴと覇権主義、排他的な原理主義、一つの価値を強要するイデオロギーから限りなく遠い「開かれた神の国」を作り出すことが、この令和の御代の私たちの使命だという意識が生まれてくるはずである。

（終）

昭和十九年七月廿八日印刷
昭和十九年七月卅一日發行

（非賣品）

著作兼發行者　文部省

東京都下谷區二長町一番地
凸版印刷株式會社
印刷者　井上源之丞

東京都下谷區二長町一番地
印刷所　凸版印刷株式會社

『高等科国史』について

昭和16年3月の国民学校令の施行により、尋常小学校・高等小学校は国民学校初等科・高等科に改組され、昭和19年4月から義務教育が高等科（今の中学1、2年に相当）まで延長されることとなった。そのため、各教科の教科書は8年間の義務教育を前提として作られることになる。

国史については、『初等科国史』を平易な物語調の文体とし、子供たちが我が国の歴史の流れを、興味をもって学習・理解できるよう工夫されていた。『高等科国史』では、文語体が混用された高度な文章となり、初等科で学んだ歴史の大枠を前提として、さらに知識を肉付けしていく内容となっている。この二つの教科書により、国民学校における国史教育は完結するはずであった。

しかし、戦況の悪化により高等科の義務教育化は延期となり、昭和19年4月から高等科生徒の勤労動員が本格化した。決戦体制下の昭和20年3月には、国民学校初等科を除く全学徒が総動員されることになり、4月には高等科の授業も停止された。そのため、『高等科国史』上巻はほとんど授業で使用されず、下巻はついに発行されないまま、終戦の日を迎えた。

編集協力：和中光次

[復刻版] 高等科国史

令和3年 1月24日　第1刷発行
令和6年11月26日　第5刷発行

著　者　文部省
発行者　日高 裕明
発　行　株式会社ハート出版

〒171-0014 東京都豊島区池袋 3-9-23
TEL03-3590-6077　FAX03-3590-6078
ハート出版ホームページ　https://www.810.co.jp

Printed in Japan　ISBN978-4-8024-0111-1

印刷・製本 中央精版印刷株式会社

［復刻版］**女子礼法要項**

日本の女子礼法教育の集大成

竹内 久美子 解説

ISBN978-4-8024-0173-9　本体 1400 円

［復刻版］**中等修身**［女子用］

神代から連綿と継がれる女子教育の集大成

橋本 琴絵 解説

ISBN978-4-8024-0165-4　本体 1800 円

［復刻版］**高等科修身**［男子用］

今の日本だからこそ必要な徳目が身につく

高須 克弥 解説

ISBN978-4-8024-0152-4　本体 1500 円

［復刻版］**国民礼法**

ＧＨＱに封印された日本人の真の礼儀作法

竹内 久美子 解説

ISBN978-4-8024-0143-2　本体 1400 円

［復刻版］**初等科修身**［中・高学年版］

ＧＨＱが葬った《禁断》の教科書

矢作 直樹 解説・推薦

ISBN978-4-8024-0094-7　本体 1800 円

［復刻版］**ヨイコドモ**［初等科修身 低学年版］

低学年の時からこんな道徳を学んでいた！

矢作 直樹 推薦

ISBN978-4-8024-0095-4　本体 1600 円

［復刻版］**中等歴史**［東亜及び世界篇〈東洋史・西洋史〉］

驚くほど公正な戦時中の中等学校「世界史」

三浦 小太郎 解説

ISBN978-4-8024-0133-3　本体 1700 円

［復刻版］**初等科国史**

ＧＨＱが廃止した我が国最後の国史教科書

三浦 小太郎 解説　矢作 直樹 推薦

ISBN978-4-8024-0084-8　本体 1800 円

［復刻版］**初等科国語**［中学年版］

日本語の美しい響きと力強さ、道徳心を学べる

葛城 奈海 解説　矢作 直樹 推薦

ISBN978-4-8024-0103-6　本体 2000 円

［復刻版］**初等科国語**［高学年版］

道徳的価値観に基づく愛の心に満ちた教科書

小名木 善行 解説　矢作 直樹 推薦

ISBN978-4-8024-0102-9　本体 2500 円

［復刻版］**よみかた**上・下［初等科国語 低学年版］

低学年の時からこんな国語を学んでいた！

佐波 優子 解説　矢作 直樹 推薦

ISBN978-4-8024-0100-5 箱入り 本体 4500 円

［復刻版］**初等科地理**

ご先祖が学んだ我が国と大東亜の“地政学”

宮崎 正弘 解説　矢作 直樹 推薦

ISBN978-4-8024-0123-4　本体 1700 円

［復刻版］**初等科理科**

あの名だたるノーベル賞受賞者も学んだ教科書

佐波 優子 解説

ISBN978-4-8024-0184-5　本体 2300 円

［新字体・現代仮名遣い版］**世紀の遺書**

戦争裁判で斃れた人々の遺言集

巣鴨遺書編纂会 編　ジェイソン・モーガン 解説

ISBN978-4-8024-0185-2　本体 2500 円

禁断の国史

英雄 100 人で綴る教科書が隠した日本通史

宮崎 正弘 著

ISBN978-4-8024-0181-4　本体 1500 円

ルーズベルトの戦争犯罪

普及版 ルーズベルトは米国民を裏切り日本を戦争に引きずり込んだ

青柳 武彦 著

ISBN978-4-8024-0180-7　本体 1200 円